高职高专"十二五"规划教材

管理会计实务

主　编　薛桂萍
副主编　林　青　黄严严
　　　　郭　晓　毛天平
参　编　李子珍　夏敬飞

南京大学出版社

内容提要

本书的编写基于高职教育“工学结合”“任务驱动”的项目化教学理念，按照工作过程设计教学理论和实践活动，以理论知识“必需够用”的原则安排整书内容。全书共包括八个部分的内容：初识管理会计，成本性态分析与变动成本法，本量利分析，短期经营决策分析，长期投资决策分析，全面预算，标准成本控制，建立责任会计制度，按照项目教学的理念设计项目任务和考核方式等内容。基本达到高职学生学习和取得从业资格以及适应岗位工作的知识和技能需要。

本书的使用对象主要是高职高专财经类的学生，也可以作为取得大专学历的自考学生考试用书。

图书在版编目(CIP)数据

管理会计实务/薛桂萍主编. —南京：南京大学出版社，2015.12(2017.7 重印)
高职高专“十二五”规划教材
ISBN 978-7-305-15597-0

Ⅰ.①管… Ⅱ.①薛… Ⅲ.①管理会计—高等职业教育—教材 Ⅳ.①F234.3

中国版本图书馆 CIP 数据核字(2015)第 170273 号

出版发行 南京大学出版社
社　　址 南京市汉口路 22 号　　邮　　编 210093
出 版 人 金鑫荣

丛 书 名 高职高专“十二五”规划教材
书　　名 管理会计实务
主　　编 薛桂萍
责任编辑 谢　云　王抗战　　编辑热线 025-83597087

照　　排 南京南琳图文制作有限公司
印　　刷 丹阳市兴华印刷厂
开　　本 787×1092　1/16　印张 12　字数 298 千
版　　次 2015 年 12 月第 1 版　2017 年 7 月第 2 次印刷
ISBN 978-7-305-15597-0
定　　价 29.80 元

网　　址：http://www.njupco.com
官方微博：http://weibo.com/njupco
官方微信号：njupress
销售咨询热线：(025)83594756

前　言

现代会计有财务会计和管理会计两大分支,《管理会计实务》是高职高专会计、财务管理类专业的核心课程,它是一门新兴的、将现代化管理和会计融为一体的综合性交叉学科。注重培养学生的利用会计信息进一步加工、提高企业管理的专业技能,特别是正确处理企业管理中对经营活动的全过程进行预测、决策、控制、考核和评价,为企业内部管理人员和决策者提供有用信息的管理系统。但在教学实践中我们深感传统管理会计教材的一些不足,主要表现在:

1. 动手技能培养的缺乏。高职教育面向市场,以就业为导向,突出学生实践技能的培养。而传统的教材往往注重管理会计的职能、基本理论和基本方法,而没有突出技能性的训练和培养,不符合高职高专培养目标的要求。

2. 不注重课内实践。高职高专培养的目标,强调学生岗位技能的培养,而岗位技能的培养离不开实践课程,会计类、财务管理类专业传统的做法是"重核算轻管理",感觉会计课有实实在在的实习内容,而管理会计常常缺乏课内实践的训练。本教材既全面地介绍现代管理会计的基本原理和方法,同时针对高职学生的培养目标,强调知识的应用性和可操作性,附带大量的实习实践的内容,既可以课堂实践,又可以利用实习基地进行实践,还可以开展"案例教学",例如制定企业短期经营的投资决策、固定资产的外购或是自建,就可实行案例实践。

3. 相关课程内容交叉。高职教育根据教学目标定课程,以能力为本位,以素质教育为主线,要面向学生职业生涯设置课程,要明确各门课程在会计类专业人才培养中的定位与课程目标,课程改革与建设体现课程理论创新和应用。但传统的《财务管理》课程与《管理会计》、《成本会计》等课程都有不少的重复,没有进行必要的整合,如《管理会计》中的投资决策、全面预算与《财务管理》中的该部分内容就完全相同。

为了适应高职教学的特点,我们组织编写了符合高职学生认识规律的《管理会计实务》教材。该教材主要特点为:紧扣财经类高职高专培养目标和管理会计课程目标;突出实践性与技能性,注重学生一线岗位技能的培养;理论阐述精炼、繁简适中,注重教材内容的系统性、实用性;力求吸纳国内外最新的企业管理经验;创新丰富课内实践内容,增加实训业务量,使课程实习有据可依;每一节有小案例,每一章有综合性案例,形成多层次、多形式的课内实践体系。

本书由许昌职业技术学院薛桂萍担任主编,武汉船舶职业技术学院林青、许昌职业技术学院黄严严、许昌职业技术学院郭晓、四川建筑职业技术学院毛天平担任副主编,许昌职业技术学院李子珍、漯河职业技术学院夏敬飞参编。薛桂萍对全书进行总纂、修改和定稿。郭晓在内容审定、图文处理等方面做了不少工作。另外,南京大学出版社的老师为本书的出版付出了大量心血,在此一并感谢!

由于作者水平有限,欠妥和不妥之处难免存在,肯请广大读者指正,以便我们再版时进行修订,谢谢大家的真诚的信息反馈。

编　者

2015 年 10 月

目　录

项目一　初识管理会计

任 务 目 的

了解管理会计的定义；
了解管理会计的形成和发展；
熟悉管理会计的基本职能；
熟悉管理会计的作用；
熟悉管理会计在会计机构中的位置；
掌握管理会计的研究对象和研究内容；
了解管理会计与相关学科的关系组成。

任 务 分 析

能够熟知什么是管理会计；
能够理解管理会计的基本理论框架及其基本内容；
能够掌握管理会计与相关课程(如财务会计、成本会计、统计学)的关系；
能够区别管理会计与其他管理工作的不同和联系。

案 例 导 入

小张2013年毕业于某高职学校，在渤海度假村做会计。该度假村是一家民营企业，共有一个客房部、一个商务中心、一个餐厅和一个健身房。该度假村的营业旺季共20周，其中高峰期8周。客房部有80个单人间和40个双人间，双人间收费是单人间的1.5倍。该度假村编了一份详细的营业旺季的预算，有关预测资料如下。

客房部：单人间每日变动成本为26元，双人间每日变动成本为35元。客房部固定成本为713 000元。

预订情况：营业高峰期客房部所有房间都被预订。在其余12周内，双人间客满率为60%，单人间客满率为70%。

总经理要求财务部算出客房部达到保本点时，单人间和双人间的最低收费应各为多少元(假定双人间每次均同时住两个人)。财务部指派小张负责计算最低收费标准。现在，小张终于体会到一个合格、称职的会计不仅要掌握财务会计的有关技能，掌握管理会计的技能在工作中也十分重要！

任务实施一　认识管理会计及其形成和发展

一、管理会计的含义

20世纪初期，从会计学科领域中诞生的管理会计，在工业企业中，特别是在制造业的成本控制方面，得到广泛运用和大力推广，拓宽了会计参与企业管理的通道，标志着管理会计作为一门新兴学科，在会计领域中有了自己的地位。

对于管理会计的定义，人们原先在认识上有很大的差异。随着对这一问题的深入研究，认识逐渐得以明晰。现在人们普遍认为，管理会计是关于以工业企业的成本为主体内容的规划和控制的理论和方法。

根据上述阐述，我们可以明确这一定义包含以下几重内容：

第一，明确了管理会计在会计体系中的地位，它是企业会计的一个类别。

第二，明确了管理会计主要以工业企业为实施客体，即管理会计的理论和方法主要在工业经济性质的企业实施，特别是工业企业中的制造业。

第三，明确了管理会计的研究对象是特定的，而不是企业总体的全部经济内容。所谓特定，是指在时间上侧重于现在或未来，在内容上以成本为主（以成本习性研究为始，以成本控制研究为终这一主导线），以关联因素（利润、收入、毛益、销售等）为辅。

第四，明确了管理会计是一种专门方法，它是能够在实际工作中运用和操作的一种技术手段，并形成了系统的方法。

第五，明确了管理会计的基本职能，是对企业的生产经营活动进行规划和控制。

从这五方面内容中，我们能够知道管理会计的地位、对象、方法、职能和目的。

从某种意义上说，管理会计是会计方法和管理方法高度的结合与统一，充分利用会计的有关信息并同管理的需要结合形成了专门的规划和控制方法，对企业的生产经营活动予以管理。它同传统的会计方法一样，要对企业的生产经营活动进行计量处理，但重点围绕"规划"和"控制"两个管理职能展开。规划，就是在事前对未来进行预测，确定预期目标，然后对备选方案进行科学的决策，确定可以实施的最优方案；控制，就是在生产经营活动中，将实际情况与预期目标加以对比、分析，并对差异采取各种措施，控制不利影响。"会计"与"管理"的结合，就使得管理会计不再局限于事后的反映和监督，而是要求它规划未来，控制现在，评价过去。

管理会计不仅仅是会计方法和管理方法的结合与统一，还是一种广泛的综合性系统方法。它把统计学、运筹学、数学等数量方法融会贯通，把系统论、信息论、控制论等观念贯穿其中，成为一门多学科融为一体的现代管理技术。管理会计在不断发展的过程中，逐渐形成了一套综合性强而又具有独立完整的系统的理论和方法论体系。

二、管理会计的形成和发展

（一）孕育和形成

现代会计的发展，使会计的管理职能越来越受到重视，作为会计与管理相结合的管理会计于20世纪50年代逐步从传统的财务会计中分离出来，逐渐形成独立的会计分支。财务会计以反映和监督为主，管理会计以规划和控制为主。管理会计是与传统的财务会计相独立的概念，目的是服务于企业的内部经营管理。

管理会计孕育形成阶段的时间跨度大体是20世纪20～50年代。多数人认为，管理会计最初出现于20世纪20年代前后。此时，资本主义经济已经有了相当深度的发展，但在一般企业的管理工作中，以经验和直觉为核心的传统的粗放管理仍然占统治地位，许多工厂经营混乱，管理粗放，开工不足，经济资源浪费过度，生产过程窝工，停工现象比较严重。因此，怎样采用先进的科学管理代替落后的传统管理，有效改善工厂、车间的管理工作，适应资本主义经济迅速发展的需要，成为当时亟待解决的重大课题。正是在这种情况下，集中体现了科学管理思想的"泰罗制"应运而生。佛雷德维克·温斯勒·泰罗于1911年发表了《科学管理原理》一书，从此开创了企业管理的新纪元。泰罗的主要贡献是在认真总结传统管理经验与教训的基础上，着重强调从时间、动作的合理有序的协调配合上，研究生产工人的实际操作过程，目的在于通过科学分析工人在劳动中的机械工作，省去多余的动作和改良笨拙的动作，并切实执行较为完善的核算与监督制度，以使工人的生产作业科学化，从而最大限度提高生产(工作)效率。泰罗的这种科学管理思想受到当时社会和企业界的极大重视，给企业管理理论和实践带来了重要的影响与变革。

由于推行泰罗制而使企业的管理得到空前加强，生产效率得到显著提高，在企业的生产经营活动全面实现制度化和标准化的同时，原有会计体系也发生了相应的变化，呈现出一种新的发展趋势。这种变化和发展的主要表现是：与泰罗制的科学管理原则紧密相连的某些新的会计观念和技术方法，如标准成本、预算控制、差异分析等相继出现了，并在实践中不断地加以充实和完善。会计领域中这些新原理和新方法的出现，不仅给原有的成本会计增加了许多新的内容，而且为会计直接服务于企业管理开辟了一条新的途径。这时，企业会计已经突破了单纯的事后核算而开始进行事前预算和计算，并有意识地将事前计算与事后分析相互结合，因而在提高生产效率、改善经营管理、提高资源利用效率、加强企业内部各部门的经济责任等方面，发挥着越来越重要的作用。标准成本、预算控制和差异分析这类新会计技术方法的出现，表明原有会计核算体系的主体内容有所增加，职能范围有所扩展，其基本结构发挥了相当程度的变化。此时，管理会计实际上已经孕育形成并处在初级发展阶段。有关文献一般把这一时期的管理会计称为执行性管理会计，或者说管理会计处在其整个发展历程的执行性管理会计阶段。

(二) 完善与发展

20世纪50年代以后，管理会计即从孕育形成阶段跨入进一步完善与发展的阶段。人们通常认为，管理会计演进同企业管理中出现的新困难、新问题密切相关的。虽然泰罗制的实施及诸如标准成本、预算控制、差异分析等会计技术的应用在相当程度上加强了企业管理，但由于资本主义经济的进一步发展和企业生产经营过程复杂程度的提高，加上当时科学技术水平的限制，导致企业内部管理中的许多实际问题难以在多种因素的交互影响和不断变动的条件下得到正确的解决。此外，泰罗制本身也存在着某些弊病和不足之处。故而泰罗制所主张的科学管理基本思想并未得到完全的贯彻，没有也不可能解决新经济形势下，企业经营管理工作中出现的新情况、新问题。同上述情形相联系的是：当时的会计理论界把标准成本、预算控制和差异分析等等，仅仅看做是若干零星、分散的会计技术方法，只是将它们作为原有会计体系的附属成分；而当时的会计实践又仅仅把这类新的会计技术和会计方法作为具体实施泰罗制的配合手段，将它们的出现当作会计在新的历史条件下辅助推行泰罗制，为企业内部管理提供某种新服务的附属结果。也就是说,从总体而言,伴随泰罗制的推广问世的管理会计并未形成一整套独立的、科学的完整理论方法体系,它暂时还处在初期孕育阶段。其理论的进一步完善和发展是从20世纪50年代以后开始的。

20世纪50年代以后,西方资本主义企业的生产经营发生了很大的变化,主要表现为资本的集中,企业的兼并,跨国公司不断出现,生产规模的进一步扩大;生产经营的社会化程度和产品的工艺技术水平空前提高,企业内部各部门,各单位甚至每个职工个人之间的联系普遍增强;企业从事生产经营的外部环境日益复杂,市场更加多变,竞争更加激烈。面对这种严峻的现实条件,每个企业都必须预先确定正确的经营目标,妥善处理内部和外部的各种经济利益关系,建立并健全合理的规章制度,普遍采用科学的生产和工作方法,使其在新的生存环境条件下具有强大的竞争能力、快速的反应能力和较高的适应能力,全面实现企业管理现代化。

然而,怎样才能实现企业管理现代化呢?唯一正确的答案是:必须以更先进、更科学的企业管理理论取代已陈旧的泰罗制,并使其在企业内部管理的各个环节、各个领域得到全面而彻底的贯彻执行。之所以应当如此,根本原因在于:泰罗制只是侧重于对单个生产工人和单个生产作业进行较深入的研究,其目的仅仅只是为了提高生产(作业)效率。至于怎样才能以全局观点科学筹划未来,怎样才能有效地实现企业内部和外部的协调配合,以及如何紧紧围绕企业经营目标,全方位地开展各项经营活动等一系列关键性问题,泰罗制却未予考虑。换言之,泰罗制没有也不可能把经营预测和经营决策问题列入议事日程,并将其摆在企业管理工作的首位。显然,曾经在企业管理中发挥过重要作用的泰罗制已经不能适应现代企业的经营特点和它所面临的客观现实。正是在这种情况下,现代管理科学才得以产生和发展,并迅速取代泰罗制而成为指导企业管理实践的理论支柱。

现代管理科学的创立和它在企业管理中的成功应用,不仅极大地提高了企业经营管理的水平,有力地推动了资本主义经济的快速发展;而且以其科学的管理理论武装了企业会计,使许多行之有效的现代技术方法广泛、深入地用于会计领域,从而充实了管理会计的内容,加速了管理会计的演进过程(如预测分析、决策分析等重要理论与方法的确立),并最终促成了管理会计同财务会计的分离。此时,管理会计已成为有别于且优越于传统会计的一整套新的理论、方法体系,成为加强企业管理,提高经济效益的重要工具。在这个问题上,现代管理科学对管理会计基本理论的不断深化和基本方法的日臻完善所起的作用是不可低估的。

尤其是在20世纪70年代之后,由于科学技术的飞速进步和社会经济的迅猛发展,现代企业的经营环境比过去任何时候都更为错综复杂,市场竞争也比过去任何时候都更加激烈,企业管理面临着前所未有的困难和挑战。与此相联系,为企业管理服务的管理会计必然也面临许多急需解决的重大理论问题和实际问题。其中,最为关键的问题是:管理会计如何适应现代企业管理已经和即将发生的巨大而深刻的变化,适时、适当地提出一系列新的理论、概念,创立一系列新的技术方法,更加科学、有效地获取信息、加工信息和利用信息。只有这样,管理会计才能在现代企业生产经营的主客观条件和内外部环境发生重大变化的情况下,依旧可以充分满足企业管理者(决策人)的特定信息需要,从而帮助他们克服困难,迎接挑战。基于现代企业管理的这种现实需要,人们不仅对管理会计原有的某些不甚适宜(落后)的理论、方法进行了补充、修正乃至更新,而且吸收、融汇了更多的相关学科的内容,开辟了若干新的管理会计研究领域,创建了若干新的、具有时代特征的管理会计的理论和方法。其中,人力资源管理会计、环境管理会计、战略管理会计、作业成本法、产品寿命周期成本控制、质量成本控制等等,就是这一时期出现的，已广为人知的新的管理会计理论、方法。此类新的管理会计的基本职能，标志着管理会计跨入了一个空前的、崭新的发展阶段。

综上所述，我们可以这样说，管理会计的形成和发展既是由于适应经济的发展和科学技术的进步，必须对企业实行现代化管理的迫切需要；也是现代管理理论同会计理论密切结合，因而使会计在企业管理中的作用日益增强和会计科学自身不断充实、丰富和发展的必然结果。管理会计的形成与发展是会计科学成功地跨入新的历史阶段的明显标志，而随着经济的发展和科技的进步，管理会计理论和方法将更加丰富，更加成熟，更能在新经济环境下的现代企业经营管理中发挥其特殊的作用。

管理会计能够在现代企业经营管理中得到普遍推广和运用，经历了由低级到高级、由简单到复杂的一个长期发展过程。特别是管理会计从传统的财务会计系统中分离出来，体现了强化企业经营管理这一客观要求要与现代管理科学理论密切结合这一发展趋势。

首先，从生产发展这一角度看，以小生产经营方式为主的管理方法远远不能适应社会化大生产和工厂制度化的需要。尤其是在企业经营管理过程日趋复杂的情况下，提出了许多需要迫切解决而又难以用会计方法解决的问题，如生产数量的规划、存货的规模、生产过程的控制、固定资产是更新还是改造……这些管理活动所提出的要求又与财务状况紧密联系，单纯用财务会计方法又不能解决，如何把管理上的问题与财务信息更好地加以协调，就迫切地提到管理活动的日程上来了。所以说，企业提出强化管理这一客观要求是管理会计产生的根本动因。

其次，从现代管理科学理论看，在企业强化经营管理这一客观需求的同时，各种管理学派先后提出了不同的管理理论。从最初美国泰罗的“科学管理理论”(20 世纪初)，历经法国费约的“职能管理理论”(20 年代)、“行为科学管理理论”(40 年代)、“数量管理理论”(50 年代)、“系统管理理论”(60 年代)，以至今天的“灵活管理理论”等，各种科学管理理论，都对当时的经营管理方法作出了有益的探索和科学贡献，特别是把一些数量方法引进到管理和经营活动中，用来解决销售预测、经营和投资决策、成本控制等方面的问题，取得了成功的经验，逐步形成了一整套可供实践的方法、体系。这些管理科学的理论和方法为管理会计奠定了理论基础和方法依据，使管理会计的理论和方法逐渐得以系统和完善。正是管理在实践上的客观要求和管理科学理论上的发展这两方面的结合和促成，使得管理会计由此产生、发展和完善；特别是管理会计方法与电子计算机的结合，大大推动了管理会计在企业中的实际运用，改进了企业内部经营管理方法，在提高经济效益上作出了较大的贡献。

管理会计的形成和发展，极大地丰富了会计学的内容，扩展了会计的传统职能。它充分利用会计信息，预测前景，参与决策，规划未来，对日常管理工作进行控制与考核。这些都促进了现代会计体系进入一个新阶段，使管理会计充满了活力和生命力。

(三) 管理会计教育研究在我国的发展概况

我国是从 70 年代末 80 年代初开始向发达国家学习引进有关管理会计知识的。大致经历了以下三个发展阶段。

(1) 宣传介绍阶段

这段时期大致经过了 3～5 年。在这个阶段上，我国会计理论工作者积极从事外文管理会计教材的翻译、编译工作，1979 年由机械工业部组织翻译出版了第一部《管理会计》；国家有关部门委托国内著名专家教授编写的分别用于各种类型财经院校教学使用的两部《管理会计》教材于 1982 年前后与读者见面；此后，又大量出版了有关管理会计的普及性读物；财政部、国家教委先后在厦门大学、上海财经学院和大连工学院等院校举办全国性的管理会计师资格培训班和有关讲座，聘请外国学者来华主讲管理会计课程。

(2) 吸收消化阶段

大约从 1983 年起，我国会计学界多次掀起学习管理会计、应用管理会计、建立具有中国特色的管理会计体系的热潮。在全国范围内，许多会计实际工作者积极参与“洋为中用，吸收消化管理会计”的活动，有的单位成功地运用管理会计的方法，的确解决了一些实际问题，初步尝到了甜头。但是，由于当时我国经济体制改革的许多措施尚未到位，尤其是我国财务会计管理体制仍旧沿用计划经济模式的那套办法，到后期，管理会计中国化的问题实际上难以取得重大突破，甚至出现了怀疑管理会计能否在中国行得通的思潮，管理会计的发展出现了滑坡。

(3) 改革创新阶段

从党中央做出大力发展我国社会主义市场经济的决策，特别是 1993 年财务会计管理体制转轨变型，会计界开始走上与国际惯例接轨的正确道路以来，为管理会计在中国的发展创造了新的契机。迅速掌握能够适应市场经济发展需要的经济管理知识，借鉴发达国家管理会计的成功经验来指导在新形势下的会计工作，不仅是广大会计工作者的迫切要求，而且已变成他们的自觉行动。社会主义市场经济的大环境、现代企业制度的建立健全，以及新的宏观会计管理机制，为管理会计开辟了前所未有的用武之地。目前，已有许多有识之士不再满足于照抄照搬外国书本上现成的结论，而是从我国实际出发，通过开展调查研究管理会计在我国企业应用的案例等方式，积极探索一条在实践中行之有效的中国式管理会计之路，以便切实加强企业内部管理机制，提高经济效益。从此，我国进入了管理会计改革创新和良性循环的新的发展阶段。

近期，人们关注的热点问题集中在管理会计工作系统化和规范化、管理会计职业化和社会化，以及国际管理会计和战略管理会计等课题上。

三、管理会计的基本职能

管理会计是一项具体的会计活动，也是一种管理行为，因此管理会计的职能是会计和管理两种职能的继承和发展。

从管理方面而言，一般认为现代企业的管理活动具有决策、计划、组织、指挥、控制、协调等基本职能。这些职能的完成，需要有一个管理信息系统。可以认为，管理会计是这个管理信息系统的组成部分，并承担其中一部分职能。

从会计方面而言，会计活动在长期实践中，逐渐有了对生产过程的事后反映和定期监督两种职能。完成这些职能，是通过财务信息系统来实现的。但是，只能单纯事后反映和监督的财务信息系统远远不能满足会计实践对事前、事中管理的需要，因此需要有一种能够在事前、事中对企业生产经营活动进行核算、控制的会计手段。那么由于这种客观需要，管理会计就应运而生，承担着事前、事中会计管理职能。

正是管理会计的两重性，使得管理会计的基本职能应是会计职能和管理职能的综合和发展。因此有理由认为，管理会计的基本职能是对企业经营活动的规划(未来)、控制(现在)和评价(过去)。

(一) 规划职能

规划职能，就是充分使用财务会计信息及有关其他信息，对企业经营活动产生的要求进行预测，在预测的基础上，对若干备选方案进行决策分析，帮助管理者做出正确、合理地选择，确定未来的经营目标和经营活动。

（二）控制职能

根据规划阶段的各项目标，要采取各种控制措施保证预期目标的实现，如编制全面预算（也可以认为是规划，实际上是介于规划与控制的过渡阶段），制定标准成本，进一步落实经济责任制，实行责任会计等方法，对日常的经营活动进行对比分析，采取适当的措施修正不利影响，达到控制的目的。

（三）评价职能

企业和下属责任单位的日常经营活动是否按预期目标去完成，是以他们所提供的业绩报告和预算执行情况为依据，并对各个责任单位的实绩与成果进行评价与考核，确定他们的经济责任和应受的奖惩，还在评价与考核的过程中，把发现的有关问题反馈给有关部门，落实经济责任制。

在以上职能中，由于评价这一职能也可以在日常工作的执行过程中开展，与控制职能融合一体，因而也有人把管理会计的基本职能划分为规划与控制两大类，这也是众所公认的。

四、管理会计的作用

管理会计是应企业经营管理的客观要求发展起来的一个管理信息系统。它对企业的经营活动和管理活动起着积极的作用，主要表现在以下几个方面。

（一）提供经营管理所需要的信息

现代企业的经营活动过程，存在大量复杂的数量现象和非数量现象。其中在数量现象中，有些表现为价值量，有些表现为实物量，从而形成功能各异、作用互补的各种宝贵信息，成为现代化大生产过程中经营管理活动所必不可少的依据。这些信息可能是历史的，也可能是未来的；可能是原始的，也可能是加工过的；可能是个别的，也可能是综合的；可能是企业内部的，也可能是外部市场的……这些信息都是企业在规划和控制活动中所不可缺少的基本条件，缺少这些数量信息，管理者就会心中无“数”，无从管理。如果要使经营管理者做到“心中有数”，就要求管理会计能够提供满足企业管理需要的数量和非数量信息，以达到对经营活动的规划和控制目的。管理会计提供的信息，补充了财务信息的不足，用现在和未来的信息，充实了企业的信息管理系统。

（二）能动地参与企业经营决策

企业在对经营活动进行规划的过程中，无疑要对未来的经营活动做出选择，并加以决策。决策是企业经营管理活动的重要内容和中心问题。企业在调查、预测的基础上，制定未来时期的经营活动和长期投资的各种备选方案，采用一定的方法对方案做分析、计算、比较，从中选择最佳方案，完成决策行为。在这一系列过程中，不仅需要获取大量的有关信息，还需要对这些信息进行科学的加工，有效地运用于决策过程，为管理者做出正确的抉择。这时，管理会计在提供信息、制订方案、分析比较方案、最终决策这一完整的过程中，自始至终地参与其中，积极主动地把它看作管理会计分内的事务。特别是在资本投资过程中，管理会计能够通过自己特有的决策方法，帮助决策者对不同的方案进行比较，从战略上把握投资方向，直接参与全局性和根本性的管理活动。同时，在企业内部有关职能部门进行具体经营活动决策中，管理会计更是以自己特殊的优势，一是提供信息，二是运用方法，帮助管理者进行有关决策，与管理者的管理活动融为一体。管理会计这种积极主动全面参与企业决策的活动，给科学管理提供了腾飞的翅膀。

(三)对管理活动的业绩进行客观考评

为了实现企业经营活动的预期目标,一是采取一系列的措施对目标执行情况进行严密的监控;二是对预期目标的完成情况通过差异分析,对执行单位的工作业绩进行考核和评价。管理会计制定严格的考核措施,对实际工作中出现的问题,及时发现,随时纠正;管理会计提供评价工作业绩的客观标准,把经济责任与会计数据及预算数与实际数联系起来,考评各个责任单位及个人的工作成果,奖优罚劣,最大限度地调动企业内部各部门和员工的积极性。

管理会计以上三方面的作用是对管理会计基本职能的进一步补充,体现了职能和作用的一致性。职能是说明管理会计所应该做的工作,作用是运用管理会计方法所达到的效果。在此需要强调的是,管理会计的规划与控制两项基本职能是相互联系、不可分割的,对两个职能应该同等重视;没有规划,就谈不上控制,而管理会计方面的作用在不同的管理层次上、在不同的时间上,其侧重点应有所不同,较高层次侧重于规划,基层则侧重于具体控制。

五、管理会计在会计机构中的位置

管理会计与财务会计虽然是现代企业会计的两大领域,但在实际工作中,它们都要在总会计师领导下,分工协作,完成各自的职能。管理会计在会计系统内占有重要的一席之地,在会计机构设置中其位置如图1-1所示。

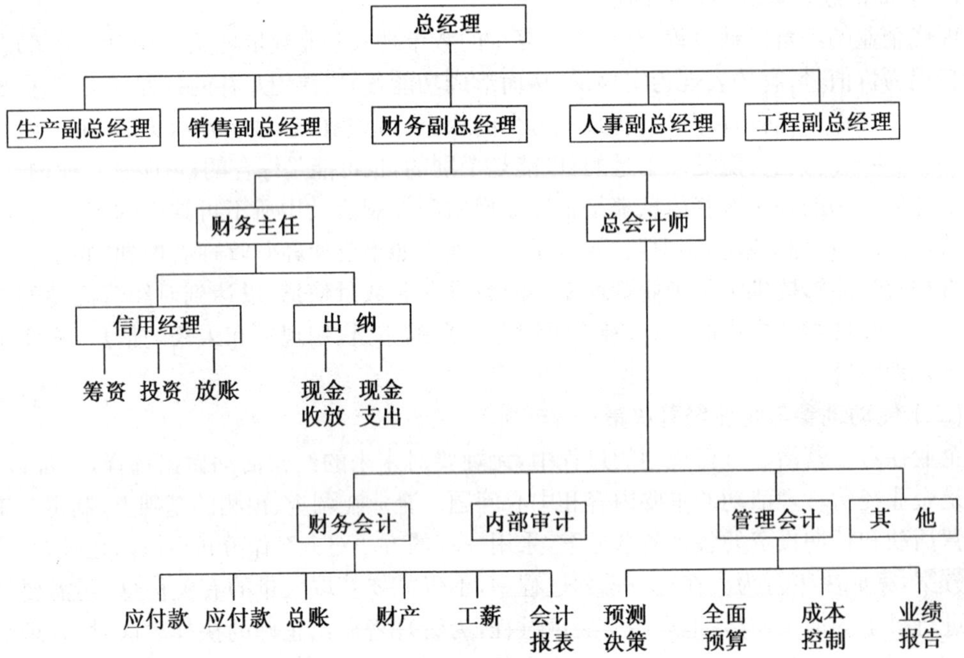

图1-1 会计机构设置图

总会计师是企业高级管理人员之一。在总会计师领导下,还配备了财务会计师、成本会计师、管理会计师、审计师等各方面的专家。以总会计师为首的专家在企业经济活动中,通过对信息的提供和对信息的分析,能对企业各有关方面如何正确地进行决策和控制施加重大影响,使他们能够通过所提供的服务,促进企业改善经营管理,提高经济效益。

任务实施二　理解管理会计的研究对象和研究内容

一、管理会计学的研究对象

管理会计是一种管理实践活动，管理会计学是一门理论科学，两者是实践和理论的关系，在含义上有着明显区别。但是，管理会计学的理论是在管理会计实践活动的基础上总结、概括、归纳而抽象出的系统理论。管理会计学来源于管理会计的实践，并用所形成的理论对管理会计实践进行指导，接受实践活动的验证。因此说两者的研究对象基本方面是一致的。

在管理会计的含义中，我们明确了其研究对象是工业企业的特定经营活动，那么管理会计学的研究对象也应是工业企业的特定经营活动，这是两者在这一基本面上的统一。

但是，管理会计由于是一种实践活动，它面对的对象是具体的工业企业，并对具体的经营活动进行规划和控制。而管理会计学由于是一门理论科学，它不针对具体的企业和经营活动作出规划和控制，而是从一般方法论上阐述对各种工业企业的各类经营活动都适用的关于规划和控制的通用方法。这是管理会计与管理会计学在研究对象上不一致的地方。

综合以上两点，可以认为，管理会计学的研究对象是对企业经营管理活动进行规划和控制的一般规则和方法。

这一研究对象，确定了管理会计学的学科性质，它属于经济学科中的方法论学科。经济学科一般分为两大类别。一类是实质性学科，如政治经济学、工业经济学等学科。这类学科致力于事物的状况分析、规范分析和实证分析，研究“什么是和为什么是”这类抽象问题，目的在于提高人们的认识水平。另一类是方法论学科，如会计学、审计学、统计学等学科。这类学科致力于实际工作中的方法，或是某一具体问题的处理方法，或是某一配套的系统方法，研究“做什么和怎么做”一类具体的操作问题，目的在于能够在实践中加以运用。可见，管理会计学关于规划和控制的一般规则和方法体系理所当然隶属于方法论范畴。

管理会计学作为一门方法论学科，广泛吸收了各类学科在现代管理活动中行之有效的方法。它以信息论、系统论、控制论为指导，借鉴统计方法、线性规划方法、数量模型方法，使这些方法运用于不同的经营管理活动事项，成为各种技术经济方法的总体，逐步形成了管理会计学特有的方法论体系。

分清管理会计和管理会计学在含义上的区别，以及在研究对象上的一致和不一致之处，是认识上的一个发展，它帮助我们明确了管理会计学只对管理会计实践具有一般指导作用。管理会计学是经过理论概括的抽象阐述，舍弃了许多具体的约束条件；而在管理会计的实践中由于具体经营活动的多变性，因此在使用管理会计学的方法时，切忌生搬硬套，要对具体情况加以具体分析，特殊问题予以特殊处理，才能保证方法论和应用性的一致。

二、管理会计学的内容体系

管理会计学是一门系统的方法理论体系，这个体系是紧密联系管理会计的实践而设置的。管理会计的规划和控制两大基本职能决定了管理会计学的方法论体系，也就是规划方法和控制方法。具体来说，管理会计学的内容体系是由一系列的方法所组成的，它包括预测方法、决策方法、控制方法、评价方法等一系列方法。现对各部分内容及它们之间的逻辑联系分述如下。

(一) 初识管理会计

初识管理会计是对本书做总的介绍和概括说明，分别就管理会计、管理会计学，以及管理会计学与其他有关学科的关系等内容作出概略阐述，并为以后各部分内容的内在联系做铺垫，使我们对本书内容体系有一总体印象。

(二) 成本性态分析和变动成本法

成本性态分析和变动成本法是管理会计学有关预测、决策、控制、评价等基本方法运用的必要前提，也是以后各章研究内容的基础，更是各种方法运用时最经常使用的依据。在此部分内容中，重点介绍成本习性的两个分类(固定成本和变动成本)，以及变动成本法和全部成本法两种方法。

(三) 本量利分析(预测方法)

有人把本量利分析也称盈亏平衡分析，它是着重从单独角度出发，研究本量利三者相互关系的一种分析方法。

(四) 决策方法

在预测的基础上，对未来经营活动方案要加以决策，进行方案选择。本部分内容分两个项目，提供了实践中不同类型的决策方案所使用的决策技术方法。这些方法分别运用于企业短期经营决策、企业长期投资决策两种不同类型的决策，构成了决策方法体系。

(五) 控制方法

控制方法属于事中管理活动的范围。它分两个项目，包括全面预算和标准成本控制两大控制方法。其中全面预算控制既可以理解为对未来资金、成本、利润的规划，也可以理解为对资金、成本、利润使用过程中控制的依据。因此，全面预算控制方法可以理解为规划方法与控制方法的过渡阶段。标准成本控制主要对日常实际成本与标准成本所产生的差异对比、分析、调控，保证预算和标准成本目标的实现。

(六) 责任会计制度

责任会计制度是适应经济责任制的需要，对企业各项经济活动进行控制和业绩考核的一项制度。因此，责任会计制度既是事中对经济活动控制的方法，也是事后对工作成果评价的方法，它既是控制方法与评价方法的连接点，也是对管理活动最后的总结。

以上六大块内容共分八个项目，组成了管理会计学完整的方法论体系。

任务实施三　熟悉管理会计与相关学科的关系

管理会计是会计体系的一个组成部分，它和会计体系中的财务会计、成本会计既有区别，又有联系；同时管理会计学是一门方法论学科，它和统计方法论也有着紧密联系，还和其他方法如线性规划方法存在一定的联系。本节着重讨论管理会计与财务会计、成本会计的关系，以及管理会计学与统计学的关系。

一、管理会计与财务会计的关系

（一）管理会计与财务会计的区别

管理会计和财务会计虽然同属一个会计体系，但在很多方面具有不同的特征，主要区别有以下几点。

（1）会计职能不同

如上所述，管理会计的职能是对企业经营活动的规划和控制，而财务会计的职能是对企业经济活动的反映和监督。

财务会计的反映职能，表现为用货币的形式对企业已经发生的经济活动的数量进行连续、全面、系统的记录；财务会计的监督职能是指根据记录的结果，指导和调整经济活动的行为。财务会计侧重于事后这一时间状态。

管理会计的规划职能，是在充分利用财务会计信息的基础上，对未来进行科学的预测，并帮助管理者对未来的经营活动做出决策，确定预期目标，指导当前和未来的经济活动。管理会计的控制职能，是对所确定的预期目标与实际已经发生的经济活动进行对比和分析，以便在日常经营活动中对所发生的差异进行控制，保证预期目标的实现。管理会计侧重于事前和事中这一时间状态。

管理会计与财务会计职能上的不同是划分它们分界线的重要标志。

（2）服务对象不同

管理会计是为企业内部各层次管理人员提供未来经营活动和目标选择（决策）的信息，针对特定的经营活动进行预测、决策、控制和评价，为强化企业内部管理服务的，所以称它为“内部会计”或“对内报告会计”。财务会计虽然对内、对外都能提供有关企业最基本的财务信息，但主要侧重于对企业外部有经济利益关系的团体和个人服务。这些团体和个人，包括银行及其他债权人财税部门和主管部门、证券管理部门及股东等众多投资者，都有权利了解企业的财务报表和财务情况，因而财务会计服务对象具有外向性，人们也称财务会计为“外部会计”或“对外报告会计”。

（3）工作面向时间状态和时间跨度不同

如前所述，管理会计侧重于事前和事中这一时间状态，面向未来，算活账。通过预测，了解未来市场情况；通过决策，对未来的经营活动目标做出选择；对同一经营活动可以算出若干预测、决策结果，不拘泥于一种方法，灵活多样，因而管理会计属于“经营型”会计。财务会计侧重于事后这一时间状态，面向过去，并对已经发生的经济活动用货币计量，按照规范的要求，不允许有丝毫偏差，单纯地提供历史信息，算“呆账”，属于报账型会计。财务会计不允许任何估测，也不能对未来预测，记录的是已经发生的历史成本。因此，管理会计是向前看的会计，财务会计是向后看的会计。

此外，从两类会计的时间跨度看，管理会计的时间跨度有较大的弹性，可以对未来数十年投资进行决策，也可以对眼前每小时发生的差异进行控制，没有限定的时间长度。但是，财务会计是定期工作的，以月、季至多一年为准，不存在可伸缩的弹性。

（4）会计主体不同

管理会计主要以企业内部各个责任单位为会计主体，对各个责任单位日常经济活动的不利差异进行控制，对责任单位的工作业绩和成果进行考核和评价；同时也兼顾对企业全局性的长期投资进行决策分析，对企业整体编制全面预算，考虑企业和各类责任单位之间的协调和综合平衡。但是，财务会计自始至终以整个企业为会计主体，提供集中、综合的财务信息，对企业整体的财务状况和经营成果做出全面考核和评价。

(5) 会计过程履行程序不同

管理会计在预测、决策、控制过程中，没有固定的程序，有很大的选择自由，不涉及一系列的审核、报账、账务处理等程序，业绩报告也并不要求定期编制，表格设计满足管理需要，有自由度，对表格格式不做统一规定。财务会计则要求按严格的规定程序运作，有强制性，会计凭证、账簿、报表有规定的格式，定期定时编制。

(6) 是否依据会计准则不同

管理会计不受公认的会计准则(GAAP)或统一的会计制度的约束，只满足管理人员的需要及既定的理论指导，以成本效益关系为准，执行贯彻管理会计的任务。但对财务会计来说，一方面要接受公认的会计准则，另一方面要按照统一的会计制度进行记录和核算日常账务，编制会计报表，不得违反会计法规和会计制度，以保证财务会计数据的可信度及可比性。

(7) 行为影响客体不同

管理会计通过规划和控制的计量结果，以及提供的业绩报告旨在影响管理人员的日常行为，并想方设法调动管理人员的责任心和管理人员所属员工的生产积极性和主观能动性。而财务会计关心的是如何准确计量企业财务信息，客观反映企业的财务状况，不重视管理人员的行为影响。

(8) 会计资料的精确程度不同

管理会计工作着重于未来，不确定因素较多，难以对未来的数据提供精确保证，同时所采用的方法也多种多样，特别是概率预测和概率决策，本身就允许存在一定的误差，所以管理会计提供的信息并不要求十分精确。但是，财务会计是反映过去的历史信息，都是确定性数据，所以对数据的精确性要求就高。

(9) 会计适用方法不同

管理会计在其运用过程中，其方法可以是多种多样的，对同一经济活动可以使用不同的预测方法，对不同经济活动也可以使用相同的预测方法和决策方法；管理会计对经营管理活动中的数据可以用货币计量，也可以用实物计量。总之管理会计在方法使用上要求灵活适用，不强求一致。但是，财务会计在相当长的时期内，只允许采用一种专门方法满足计算需要，以保证核算资料的连续性，而且强调货币计量形式，一般不允许使用实物计量，凡是登记在账簿和报表中的数据都应是货币计量。

(10) 信息特征不同

管理会计一般提供有选择的、部分的或特定的经营活动信息，业绩报告不对外发表，不具有法律责任。财务会计一般提供系统的、连续的、综合的财务信息，财务报表定期对外公开发表，具有法律责任。

(二) 管理会计与财务会计的联系

以上从十个方面划分了管理会计和财务会计的界线，表明了两者确实是现代企业会计中的两大不同领域，但两者又同属于现代企业会计的统一体中，因此，存在着互相渗透的密切联系，这种联系表现在以下两个方面。

(1) 两者的对象有一致性

管理会计与财务会计是同属于现代企业会计统一体内的两个子系统,它们运用的对象都是企业,都是企业的经济活动所发出的信息,两者只是对企业经济活动信息的侧重面不同。在时间上,管理会计侧重现在和未来的经济活动信息,财务会计侧重于过去已经发生的经济活动信息;在空间上,管理会计侧重于特定的、部分的(责任单位)经济活动信息,财务会计侧重于企业整体的全部经济活动及信息。这样,管理会计和财务会计不仅在企业经济活动信息这一对象上保持了一致,而且在时间和空间上互相补充,使得企业经济活动信息更加完整和全面。

(2) 两者的原始资料来源相同

财务会计从最原始的凭证开始,全面记录、计算、入账,形成系统的核算资料和财务信息;管理会计在进行规划和控制活动中,直接引用财务会计的凭证、账簿和报表,或者对这些资料再做进一步加工、调整,以供企业内部经营管理使用。因此,管理会计的资料从本质上说,也属于原始凭证,这和财务会计资料来源是相同的。我们还要看到,财务会计有时也把管理会计的内部报表作为对外公开发表的范围,如现金流量表、财务状况变动表,随同会计报表一起公开,那么就把管理会计的一些资料,视同财务会计报表的一部分了。再如,财务会计报表还把企业内部的实际成本与标准成本、实际利润与目标利润也视同基本财务报表的补充资料一并公开发表。这就表明了管理会计与财务会计在资料运用上既是同源的,也可以是双向交流和互相使用的。

从管理会计与财务会计的区别与联系中,我们可以看出,管理会计和财务会计相比,确有许多显著特点,是有别于财务会计的一整套会计理论和方法体系,但它与财务会计又存在着紧密联系,这种分工不同而又紧密联系的关系如图 1-2 所示。

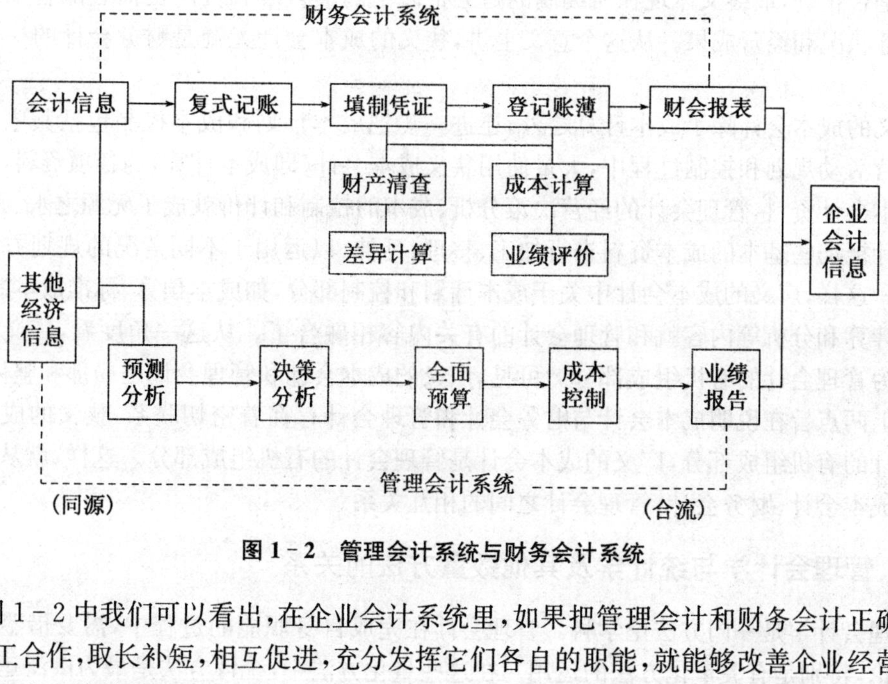

图 1-2　管理会计系统与财务会计系统

从图 1-2 中我们可以看出,在企业会计系统里,如果把管理会计和财务会计正确地结合起来,分工合作,取长补短,相互促进,充分发挥它们各自的职能,就能够改善企业经营管理水平,提高企业经济效益。

二、管理会计与成本会计的关系

在管理会计的形成和发展过程中，人们通常把成本会计视作初期的管理会计，把成本会计看做是管理会计的雏形。从管理会计的形成渊源来看，管理会计和成本会计的关系最深。但是，随着管理会计自身体系的完善，它和成本会计就不能混为一谈了。我们可以从以下两个方面来认识。

(1) 管理会计研究的大部分内容是成本问题。如上所述，它是以成本研究为主线展开的，以研究成本习性为始，以研究成本控制为终，特别是管理会计中的标准成本、预算控制、差异分析等内容原是成本会计的一个组成部分，说明两者之间在长期发展过程中曾有过密切联系。但是，绝不能把管理会计视作成本会计的同义语。成本会计不是与管理会计、财务会计相平行的独立领域，它不能游离于财务会计与管理会计之外而独立存在，有关成本会计的信息是财务会计和管理会计的有机组成部分。

(2) 对于成本会计有狭义和广义两种理解。狭义的成本会计主要包括成本资料的搜集、记录、归类、汇总、分配和最终确定单位产品成本，侧重于成本核算。因此，从狭义的成本会计看，它与财务会计的关系最为密切，是企业财务会计的一个有机组成部分。这主要表现为财务会计中的两个重要问题，即存货计价和收益的确定，都与成本计算直接相关。这种相关表现为正确计算产品成本是正确划分本期已售产品成本和期末未售产品成本的基础。其中本期已售产品成本应列入损益表，使它同本期实现的销售收入相配比，确定本期的净收益；期末未售产品应列入资产负债表，作为流动资产的一个组成部分即存货结转下期。因此，成本计算是否正确，直接关系到本期已售产品成本和未售产品成本的划分是否合理，也就意味着存货计价和收益确定是否正确，最终又体现在所编制的财务报表中的损益表和资产负债表能否如实反映企业的财务状况和经营成果。从这个意义上讲，狭义的成本会计无疑是财务会计的一个必要组成内容。

广义的成本会计除了成本计算之外，还进一步把成本计划和成本控制包括其中。管理会计在经营活动规划和控制过程中，大量使用狭义成本会计（即成本计算）的各项资料，离开了狭义的成本会计资料，管理会计的经营决策分析、成本的控制和评价就成了无源之水、无本之木。管理会计把那些基本的成本资料进行加工、整理、延伸，以运用于不同情况的规划方法和控制方法上。这样，广义的成本会计中关于成本计划和控制部分，如成本预算、标准成本制定、成本差异的计算和分析等内容就和管理会计的有关内容相融合了。从这一角度看，广义的成本会计就成为管理会计的有机组成部分。可见，广义的成本会计和管理会计是局部和整体的关系。

以上两点旨在说明成本会计与财务会计和管理会计存在着密切联系，狭义的成本会计是财务会计的有机组成部分，广义的成本会计是管理会计的有机组成部分。这样，就从不同角度理顺了成本会计、财务会计、管理会计之间的相互关系。

三、管理会计学与统计学及其他数量方法的关系

管理会计学是一门方法论学科。管理会计在完成自身职能的过程中，需要借鉴其他学科的方法论，特别是有关量化方法的运用。在这些量化方法中，统计方法是最为广泛运用的一种方法。

管理会计学与统计学有两方面的联系：一是在资料上，管理会计需要以统计提供的原始资

料为依据，如生产能量、工作总工时等资料及其他实物量指标均是管理会计数据中所缺少的，只能依靠统计提供；二是统计学提供的数量分析方法在规划和控制过程中广泛使用，如混合成本分解和成本预测的回归方法、关于货币时间价值（复利、年金的终现值）计算所使用的几何平均方法、关于投资风险价值的标准差运用方法、关于全面预算中的概率预算方法，以及不确定情况下概率区间估计方法等，使得统计方法在管理会计中贯穿始终，统计方法在管理会计活动中有了广泛的应用场合。

与此同时，管理会计过程中越来越广泛地应用许多现代数学方法，对管理活动予以量化，保证管理活动的科学性和精密性。如利用线性规划法确定各有关因素之间的最优组合；利用“库存论”原理确定“经济定货量”、“经济生产量”，对一些复杂的经济活动采用简明而又精确的数学模型予以模拟……以上这些数学方法的运用，揭示了有关客观现象之间的数量关系和最优值及变化规律，为管理人员正确经营决策和改善管理活动提供了客观依据和有利条件，帮助企业在管理活动中消除主观性和随意性，使得管理方法更加科学、合理。

管理会计在运用统计方法及其他数学方法时，也要认清它们之间的不同。统计方法及其他数学方法着重于阐述这些方法的机理，管理会计学则直接运用它们提供的方法，着重于应用。因此说，统计方法其他数学方法是基础性的，管理会计的方法是实用性的。相信随着大量的数学方法在管理会计中的广泛运用，将会使企业的经营管理活动更加科学和完善。

任务小结

任务考核：

1. 管理会计的含义是什么？其经历哪两个发展阶段？
2. 管理会计是如何形成和发展的？你对管理会计如何认识？
3. 管理会计的职能是什么？它和管理会计的作用有何关系？
4. 管理会计在企业中居于何种地位？
5. 如何理解管理会计工作与管理会计学的联系和区别？
6. 管理会计学的内容体系由哪几部分组成？它对我们学习管理会计有何指导作用？
7. 管理会计和财务会计有何区别和联系？
8. 如何理解管理会计的规划和控制两个职能与财务会计的反映和监督两个职能之间的关系？
9. 如何看待管理会计与成本会计之间的关系？你认为它们之间能否合二为一？
10. 如何看待管理会计与统计学等数量方法的关系？
11. 管理会计的基本内容有哪些？
12. 管理会计所提供的信息有哪些特点和优点？

一、单项选择题

1. 管理会计是以强化企业内部管理、（　　）为最终目的。

　A. 降低成本　　　　B. 降低保本点

　C. 实现最佳经济效益　　　　D. 增加销售量

2. 管理会计的核心内容是（　　）。

　A. 预测决策会计　　　　B. 规划控制会计

C. 本量利分析　　D. 责任会计

3. 管理会计的服务对象主要是(　　)。

A. 企业的投资人　　B. 企业的债权人

C. 税务部门　　D. 企业的经营管理者

4. 管理会计的信息载体主要是(　　)。

A. 利润表　　B. 资产负债表

C. 财务状况变动表　　D. 内部报告

5. 管理会计所需要的资料主要来源于(　　)。

A. 统计　　B. 财务会计

C. 销售部门　　D. 生产部门

6. 管理会计产生的关键标志是(　　)。

A. 全面预算的产　　B. 成本控制的产生

C. 本量利分析的产生　　D. 预测决策会计的产生

7. 现代企业会计的两大分支:一为财务会计,一为(　　)。

A. 成本会计　　B. 预算会计

C. 管理会计　　D. 税务会计

8. 在多数情况下,管理会计突出了以(　　)为中心的行为管理。

A. 投资　　B. 利润　　C. 人　　D. 企业

9. 管理会计所提供的信息是为了满足内部管理的特定要求而选择的,其中涉及未来的信息不要求具备(　　)。

A. 精确性　　B. 相关性　　C. 及时性　　D. 统一性

10. 管理会计的内容是指与其职能相适应的内容,不包括(　　)。

A. 预测决策会计　　B. 规划控制会计

C. 责任会计　　D. 财务会计

二、多项选择题

1. 管理会计的职能包括(　　)。

A. 预测　　B. 决策　　C. 规划　　D. 控制

E. 考评

2. 管理会计与财务会计的区别有(　　)不同、工作程序不同、精确程度不同,时间跨度不同、对会计人员素质的要求不同、信息特征不同。

A. 服务对象　　B. 侧重点　　C. 主体

D. 遵循的依据　　E. 最终目标

3. 下列项目中,属于管理会计人员工作的是(　　)。

A. 预测决策　　B. 编制年度财务报告　　C. 编制凭证记账

D. 编制预算　　E. 成本控制

4. 管理会计提供的信息应满足(　　)。

A. 精确性　　B. 及时性　　C. 相关性

D. 统一性　　E. 规范性

5. 管理会计的特点有(　　)。

A. 侧重为企业内部经营管理者服务

B. 主要预测和规划未来

C. 不受会计准则制约

D. 不严格遵守固定的工作程序

三、判断题

1. 现代企业会计的两个分支是财务会计和管理会计。（　）
2. 管理会计的主要职能是反映和监督。（　）
3. 管理会计产生于 19 世纪初。（　）
4. 管理会计的资料主要来源于财务会计，它的主要工作内容是对财务会计信息进行深加工和再利用。（　）
5. 财务会计和管理会计都必须遵循企业会计准则。（　）
6. 控制会计处于现代管理会计的核心地位，又是现代管理会计形成的关键标志之一。（　）
7. 与财务会计不同，管理会计的信息载体多为没有统一格式的内部报告，对这些报告的种类也没有统一的规定。（　）
8. 管理会计面向未来，因而管理会计信息的形成不以过去的资料为基础。（　）
9. 管理会计主要为企业外界服务，因而又可称为外部会计。（　）
10. 管理会计的工作主体分为多个层次，但主要以企业内部责任单位为主体。（　）

项目二　成本性态分析与变动成本法

任务目的

了解并熟悉成本的各种分类方法；
掌握混合成本进行分解方法；
了解变动成本法和完全成本法的特点；
掌握变动成本法和完全成本法的计算过程；
理解变动成本法和完全成本法两种方法的优缺点。

任务分析

能够熟知成本的各种分类方法；
能灵活运用多种方法对混合成本进行分解并掌握这些方法的特点与运用范围；
能够独立完成变动成本法和完全成本法的计算过程；
能够通过变动成本法和完全成本法的比较来理解这两种方法的特点。

案例导入

东方股份有限公司是生产电风扇产品的企业。2014 年 5 月，公司利用原有设备研发生产了一种新型电风扇。由于企业忽略了对产品的销售宣传工作，致使消费者对该型号电风扇不太了解，当月生产的电风扇 70%没能销售出去，积压在仓库，其他产品销路一直很好。

于是公司管理层开会讨论积压的新型电风扇的解决办法：

销售部门：6 月份的主要精力放在产品宣传上，暂时将产量减半，解决产品积压问题。

财务部门：5 月份公司产量为 800 台，每台电风扇的制造成本为 360 元，如果产量减半，每台制造成本上升至 403 元，制造成本升幅超过 10%。这样是否对公司不利呢?

生产部门：根据掌握的资料，5 月材料消耗和人工等方面的成本均未超出标准，6 月份即使产量减半，产品成本也不会超过 5 月份，成本怎么会上升 10%呢?

公司经理要求财务部门认真核算一下该产品成本，产量减少是否会使产品成本提高，使公司利益受损。

如果你是公司财务人员，会如何解决这个问题呢?

任务实施一　了解成本的一般分类与性态分析

一、成本的分类

为了适应企业经营管理上的不同需要，成本可以从多个不同角度，采用不同方法进行分类。

(一) 成本按其经济职能的分类

1. 生产成本

生产成本，也称制造成本，是企业为生产产品而发生的各项耗费。它包括直接材料、直接人工和制造费用三个成本项目，其中，通常将直接材料和直接人工称为主要成本，将制造费用称为加工成本。具体如下：

(1) 直接材料。它是指生产中直接用来构成产品主要实体的材料成本。

(2) 直接人工。对原材料进行直接加工使之变成产品所耗用的人工成本。

(3) 制造费用，又称“工厂间接费用”。它是指生产中发生的，扣除直接材料和直接人工以外的其他耗费。具体包括：

间接材料，即在生产中耗用但不能归属于某一特定产品的材料成本，如车间的一般物料消耗；

间接人工，即为生产服务但不直接进行产品加工的人工成本，如技术人员的工资；

其他制造费用，即不能归入上面两项的其他各种间接费用，如生产设备折旧费、保险费、维护和修理费等。

2. 非生产成本

非生产成本是指在企业生产经营过程中发生的、与生产无关的其他一切成本，又称期间成本。它包括以下两个部分：

(1) 销售费用。它是指在产品或劳务销售过程中发生的各种耗费，例如销售过程中发生的运输费、包装费、广告费、销售人员的工资等。

(2) 管理费用。它是指企业为组织和管理生产经营所发生的各项费用，例如企业行政管理人员的工资、企业管理部门办公费、工会经费、职工教育经费等。

成本按经济用途分类，这是财务会计中有关成本分类的最主要方法，反映了产品成本的构成，也是一种传统的分类方法，是其他各种成本分类方法的基础。

(二) 按成本性态的分类

1. 变动成本

它是指在相关范围内，与业务量变动成正比例关系的成本。

2. 固定成本

它是指在相关范围内，与业务量变动无关的成本。

3. 混合成本

它们虽会随着业务量的变动而变动，但不保持正比例关系。

(三) 按决策相关性分类

按是否与决策相关,成本分为相关成本与无关成本两类。

相关成本,顾名思义就是与决策有关联关系的成本,也就是在进行决策分析时必须认真加以考虑并加以计量的各种形式的未来成本。如付现成本、差量成本、机会成本、边际成本、专属成本等等。

无关成本则是指过去已经发生,或者虽未发生但对决策没有影响,因而在进行决策分析时无需加以考虑的各种成本。如沉没成本、历史成本、共同成本等等。

二、成本性态分析

成本性态又称成本习性,它是指成本和业务量(即产量或销量)之间的依存关系,从数量上把握成本和业务量之间的规律性联系,以便企业更好地进行成本分析与控制,提高管理效率和经济效益。成本性态分析是变动成本法、本量利分析以及生产经营决策的前提和基础,在管理会计学中具有重要意义。

按照成本性态,可以将成本划分为固定成本、变动成本和混合成本三个类型。

(一) 固定成本

固定成本是指在一定时期和一定业务量范围内,成本总额不随业务量的增减而变动的成本。例如,直线法计提的固定资产折旧、车间和企业行政管理人员的工资、广告费等,其成本是否发生以及发生多少和产品产量没有直接关系,因此不受产量变动的影响。

1. 固定成本的特点

(1) 固定成本总额是不随业务量的变动而变动。若用符号 a 表示固定成本总额,则其成本性态用公式表示如下(性态模型如图 2-1 所示)。

$$\text{固定成本总额 } y=a \tag{2-1}$$

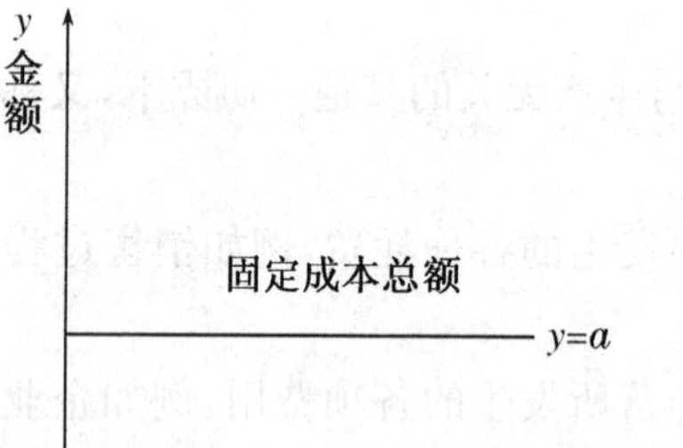

图 2-1 固定成本总额性态模型

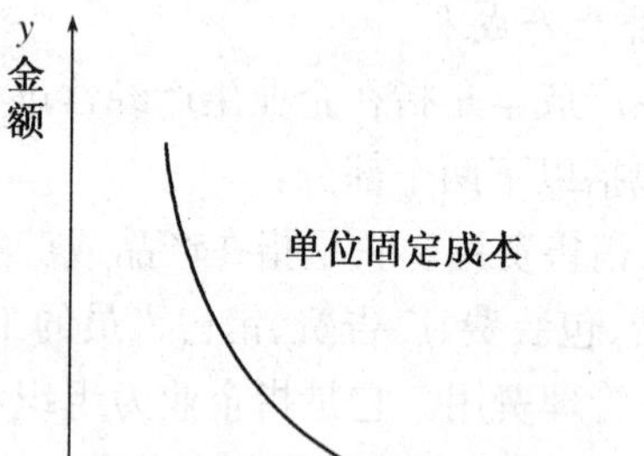

图 2-2 单位固定成本性态模型

(2) 单位固定成本随着业务量的变动而成反比例变动。其成本性态用公式表示如下(性态模型如图 2-2 所示)。

$$\text{单位固定成本 } y=a/x \tag{2-2}$$

2. 固定成本分类

按照固定成本受企业管理当局决策行动影响程度的不同,可以将固定成本进一步区分为约束性固定成本和酌量性固定成本两类。

(1) 约束性固定成本，又称“经营能力成本”。它是指与整个企业经营能力的形成及其正常维护直接相关的成本，也就是为了完成一定的经营业务而必须付出的固定成本。比如厂房、机器设备的折旧、保险费和管理人员的工资等项目都属于这类成本。这类成本因为受到经营能力的约束限制，一般不受企业日常决策的影响，并且由于企业的经营能力一旦形成，在短期内难以发生改变，因而与此相联系的成本也将在较长时期内不变。所以，合理地形成和利用企业的经营能力，是企业提高生产经营效益的一个重要条件。

(2) 酌量性固定成本又称“随意性固定成本”。它是指企业管理部门根据管理的需要确定所发生的固定成本。比如研究开发费、广告宣传费、职工培训费和经营性租赁费等项目都属于这类成本。这类成本虽然对企业经营有益，但并非必不可少，可以根据生产经营的需要增加或减少，它是否需要支出以及支出多少，取决于企业最高管理当局的短期决策。企业管理部门可以根据情况的变化及时调整不同预算期的成本水平，但从较短的期间看，其发生额同企业的实际经营水平并无直接联系。

3. 固定成本的相关范围

成本性态是在一定时间范围内和一定业务量范围内所表现出来的特性，如固定成本的发生额不受业务量增减变动的影响，但它是有条件的。也就是说，只有在这个范围内，固定成本总额才不会发生改变，这个范围在管理会计中称为相关范围。例如，某企业在一定时期内正常产销能力为每月 500 件至 1 000 件，相应的固定成本水平为每月 40 000 元；如果要求产量超过最大生产能力 1 000 件，需要增加一台机器设备，从而增加固定资产折旧成本使得固定资产成本增加至 50 000 元；相反，如果产量低于 500 件，就会削减企业管理人员，从而减少管理人员工资使得固定成本降至 30 000 元。如图 2－3 所示。

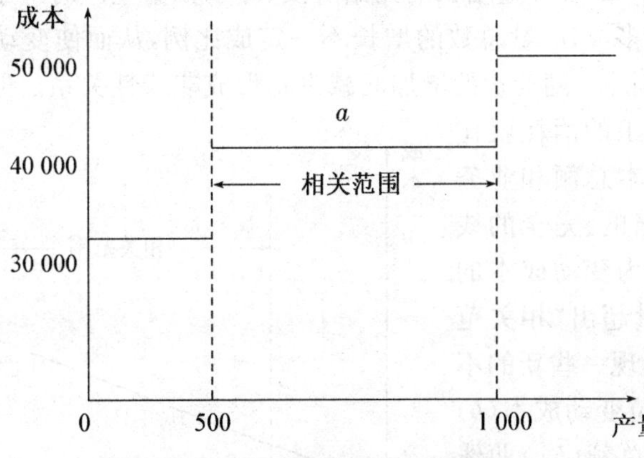

图 2－3　固定成本的相关范围

(二) 变动成本

变动成本是指在一定时期和一定业务量范围内，成本总额随业务量的增减变动而成正比例变动的成本。例如直接材料、直接人工成本都是和产品生产量相联系的，其总额会随着产量的增减变动成正比例变动。

1. 变动成本的特点

(1) 变动成本总额是随着业务量的变动而成正比例变动的。

若用符号 b 表示单位变动成本，则其成本性态用公式表示如下（性态模型如图 2-4 所示）。

$$\text{变动成本总额 } y=bx \quad (2-3)$$

（2）单位变动成本是不随业务量的变动而变动的。

其成本性态用公式表示如下（性态模型如图 2-5 所示）。

$$\text{单位变动成本 } y=b \quad (2-4)$$

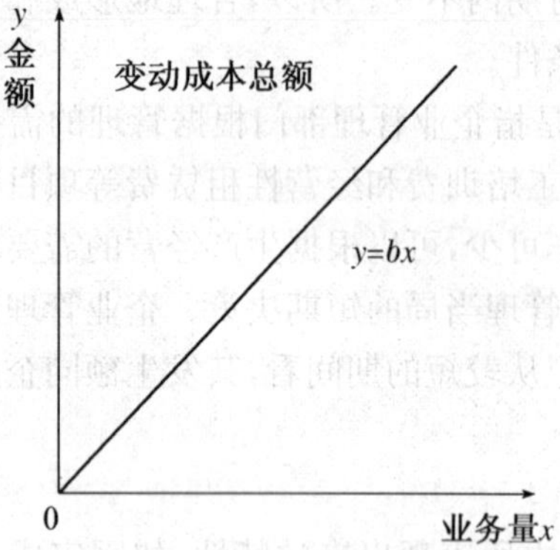

图 2-4　变动成本总额性态模型

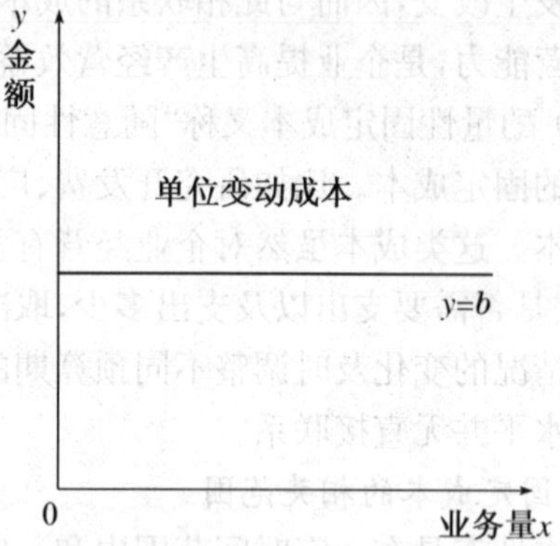

图 2-5　单位变动成本性态模型

2. 变动成本的相关范围

在实际工作中，许多行业的变动成本总额和业务量之间的依存关系，同固定成本总额一样，也存在着一定的"相关范围"，即只有在一定的业务量范围和时间范围内，变动成本总额和业务量之间才会保持相对稳定的正比例变动关系，即完全的线性关系。但如果超出一定的业务量范围和时间范围，变动成本总额和业务量之间就可能表现为不完全的线性关系。

例如，化工行业的产品，在产量增长的初始阶段（即小批量生产时），单位产品消耗的直接材料和直接人工可能较多，与产量总数的增长不一定成比例，从而使变动成本总额（bx）曲线呈向下弯曲的趋势（即斜率 b 随产量的增加而减少），形成非线性关系。但当产量增长到一定程度时，各项材料和人工的消耗就比较稳定，从而使变动成本总额和业务量总数之间呈现出严格的、完全的线性关系，这个范围就称为变动成本的"相关范围"。如果产量超出"相关范围"继续增长，就可能出现一些新的不利因素，促使产品的单位变动成本（b）增高，从而使变动成本总额（bx）曲线呈向上弯曲的趋势，又形成非线性关系，如右图所示。可见，变动成本总额与业务量之间的线性关系，通常也只存在于一定的"相关范围"内，若超出"相关范围"，则表现为非线性关系。

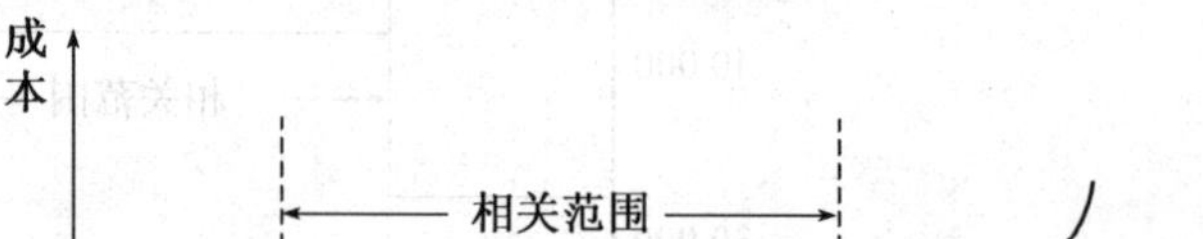

图 2-6　变动成本的相关范围

（三）混合成本

混合成本是指成本总额随业务量的变动而变动，但变动的幅度与业务量不保持严格的比例关系的成本。混合成本一般分为半变动成本、半固定成本和延期变动成本三种类型。

1. 半变动成本

半变动成本的性态是：成本有一个初始量，类似于固定成本，它不随产量增减而变动；在此基础上，每生产一个单位的产品，成本也随之增加一部分，这部分成本又类似于变动成本。半变动成本是混合成本中最普遍的形式，包括企业的水、电、气、电话及其他成本等。比如电费成本，首先为保证企业处于生产经营状态、维持日常的消耗需要，发生一定的电费开支；当投入生产运行后，随着生产用电的增加，电费成本也随之增加，这一类混合成本的性态就表现为半变动成本。其成本习性模型如图 2-7 所示。

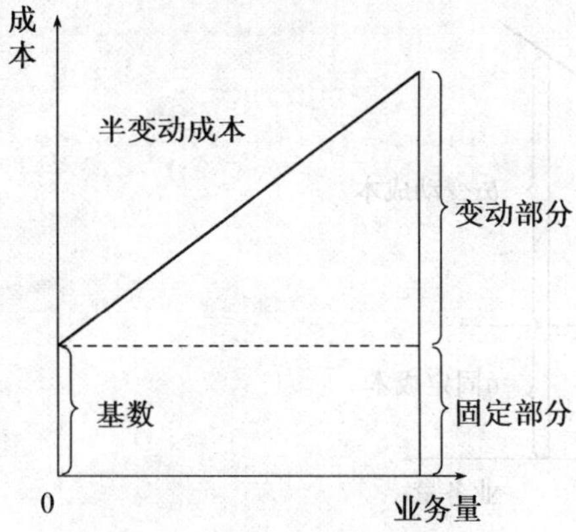

图 2-7　半变动成本习性模型

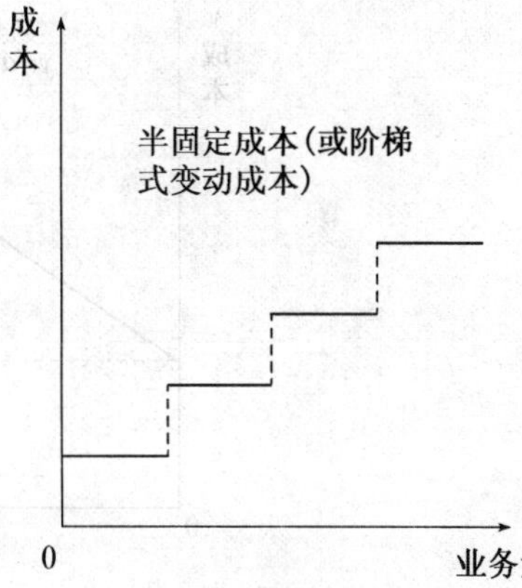

图 2-8　半固定成本(或阶梯式变动成本)习性模型

2. 半固定成本

半固定成本的性态是：在一定业务量范围内变动时，成本总额是固定不变的；当业务量变动超过这个范围时，成本总额就跳跃到一个新的水平，然后又在该范围内保持不变，直到业务量的变动再突破到新的范围，才会开始下一次跳跃式的变动，其成本变化构成的曲线呈阶梯形，故又称阶梯式成本。企业化验员、货运员、质检员、保养工的工资和设备修理费等成本，其性态就表现为半固定成本。例如，某企业每个货运员每日可以完成 180 件产品的运输任务，日工资为 80 元；当日产量低于 180 件时，只需要一名货运员，日工资成本 80 元；当日产量在 181～360 件时，需要两名货运员，日工资成本为 160 元，以此类推，可见货运员的工资支出随产量的增加呈跳跃式增长。其成本习性模型如图 2-8 所示。

3. 延期变动成本

延期变动成本的性态是：在一定业务量范围内，其总额保持固定不变，但若突破该业务量限度，超额部分则随业务量的增加按正比例增长。例如加班费，在正常工作时间(每天 7～8 小时)内，企业对员工支付的工资是固定不变的，比如说是 1 000 元，如果工作时间超出正常工作时间，则需要根据加班时间的长短成比例地支付加班工资或津贴，比如说是每小时 5 元，此时工人工资成本属于延期变动成本。其成本习性模型如图 2-9 所示。

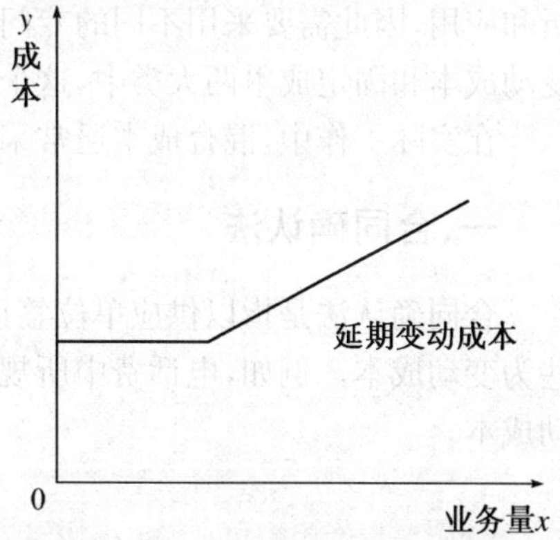

图 2-9　延期变动成本习性模型

三、总成本公式及模型

在管理会计中，最终可以把企业的总成本分解为固定成本和变动成本两个部分，用公式表示如下：

总成本＝固定成本＋变动成本＝固定成本＋单位变动成本×业务量

即：

$$y=a+bx \quad (2-5)$$

总成本习性模型如图 2－10 所示。

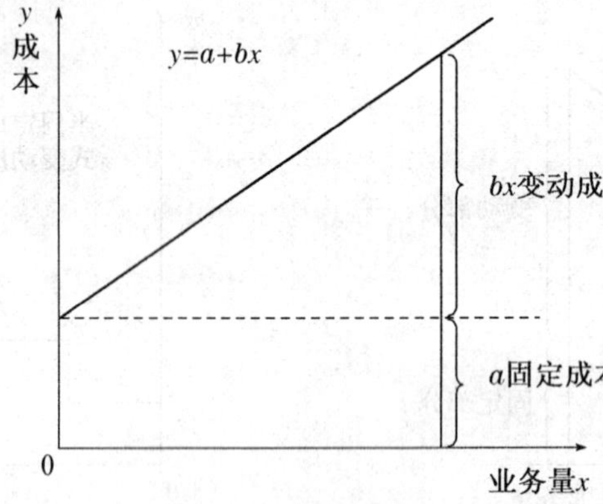

图 2－10　总成本习性模型

任务实施二　分解混合成本

成本按性态分类是管理会计这一学科的重要贡献之一，对各项成本进行性态分析也是采用变动成本计算法的前提条件。但是固定成本与变动成本只是经济生活中诸多成本性态的两种极端类型，多数成本是以混合成本的形式存在的，需要将其进一步分解为固定成本和变动成本两部分。管理会计为了规划与控制企业的经济活动，首先要把全部成本按其性态划分为变动成本、固定成本和混合成本。然而在实际工作中，混合成本的变化形式比较复杂，不便于分析和应用，因此需要采用不同的专门方法将其中变动和固定的两种因素分解出来，再分别纳入变动成本和固定成本两大类中，这个过程称为混合成本的分解。

在实际工作中，混合成本通常采用以下方法进行分解。

一、合同确认法

合同确认法是指以供应单位签订的合同所规定的计价办法来确认哪些属于固定成本，哪些为变动成本。例如，电话费中所规定的基本费就确认为固定成本，超出基本费的部分则为变动成本。

二、技术指标法

技术指标法是指根据生产过程中所消耗的技术成分(比例),加以测定确认固定成本部分和变动成本部分。例如,热处理的电炉设备,热处理时都要预热一段时间,它与热处理的数量没有关系,预热耗电成本部分视为固定成本,预热后进行热处理的耗电成本为变动成本。

三、数学模型法

数学模型法是指根据混合成本($y=a+bx$)的数学表达式,采用一定时期的混合成本与业务量的有关数据,求出参数 a(固定成本部分)和 b(单位变动部分),达到分解的目的。常用的方法有高低点法和回归直线法。

1. 高低点法

高低点法是对相关范围的业务量最高、最低点之差与成本最高、最低点之差对比,推算变动成本部分,继而分解固定成本部分。

它的基本原理可以理解为任何一项混合成本项目都包括固定成本部分(a)和变动成本部分(bx)。其中 a 在相关范围内是固定不变的,是常数,业务量高低点变动对其不产生影响;b 在相关范围内是一个常数,但变动成本总额 bx 部分随 x 增减变动而变动,也导致混合成本随之增减或变动。因此就可以理解成:

$$\Delta y=b\cdot\Delta x$$

则

$$b=\Delta y/\Delta x \tag{2-6}$$

式中

$$\Delta y=y_{高}-y_{低};\Delta x=x_{高}-x_{低}$$

然后将 b 代入高点或低点的混合成本公式:$y_{高}=a+bx_{高}$ 或 $y_{低}=a+bx_{低}$ 中,移项即可求得 a 的值。

即

$$a=y_{高}-bx_{高} \tag{2-7}$$

或

$$a=y_{低}-bx_{低}$$

【例 2-1】 某工厂去年 12 个月的产量和电费支出有关数据如表 2-1 所示。用高低点法将混合成本分解为变动成本和固定成本。

表 2-1　某工厂 12 个月的产量和电费支出相关数据

月份	产量(件)	电费(元)
1	800	2 000
2	600	1 700
3	900	2 250
4	1 000	2 550
5	800	2 150
6	1 100	2 750
7	1 000	2 460

(续表)

月份	产量(件)	电费(元)
8	1 000	2 520
9	900	2 320
10	700	1 950
11	1 100	2 650
12	1 200	2 900

解:先根据上述电费的历史资料,找出最高业务量与最低业务量实际发生的电费数据,如表 2-2 所示。

表 2-2 最高点与最低业务量发生的电费数据

摘要	高点(12 月)	低点(2 月)	差额
产量(件)	1 200	600	$\Delta x=600$
电费(元)	2 900	1 700	$\Delta y=1\,200$

$$b=\Delta y/\Delta x=\frac{2\,900-1\,700}{1\,200-600}=2(\text{元/件})$$

将 b 值代入高点混合公式,并移项:

$$a=y_{高}-bx_{高}=2\,900-2\times1\,200=500(\text{元})$$

或将 b 值代入低点混合公式,并移项:

$$a=y_{低}-bx_{低}=1\,700-2\times600=500(\text{元})$$

经过以上计算,可见该工厂混合成本采用高低点法进行分解后,其固定成本总额为 500 元,单位变动成本为每件 2 元。

最后,把电费的上述关系归纳为下列混合成本公式:

$$y=500+2x$$

特别需要注意的是:在选择高低点时,应以业务量作为选择依据,而不是以混合成本的高低作为选择的依据。

高低点法的优点是简便易行;缺点是该方法只采用了历史成本资料中的高点和低点两组数据,没有考虑其他数据的影响,故准确性较差。

2. *散布点图法*

散布点图法,亦可称为"散布图法"。它是把过去某一期间混合成本的历史数据逐一标明在坐标图上,一般以横轴代表业务量,纵轴代表混合成本。这样,各个历史成本数据就形成若干个成本点散布在坐标图上。通过目测,在各个成本点之间画一条能反映成本变动的平均趋势直线,这条直线与纵轴的交点就是固定成本,斜率就是单位变动成本。

【例 2-2】 以表 2-1 的有关数据为依据,采用散布图法对该企业的电费进行分解。

解:首先,在坐标系中标出电费成本的散布点。以横轴代表产量、以纵轴代表电费成本,标出该企业 12 个月的电费成本点。

然后,通过目测,在坐标图中画出一条能够反映电费成本平均变动趋势的直线,使这条直线能够通过尽可能多的点，这样，电费这项混合成本的性态就可用下图表达出来。

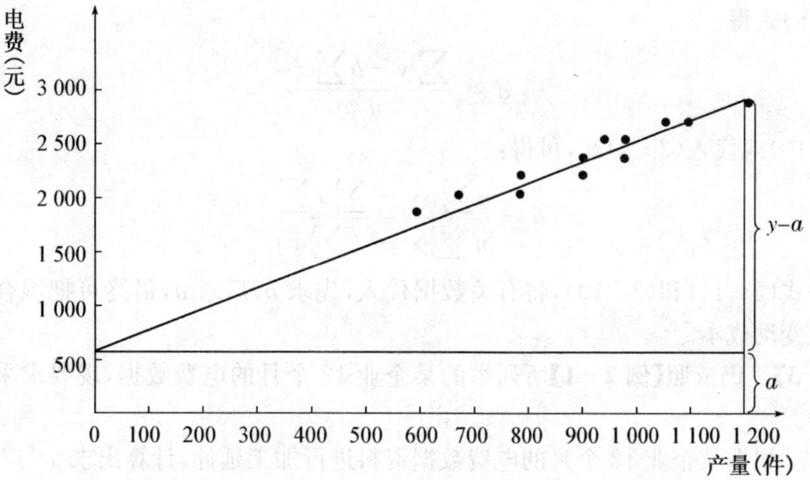

接下来，确定固定成本(a)，即所画直线与纵轴的交点，本图为600元。

最后，计算单位变动成本，即所画直线的斜率。根据所画直线，选择相关范围内任一产量，即可得出相应的电费成本。若选产量为800件，电费成本为2 150元，则单位变动成本

$$b=\frac{y-a}{x}=\frac{2\,150-600}{800}=1.94(\text{元/件})$$

根据散布点图法得到a和b的值后，电费这项混合成本用数学模型来表示就是

$$y=600+1.94x$$

必须指出：采用散布点图法时，通过目测所画出的成本变动的平均趋势直线，往往因人而异，一般很难统一，但该方法使用简便，容易理解。

3. 回归直线法

回归直线法，又叫最小二乘法，是根据过去一定期间内的业务量和混合成本的数据资料，应用最小平方法原理，算出最能代表业务量与混合成本关系的回归直线，借以确定混合成本中的固定成本和变动成本。

回归直线法的基本原理是：首先按散布点图法把过去一定期间内的混合成本的历史数据，逐一在坐标图上标明。然后通过目测，在各个成本点之间画一条能反映业务量与混合成本关系的平均变动趋势直线。从数学的观点来看，应选用全部观测数据(即成本点)的误差平方和最小的直线，这条直线在数理统计中称为回归直线。正因为这种方法能使所有成本点误差的平方和达到最小值，故亦称为最小平方和方法。

回归直线法的数学推导，仍以混合成本的直线方程式为基础，即：

$$y=a+bx$$

式中，y代表混合成本的总额，x代表业务量，a代表混合成本中的固定成本总额，b代表混合成本中的单位变动成本。

根据上述混合成本的基本方程式及实际所得到的n个观测值，即可建立回归直线的联立方程组，然后将上述方程组中的n个方程式相加，从而得到用n个观测值和形式表达的方程式，即：

$$\sum y=na+b\sum x \tag{2-8}$$

$$\sum xy = a\sum x + b\sum x^2 \quad (2-9)$$

由(2-8)式得：

$$a = \frac{\sum y - b\sum x}{n} \quad (2-10)$$

由(2-10)式代入(2-9)式，可得：

$$b = \frac{n\sum xy - \sum x\sum y}{n\sum x^2 - \left(\sum x\right)^2} \quad (2-11)$$

根据公式(2-11)和(2-10)，将有关数据代入，先求 b，后求 a，最终可把混合成本分解为固定成本和变动成本。

【例 2-3】 仍依照**【例 2-1】**所列举的某企业 12 个月的电费数据，现要求采用回归直线法加以分解。

解：首先，根据某企业 12 个月的电费数据资料进行加工延伸，计算出求 a 与 b 的值所需的有关数据，如表 2-3 所示。

表 2-3 某电厂 12 个月的电费数据资料

月份 n	产量(件) x	电费(元) y	xy	x^2
1	800	2 000	1 600 000	640 000
2	600	1 700	1 020 000	360 000
3	900	2 250	2 025 000	810 000
4	1 000	2 550	2 550 000	1 000 000
5	800	2 150	1 720 000	640 000
6	1 100	2 750	3 025 000	1 210 000
7	1 000	2 460	2 460 000	1 000 000
8	1 000	2 520	2 520 000	1 000 000
9	900	2 320	2 088 000	810 000
10	700	1 950	1 365 000	490 000
11	1 100	2 650	2 915 000	1 210 000
12	1 200	2 900	3 480 000	1 440 000
合计	11 100	28 200	26 768 000	10 610 000

其次，根据表 2-3 最后一行的合计数，代入上述(2-11)和(2-10)两个公式，分别确定 b 与 a 的值：

$$b = \frac{n\sum xy - \sum x\sum y}{n\sum x^2 - \left(\sum x\right)^2} = \frac{12 \times 26\,768\,000 - 11\,100 \times 28\,200}{12 \times 10\,610\,000 - 123\,210\,000} = 1.99(\text{元/件})$$

$$a = \frac{\sum y - b\sum x}{n} = \frac{28\,200 - 1.99 \times 11\,100}{12} = 509.25(\text{元})$$

计算出 a 与 b 后，维修费的混合成本就可确定为：

$$y=a+bx=509.25+1.99x$$

综上所述，在以上三种数学分解的方法中，若混合成本的变动部分与业务量基本上保持正比例关系，采用高低点法最为简便。若混合成本中的变动部分与业务量的关系并不按一定的变动率进行变化，同时最高与最低业务量的混合成本有过高、过低现象，那么就应采用散布点图法或回归直线法。当然，散布点图法通过目测画线，准确性往往不高，但该方法使用方便，容易理解。至于回归直线法，从数学的观点来说，它利用了离差平方和最小的原理，故较为准确，但工作量较大。总结如下：

高低点法——优点：简便易懂。缺点：计算的结果不大准确。

散布图法——优点：利用散布图法来确定反映变动趋势的直线，比起高低点法可能得到较精确的结果。缺点：由于绘制因人而异，所以其结果也不一定十分准确。

回归直线法——优点：利用“回归直线的误差平方和最小”原理，所以其结果是最易准确的。缺点：计算量大。

任务实施三　变动成本法的应用

一、变动成本法概述

1. 变动成本法的含义

变动成本法是管理会计专有的一种成本计算方法。它是指在常规的产品成本计算过程中，以成本性态分析为前提，将变动生产成本（即直接材料、直接人工、变动制造费用）计入产品成本，而将固定生产成本（即固定制造费用）及非生产成本作为期间成本的一种成本计算方法。变动成本法改变了完全成本法中把固定制造费用在本期销货与存货成本之间进行分配的传统，而由当期的销货收入负担全部固定成本。

2. 产品成本的构成与特点

在变动成本法下计算的产品成本，实际上就是变动性生产成本，是指某种产品在其生产过程中直接发生的、同产品产量保持正比例变动关系的有关耗费，如直接材料、直接人工和变动制造费用。变动成本法下计算的产品成本，一般具有以下两个明显的特征：

(1) 产品成本同某种产品的实际形成或产出直接相关，只要有产品产出，就一定有成本发生，两者之间存在着内在的、必然的联系。

(2) 产品成本同某种产品生产数量（实际产出数量）的增减变动直接相关。当产品生产数量增加或减少，产品成本总额也会相应增加或减少，两者之间增减变动的比率完全相等。

3. 期间成本的构成与特点

所谓期间成本，一般意义而言是指非制造成本，即不计入产品成本的当期费用，如销售费用、管理费用等。

在变动成本法下，期间成本除包括销售费用、管理费用外，还包括产品生产过程中所发生的固定制造费用，即全部制造费用中同产品产量的增减变动没有直接联系的部分。之所以在变动成本法下把一部分制造费用也列入期间成本，是因为这种成本计算方法认为：期间成本是指为形成和维护一定的产品生产和销售能力而发生的有关耗费，是为企业从事一切生产经营活动准备条件所必需的成本。从这一意义上讲，固定制造费用同管理费用、销售费用的性质一样，有了这些费用支出，有了这些"准备"，企业现有的生产经营能力才能加以利用。因此，变动成本法的期间成本具有以下特征：

（1）期间成本同企业生产经营能力的形成及正常维护紧密相关，只要有产品生产和销售活动的发生，就会有相应的成本发生，而不论产品生产和销售数量的多少。

（2）期间成本同企业生产经营持续期间的长短紧密相关，期间成本发生额的多少，取决于生产经营持续期的长短，两者之间增减变动的方向一致。

由此可见，一旦某一会计期间或某一生产经营持续期过去，该期的产销能力也就随之消失，其效益不会因时间的推移而递延到相邻的下一期间；现有产销能力未被利用部分的成本没有必要结转到下期。因此，不论是固定制造费用，还是销售费用或管理费用，全部都应从某一特定会计期间的销售收入中进行补偿，金额一次性扣除。

二、边际贡献

1. 边际贡献的含义

边际贡献是指产品的销售收入与相应变动成本之间的差额，又称贡献毛益、边际利润或创利额。边际贡献与利润的形成有着密切的关系。边际贡献可以用来补偿固定成本，当边际贡献大于固定成本时，企业是盈利的；反之，企业是亏损的。边际贡献是衡量企业盈利水平的重要指标，在变动成本法、本量利分析法以及经营决策过程中都得到了广泛应用。

2. 边际贡献的表现形式

边际贡献的表现形式有两种：一种是以绝对数表示的边际贡献总额（以 Tcm 表示）和单位边际贡献（以 cm 表示）；另一种是以相对数表示的边际贡献率（以 cmR 表示）。有关公式如下：

$$\text{边际贡献总额}(Tcrn)=\text{销售收入}-\text{变动成本}=px-bx \qquad (2-12)$$

$$\text{单位边际贡献}(cm)=\text{单价}-\text{单位变动成本}=p-b$$

$$=\frac{\text{贡献毛益总额}}{\text{销售量}}=\frac{Tcm}{x} \qquad (2-13)$$

$$\text{边际贡献率}(cmR)=\frac{\text{贡献毛益总额}}{\text{销售收入}}=\frac{Tcm}{px}\times 100\%$$

$$=\frac{\text{单位贡献毛益}}{\text{单价}}=\frac{cm}{p}\times 100\% \qquad (2-14)$$

（三）变动成本率

变动成本率（以 bR 表示）是指变动成本占销售收入的百分比，或单位变动成本占单价的百分比。计算公式如下：

$$\text{变动成本率}(bR)=\frac{\text{变动成本}}{\text{销售收入}}\times 100\%=\frac{bx}{px}\times 100\%$$

$$=\frac{\text{单位变动成本}}{\text{单价}}\times 100\%=\frac{b}{p}\times 100\% \qquad (2-15)$$

边际贡献率反映每一元销售收入所能提供的边际贡献，变动成本率反映每一元销售收入中变动成本所占的份额。变动成本率与边际贡献率的关系如下：

$$\text{变动成本率}+\text{边际贡献率}=1$$

即

$$bR+cmR=1 \tag{2-16}$$

可见，边际贡献率与变动成本率之间具有互补性，边际贡献率高的产品，则变动成本率低，盈利性强；反之，边际贡献率低的产品，则变动成本率高，盈利性弱。

【例 2-4】 某企业产销甲产品 10 000 件，销售单价为 6 元/件，单位变动成本为 3 元/件，固定成本总额为 20 000 元。

要求：(1) 计算边际贡献总额、单位边际贡献、边际贡献率、变动成本率。

(2) 验证边际贡献率与变动成本率的关系。

解：(1) 单位边际贡献　$cm=p-b=6-3=3$(元/件)

边际贡献总额　$Tcm=cm\cdot x=3\times10\,000=30\,000$(元)

边际贡献率　$cmR=\dfrac{cm}{p}\times100\%=\dfrac{3}{6}\times100\%=50\%$

变动成本率　$bR=\dfrac{b}{p}\times100\%=\dfrac{3}{6}\times100\%=50\%$

(2) 边际贡献率＋变动成本率＝50%＋50%＝1

三、变动成本法与完全成本法的比较

完全成本法又称全部成本法或制造成本法，它是指在产品成本计算过程中，以成本按经济用途分类为前提，将全部生产成本(即直接材料、直接人工、制造费用)计入产品成本，将非生产成本作为期间成本的一种成本计算方法。全部成本法是财务会计中计算产品成本的一种方法，在这种方法下，固定制造费用也是存货成本的一个组成部分。

1. 应用的前提条件不同

完全成本法是以成本按其经济职能分类为前提，将全部成本分为生产成本和非生产成本两部分。凡在生产领域中为生产产品而发生的成本归属于生产成本；凡在流通领域和服务领域，或由于组织日常销售和进行日常行政管理及资金筹集而发生的成本，则归属于非生产成本。

变动成本法是以成本性态分析为前提，将全部成本分为变动成本和固定成本两部分。对于混合成本性质的制造费用，按生产量分解为变动制造费用和固定制造费用。对于混合成本性质的销售及管理费用，则按销售量分解为变动销售及管理费用和固定销售及管理费用。

2. 产品成本及期间成本的构成内容不同

在完全成本法下，产品成本包括全部生产成本，只有非生产成本才作为期间成本；在变动成本法下，产品成本只包括变动生产成本，而固定生产成本和非生产成本则作为期间成本。

完全成本法：

$$\text{生产成本}\left\{\begin{array}{l}\text{直接材料}\\\text{直接人工}\\\text{制造费用}\end{array}\right\}\text{产品成本}$$

$$\text{非生产成本}\left\{\begin{array}{l}\text{管理费用}\\\text{销售费用}\end{array}\right\}\text{期间成本}$$

变动成本法：

- 生产成本
  - 直接材料
  - 直接人工
  - 变动制造费用
  - （以上三项）→产品成本
  - 固定制造费用
- 非生产成本
  - 管理费用
    - 变动管理费用
    - 固定管理费用
  - 销售费用
    - 变动销售费用
    - 固定销售费用
  - （固定制造费用及以上各项）→期间成本

变动成本法中，由于固定制造费用作为期间成本处理，所以单位产品成本比完全成本法下的单位产品成本低。产品成本构成内容上的区别，是变动成本法与完全成本法的根本区别，其他方面的区别均由此而产生。

由于两种成本法的产品成本和期间成本的构成内容不同，从而使销售成本及存货成本的水平不同。在变动成本法下，固定制造费用作为期间成本直接计入当期损益，不可能转化为销售成本和存货成本；而在完全成本法下，固定制造费用被计入产品成本，并要在存货和销货之间进行分配，使一部分固定制造费用被期末存货吸收并递延到下期，另一部分固定制造费用则作为销售成本计入当期损益，从而使两种成本计算法所确定的期末存货成本及销售成本的水平不同。

【例 2-5】 某企业生产一种产品，其某月有关价格、成本和销售资料如表 2-4 所示。

表 2-4　某产品价格、成本和销售资料

单位：元

期初存货量	0	直接材料	400
本期投产完工量	80 件	直接人工	480
本期销售量	72 件	变动制造费用	320
期末存货量	8 件	固定制造费用	240
单位售价	50 元/件	变动销售费用	72
		固定销售费用	100
		变动管理费用	72
		固定管理费用	100

要求分别采用变动成本法和完全成本法计算：

(1) 该企业的产品成本和期间成本。

(2) 该企业的本期销售成本和期末存货成本。

解：根据有关资料，分别按变动成本法和完全成本法确定的产品成本和期间成本如表 2-5 所示。

表 2-5　产品成本及期间成本计算表　　单位:元

项目		变动成本法		完全成本法	
		总成本	单位成本	总成本	单位成本
产品成本	直接材料	400	5	400	5
	直接人工	480	6	480	6
	变动制造费用	320	4	320	4
	固定制造费用	—	—	240	3
	合计	1 200	15	1 440	18
期间成本	固定制造费用	240		—	—
	销售费用	172		172	
	管理费用	172		172	
	合计	584		344	

分别按变动成本法和完全成本法确定的本期销货成本和期末存货成本如表 2-6 所示。

表 2-6　销货成本和期末存货成本计算表　　单位:元

项目	完全成本法(1)	变动成本法(2)	差额(1)-(2)
期初存货成本	0	0	0
本期产品成本	1 440	1 200	+240
期末存货成本	18×8=144	15×8=120	+24
本期销货成本	1 440-144=1 296	1 200-120=1 080	+216

计算表明,按变动成本法确定的产品总成本、单位产品成本、本期销售成本、期末存货成本均低于完全成本法的相应数值,而期间成本却高于完全成本法的相应数值。这种差异是由于两种成本法对固定制造费用采用了不同的处理方法,它们共同的期间成本是销售及管理费用。

3. 确定税前利润的程序及结果不同

(1) 在变动成本法下,税前利润的计算步骤如下:

销售收入-变动成本=边际贡献　　(2-17)

边际贡献-固定成本=税前利润　　(2-18)

式中

变动成本=变动生产成本+变动非生产成本　　(2-19)

固定成本=固定生产成本+固定非生产成本

=固定制造费用+固定销售及管理费用　　(2-20)

(2) 在完全成本法下,税前利润的计算步骤如下:

销售收入-销售成本=销售毛利　　(2-21)

销售毛利-营业费用=税前利润　　(2-22)

式中

销售成本=已销产品的生产成本

=期初存货成本+本期生产成本-期末存货成本 (2-23)

营业费用=非生产成本

=销售及管理费用 (2-24)

由于两种成本法确定税前利润的程序不同,从而使之与相应损益表的格式存在一定的差别。变动成本法使用贡献式损益表,完全成本法使用职能式损益表。

【例 2-6】 依据**【例 2-5】**的资料,分别按两种成本法编制损益表,如表 2-7 所示。

表 2-7 损益表 单位:元

变动成本法(贡献式)		完全成本法(职能式)	
销售收入(50×72)	3 600	销售收入(50×72)	3 600
变动成本		销售成本	
变动生产成本(15×72)	1 080	期初存货成本	0
变动销售费用	72	本期生产成本	1 440
变动管理费用	72	期末存货成本	144
变动成本合计	1 224	销售成本合计	1 296
边际贡献	2 376	销售毛利	2 304
固定成本		营业费用	
固定制造费用	240	销售费用	172
固定销售费用	100	管理费用	172
固定管理费用	100	营业费用合计	344
固定成本合计	440		
税前利润	1 936	税前利润	1 960

计算表明,变动成本法的税前利润比完全成本法的税前利润少 24 元。其原因在于:本期销售量少于本期生产量,使期末存货增加了 8 件。在采用完全成本法时,8 件期末存货中吸收了 24 元,(240 元/80 件×8=24 元)的固定制造费用,并转存到下期,本期损益中只负担当期发生的 240 元固定制造费用中的 216 元(240 元-24 元)。而采用变动成本法时,期末存货不吸收固定制造费用,固定制造费用 240 元作为期间成本完全计入当期损益,使变动成本的税前利润比完全成本法的税前利润少 24元。

为了完全说明变动成本法和完全成本法对计算损益的影响,现举例进行分析。

【例 2-7】 假设某企业从事单一产品生产,连续 3 年的生产量均为 1 800 件,3 年的销售量分别为 1 800 件、1 500 件、2 100 件,销售单价 450 元/件,销售及管理费用年度总额为 60 000 元,且全部为固定成本。其他有关数据为:单位变动生产成本(包括直接材料、直接人工和变动制造费用)为 240 元/件,固定制造费用全年总额为 36 000 元。假定第一年的期初存货为 0,存货计价采用先进先出法。

要求分别采用变动成本法和完全成本法编制损益表。

解:采用变动成本法,各年单位产品成本为 240 元/件。

采用完全成本法,各年单位产品成本均为

$$240+\frac{36\ 000}{1\ 800}=260(\text{元/件})$$

按两种成本法编制的损益表如表 2-8、表 2-9 所示。

表 2-8　损益表(贡献式)　　单位:元

项目	第一年	第二年	第三年	合计
销售收入	810 000	675 000	945 000	2 430 000
变动成本	432 000	360 000	504 000	1 296 000
变动生产成本	432 000	360 000	504 000	1 296 000
边际贡献	378 000	315 000	441 000	1 134 000
固定成本	96 000	96 000	96 000	288 000
固定制造费用	36 000	36 000	36 000	108 000
固定销售及管理费用	60 000	60 000	60 000	180 000
税前利润	282 000	219 000	345 000	846 000

表 2-9　损益表(职能式)　　单位:元

项目	第 1 年	第 2 年	第 3 年	合计
销售收入	810 000	675 000	945 000	2 430 000
销售成本	468 000	390 000	546 000	1 404 000
期初存货成本	0	0	78 000	0
本期生产成本	468 000	468 000	468 000	140 400
期末存货成本	0	78 000	0	78 000
销售毛利	342 000	285 000	399 000	1 026 000
营业费用	60 000	60 000	60 000	180 000
销售及管理费用	60 000	60 000	60 000	180 000
税前利润	282 000	225 000	339 000	846 000

第 1 年,由于产量等于销量(均为 1 800 件),所以两种成本计算法下的税前利润均为 282 000 元。这是因为两种情况下固定制造费用都进了损益。

第 2 年,由于产量(1 800 件)大于销量(1 500 件),所以按变动成本法计算的税前利润比按全部成本法计算的税前利润少了 6 000 元。这是因为在变动成本法下,全部固定制造费用(36 000 元)均计入了当年损益,冲减当期收入;而在全部成本法下,只有已经实现销售的产品所负担的固定制造费用 30 000 元(36 000/1 800×1 500)计入了当年损益,另外 6 000 元固定制造费用则作为存货成本的构成内容,期末列入了资产。

第 3 年,由于产量(1 800 件)小于销量(2 100 件),所以按变动成本法计算的税前利润比按全部成本法计算的税前利润大了 6 000 元。这是因为变动成本法下计入第三年损益的固定制造费用仍为 36 000 元;而在全部成本法下,第二年末存货成本中的 6 000 元固定制造费用随着存货的销售计入了第三年的销售成本中,从而导致税前利润少了 6 000 元。

从表中合计一栏可以看出,两种成本法下税前利润的 3 年合计数是相同的。也就是说,从较长时期看,由各期产量与销量之间的关系所决定的两种成本法下税前利润的差异可以相互抵消。

综上所述，变动成本法与全部成本法对各期损益的影响，依照产量与销量之间的相互关系，可以归纳为以下三种情况：

1. 当产量等于销量时，两种成本法下计算的损益完全相同。

2. 当产量大于销量时，按变动成本法计算的损益小于按全部成本法计算的损益。

3. 当产量小于销量时，按变动成本法计算的损益大于按全部成本法计算的损益。

四、变动成本法的优点和局限性

1. 变动成本法的优点

(1) 正确揭示了成本与利润、净收益与销售量之间的关系，使企业重视销售，做到以销定产。变动成本法将成本按性态分类，只将变动生产成本计入产品成本，而将与各期经营能力和管理需要直接相关、不受产品产量变动影响的固定制造费用列入期间成本，并随时间的消逝在当期一次全部转销，这样更符合"收入与费用相配比"的会计准则，也体现了谨慎性原则。利润真正反映了企业经营状况的好坏，有助于促使企业树立市场观念，努力开发市场，重视销售，以销定产，减少和避免因盲目生产而造成的损失和浪费。同时，成本的计算排除了固定制造费用分配上的影响，存货流转计价和产量的变动不再使利润的计算含糊不清，净收益随销售量变动而变动，这样提供的资料更易于被管理者所理解和掌握。

(2) 能够广泛应用于企业内部经营管理的预测、决策、规划、控制和考核。变动成本法在成本的划分标准、产品成本的组成内容和利润计算程序上的特点，清晰地揭示了成本、业务量和利润三者之间的内在联系，是进行本量利分析的前提。通过分析利用变动成本法所提供的成本及边际贡献等有关指标，可以进行预测和短期经营决策，又能为制定全面规划提供依据，有助于将变动成本和固定成本指标分解落实给各个责任单位，分清各部门的责任，有利于成本控制和业绩考核。

(3) 便于分析各部门的管理责任，为成本控制和业绩评价提供依据。一般说来，变动生产成本的高低最能反映出企业生产部门和供应部门的工作业绩，完成的好坏应该由这些职能部门负责；固定成本的高低一般是这些职能部门所不能控制的，应该由管理部门负责。此外，变动成本法所提供的信息还能把由于产量变动所引起的成本升降和由于成本控制工作所引起的成本升降区分开来，从而为成本分析以及加强成本控制与考核提供了可靠的依据。

(4) 简化了产品成本核算过程。采用变动成本计算法，将固定制造费用直接列入期间成本，可以减少固定制造费用在已销产品和存货之间的分配过程，从而简化了核算，同时也减少了由于分配标准的多样性而产生的主观随意性，提高了核算资料的准确性。

2. 变动成本法的局限性

(1) 变动成本法的产品成本观念不符合公认的会计准则。按照公认的会计准则来理解，成本是指生产领域中为生产产品而发生的全部生产成本，产品成本无疑应包括固定制造费用。而变动成本法所提供的成本资料不符合这个定义，会计准则是受到广泛的支持和认可的，因此变动成本法所确定的有关资料不能对外公开发布。

(2) 变动成本法不能适应长期决策的需要。由于变动成本法是建立在成本性态分析的基础之上的，因此，变动成本法是以相关范围的假定为存在前提的。在长期决策中，固定成本和变动成本的水平不可能维持长期不变，这种变化必然突破相关范围，因此变动成本法所提供的资料不适合长期决策需要。

(3) 成本性态的划分带有假定性，不能提供准确的资料。从理论上讲，成本按性态划分为变动成本和固定成本是成立的，但在实务中清楚而精确地划分变动成本和固定成本是非常困难的。特别是混合成本的分解带有一定的假定性。因此，提供的数据资料可能出现误差，从而影响预测、决策的正确性。

任务小结

任务考核：

课堂讨论

1. 什么是成本性态？
2. 混合成本进行分解的方法有哪些？各种方法有什么优缺点？
3. 应用高低点法分解混合成本时，高点和低点如何确定？
4. 什么是变动成本法？
5. 变动成本法和完全成本法的特点有哪些？
6. 变动成本法和完全成本法的区别有哪些？

一、名词解释

成本性态　变动成本　固定成本　混合成本　变动成本法　边际贡献　全部成本法　高低点法　散布图法　回归分析法

二、单选题

1. 成本经济用途直接分类分为(　　)。
   A. 生产成本和非生产成本　　B. 固定成本和变动成本
   C. 直接成本和间接成本　　D. 可控成本和不可控成本
2. 下列关于固定成本的说法正确的是(　　)。
   A. 固定成本是不随产销(业务)量变化而变化的那部分成本
   B. 单位固定成本不变
   C. 单位固定成本与业务量呈正比例关系
   D. 在一定业务量范围内，固定成本总额是一个常数
3. 下列关于变动成本的说法正确的是(　　)。
   A. 单位变动成本随业务量增加而减少
   B. 一定业务量范围内单位变动成本不受业务量增减变动的影响
   C. 变动成本总额在一定业务量范围内保持不变
   D. 变动成本总额与业务量呈反比例变化
4. 在采用高低点法分解混合成本时，选择高低点坐标的标准是(　　)。
   A. 业务量　　B. 成本
   C. 业务量、成本均可　　D. 不一定
5. 变动成本法与完全成本法分期计算税前利润出现差额的根本原因在于(　　)。
   A. 推销费用和管理费用计入利润表的位置不同
   B. 变动生产成本水平出现了差异

C. 对固定制造费用的处理方法不同

D. 计入当期损益的固定制造费用水平出现了差异

6. 当产量大于销量时，按完全成本法计算确定的税前利润比按变动成本法计算确定的税前利润(　　)。

A. 高　　B. 低

C. 相等　　D. 不可确定

7. 当销量大于产量时，按完全成本法计算确定的税前利润比按变动成本法计算确定的税前利润(　　)。

A. 高　　B. 低

C. 相等　　D. 不可确定

8. 下列公式正确的为(　　)。

A. 边际贡献总额＝单位产品售价－单位变动成本

B. 边际贡献总额＝销售收入－变动生产成本总额

C. 边际贡献总额＝销售收入－变动成本

D. 边际贡献总额＝销售收入－直接材料－直接人工

9. 贡献式利润表的中间指标是边际贡献，相对的职能式利润表的中间指标是(　　)。

A. 销售毛利　　B. 营业利润

C. 税前利润　　D. 主营业务利润

10. 变动成本法和完全成本法下均计入产品成本的项目是(　　)。

A. 固定制造费用　　B. 变动制造费用

C. 变动推销与管理费用　　D. 固定推销与管理费用

三、多选题

1. 成本按经济用途分为生产成本和非生产成本两大类，其中非生产成本包括(　　)。

A. 管理费用　　B. 材料费用

C. 制造费用　　D. 财务费用

E. 销售费用

2. 下列各项属于变动生产成本的有(　　)。

A. 直接材料　　B. 直接人工

C. 变动制造费用　　D. 变动销售费用

E. 变动管理费用

3. 下列属于约束性固定成本的有(　　)。

A. 固定资产折旧费　　B. 保险费

C. 管理人员工资　　D. 财产税

E. 广告费

4. 混合成本分解的历史资料法包括的具体方法有(　　)。

A. 高低点法　　B. 散布图法

C. 回归分析法　　D. 账户分析法

E. 技术测定法

5. 下列对固定成本的论述正确的有(　　)。

A. 固定成本与变动成本不同，它不具有相关范围
B. 固定成本的特点在于成本的固定性，在一定的业务量范围内，单位固定成本保持不变
C. 固定成本按是否受企业经营决策行为影响可以进一步分为约束性固定成本和酌量性固定成本
D. 在相关范围内，固定成本总额不随业务量变动而变化
E. 在相关范围内，单位固定成本随业务量变动而呈反比例变化

6. 在变动成本法下，下列项目中计入期间成本的是(　　)。
A. 变动制造费用　　B. 固定制造费用
C. 管理费用　　D. 财务费用
E. 销售费用

7. 在单位产品售价和成本水平不变的情况下，下列说法正确的是(　　)。
A. 当会计期内产销量平衡时，变动成本法和完全成本法计算的税前利润相等
B. 只要各期销量相同，变动成本法计算确定的各期税前利润就相等
C. 当会计期内产量大于销量时，按变动成本法计算的税前利润小于按完全成本法计算的税前利润
D. 在产量不变的情况下，按完全成本法计算的各期税前利润也不变
E. 当期初存货大于期末存货时，按完全成本法计算的税前利润小于按变动成本法计算的税前利润

8. 下列项目中对边际贡献大小产生影响的有(　　)。
A. 销售收入　　B. 变动生产成本
C. 固定生产成本　　D. 变动非生产成本
E. 固定非生产成本

9. 下列关于变动成本法的论述正确的有(　　)。
A. 产品成本不受产量变动的影响
B. 提供的产品成本资料不符合对外报告的要求
C. 不能满足企业长期预测、决策的需要
D. 揭示了产销量与变动成本的内在规律，找出了生产、销售、成本和利润之间的依存关系
E. 不符合传统成本概念，也不符合"收益和费用配比"的会计原则

10. 根据变动成本法的损益确定程序，下列关于税前利润计算的公式正确的有(　　)。
A. 边际贡献总额－固定成本＝税前利润
B. 边际贡献总额－变动成本＝税前利润
C. 销售收入－销售成本－当期非生产成本＝税前利润
D. 销售收入－变动成本－固定成本＝税前利润
E. 销售毛利－当期非生产成本＝税前利润

四、判断题

1. 变动成本法与完全成本法的根本区别在于对固定制造费用的处理不同。　(　　)
2. 按照变动成本法的解释，并非生产领域发生的所有成本都是生产成本。　(　　)

3. 完全成本法认为凡是因产品生产而发生的耗费都应计入产品成本。 ( )

4. 根据其成本特性,企业的电话费属于阶梯式变动成本。 ( )

5. 折旧费一定属于固定成本。 ( )

6. 固定成本和变动成本是就一定的相关范围而言的。 ( )

7. 酌量性固定成本是指不受经营决策行为影响的成本。 ( )

8. 某种产品的边际贡献越高,说明该种产品为企业获得利润所做的贡献越大。 ( )

9. 变动成本法不适合长期决策。 ( )

10. 企业行政管理部门管理人员的工资属于固定成本。 ( )

五、计算题

1. 某工厂今年下半年的混合成本维修费的资料如表 2-10 所示。

表 2-10 某工厂下半年混合成本维修费

月份	7月	8月	9月	10月	11月	12月
业务量(机器小时)	200 000	160 000	260 000	240 000	280 000	220 000
维修费(元)	1 160	1 000	1 400	1 320	1 480	1 250

(1) 根据上述资料采用高低点法将维修费分解为变动成本和固定成本,并写出混合成本公式。若计划期产量为 270 000 机器小时,则维修费总额将为多少?

(2) 根据上述资料采用回归直线法将维修费分解为变动成本和固定成本,并写出混合成本公式。若计划期产量为 270 000 机器小时,则维修费总额为多少?

2. 某公司只产销 1 种产品,期初产成品存货量为零,其他有关资料如表 2-11 所示。

表 2-11 某公司有关资料

生产量(件)	5 000	固定制造费用(元)	20 000
销售量(件)	4 000	固定销售费用(元)	6 000
直接材料(元)	20 000	固定管理费用(元)	4 000
直接人工(元)	15 000	销售单价(元)	20
变动制造费用(元)	20 000		

(1) 分别按完全成本法和变动成本法计算产品的单位生产成本。

(2) 分别按完全成本法和变动成本法编制该年度的损益表。

(3) 比较 2 种成本法下税前利润的差额,说明差额产生的原因。

3. 某企业 2013 年销售某种产品 100 000 件,单位产品售价 80 元,单位变动生产成本 20 元,固定生产成本总额为 1 000 000 元,单位变动销售费用 5 元,固定销售与管理费用 800 000 元。

(1) 计算该种产品的单位边际贡献、边际贡献、边际贡献率。

(2) 根据上述资料计算该企业的营业利润。

4. 乙企业 2013 年全年生产 C 产品的产销量资料如表 2-12 所示。

表 2－12　乙企业 2013 年生产 C 产品的产销量

季度	1	2	3	4	2013 年度
期初存货	0	0	3 000	2 000	0
生产量	10 000	12 000	11 000	10 000	43 000
销售量	10 000	9 000	12 000	12 000	43 000
期末存货	0	3 000	2 000	0	0

该企业 2013 年生产 C 产品的有关成本及销售资料如下：

(1) 单位变动成本：直接材料 10 元，直接人工 8 元，变动制造费用 4 元，变动销售费用 4 元。

(2) 季度固定成本总额：固定制造费用 50 000 元，固定销售与管理费用 40 000 元。

(3) 单位产品售价 40 元。

要求：

(1) 按全部成本法编制该企业各季度及全年的损益表。

(2) 按变动成本法编制该企业各季度及全年的损益表。

(3) 根据上述计算结果，对两种成本计算方法下各期营业利润的差异进行分析。

5. 假定丁公司今年只生产和销售 A 产品，产销平衡，期初期末无存货，该公司本年度的职能式损益表的数据如表 2－13 所示。

表 2－13　丁公司本年度职能式损益表数据

摘要	金额	
销售收入		840 000
销售成本		400 000
销售毛利		440 000
销售费用	200 000	
管理费用	160 000	360 000
税前净利		80 000

上表内的销售成本中，变动成本占 80%，其余为固定成本；销售费用中，变动成本占 60%，其余为固定成本；管理费用中，变动成本占 30%，其余为固定成本。

(1) 根据上述资料，为丁公司按变动成本法编制贡献式损益表。

(2) 为丁公司计算 A 产品的边际贡献率。

项目三　本量利分析

任务目的

了解本量利分析的概念、基本假设；

熟悉本量利分析的基本计算模型、相关指标以及几种主要的本量利分析图的特点；

了解保本点、保利点分析的概念和意义；

掌握保本分析、利润预测分析、安全分析的有关公式及其应用；

掌握相关因素的变动对保本点和利润的影响；

掌握本量利分析在企业经营实践中的作用。

任务分析

能够利用本量利分析模型进行保本分析；

能够利用本量利分析模型进行利润预测分析；

能够利用本量利分析模型进行安全分析；

能够利用本量利分析模型进行敏感性分析；

能够利用本量利分析模型进行生产经营决策分析。

案例导入

20 世纪 90 年代，国内首次出现了“呼啦圈”。具有很强市场嗅觉的万达体育用品商店王经理马上意识到这是一个赚钱的好项目。他从以下几个方面进行了调研：第一，市场需求分析。随着人们生活水平的提高，越来越多的人重视运动健身，“呼啦圈”体积小，价格不像其他健身器械那么高，操作容易，该项锻炼室内外均可以进行，会受到消费者的欢迎。第二，销售预测。以地区人口 90 万人进行计算，若每 30 人有一人购买，则有需求量 3 万个，销售可以采用零售和批发并举的形式，可以到学校及企事业单位推销，集体在组织活动时可以作为纪念品发放。第三，利润预测。每个“呼啦圈”的成本约 5 元，售价可达 10 元左右，利润可以达 15 万元左右。经过上述分析，王经理决定分 3 次购入“呼啦圈”3 万个。在短短几个月内，万达体育用品商店的“呼啦圈”销售一空。

本案例主要着重于研究利用本量利分析模型进行利润预测分析，属于本量利分析的具体应用。本量利分析主要是反映成本、业务量和利润三者之间依存关系的分析方法，它与传统会计分析有很大区别。目前，本量利分析在企业经营决策、目标制定和控制分析中得到了广泛的应用。

任务实施一　了解本量利分析

一、本量利分析的含义

本量利分析是成本—数量—利润分析的简称，是一种研究成本、业务量和利润之间关系的定量分析方法。其基本做法是：将成本按其性态分为变动成本和固定成本，并利用数学公式或函数图像，定量地揭示成本、业务量和利润之间的内在规律，为企业利润规划、经营决策和目标控制等提供信息。

二、本量利分析的基本条件

本量利分析是利用数学模型来揭示成本、业务量和利润之间的关系，而三者之间的关系只有在一定的条件下才会表现出其内在的规律性，所以本量利分析必须在一定的假定条件下进行。

（一）全部成本可以可靠地分为固定成本和变动成本

成本按性态分为固定成本和变动成本，是本量利分析的必要前提。企业生产经营中发生的各种成本，有些成本性态明显，可以很容易判断其属于固定成本还是变动成本，有些则很难辨别其性态，对这些成本要运用经验判断和技术方法，将其人为区分为固定成本和变动成本。

（二）会计期间内产销量平衡，不存在存货变化的影响

尽管以销定产是现代企业经营的重要指导思想，但企业经营实践中由于市场本身的不确定性，无论企业市场预测的手段和方法如何科学，都很难保证实际销售量完全符合预测结果，所以产销不平衡的情况经常发生。但是，本量利分析必须基于产销平衡的假定，在产销平衡的条件下，企业会计期间期初期末存货水平不会发生变化，销售收入和成本就可以以同一个业务量为基础进行比较分析。

（三）单位产品售价、单位变动成本和固定成本总额保持不变

企业实际经营活动中，由于企业劳动生产率和外部市场条件的变化，产品生产的固定成本和单位变动成本以及单位产品售价等都会发生变动。进行本量利分析时，要假定企业劳动生产率和外部市场条件不变，这样一方面单位产品售价和材料、人工等成本因素的价格保持不变，另一方面生产产品的固定成本和单位变动成本保持不变。因此，相关范围内，销售收入和成本总额与业务量之间的关系是线性的，业务量是影响销售收入和成本总额的唯一因素。

（四）产销多种产品时，产品品种结构保持不变

企业经营过程中会适应市场的变化调整经营策略和产品结构，所以各种产品产销量的增长不可能是均衡的，产品结构的变化会影响企业对盈利和经营风险的预测和分析。本量利分析中，假定企业销售产品的品种结构保持不变，即各种产品的销售量或销售额占企业产品销售总量或总额的比重不变，这样分析就不受企业产品品种结构因素的影响。

三、本量利分析的基本模型

本量利分析的本质是通过对成本、业务量和利润之间的数量关系进行分析，进而确定目标

利润或为实现目标利润而应达到的业务量水平以及应控制的成本水平。本量利分析的模型分为代数模型和几何模型两种形式。

(一) 代数模型

本量利分析的代数模型是用代数关系式来反映成本、业务量和利润之间的数量关系，具体包括量利式模型、贡献式模型两种形式。

1. 量利式模型

根据变动成本法下盈亏计算的程序成本、业务量和利润三者之间的关系可以表示如下：

利润＝销售收入－成本总额
＝销售收入－(变动成本＋固定成本)
＝单位产品售价×销售量－单位变动成本×销售量－固定成本　　(3-1)

此式称为本量利分析的量利式模型。

2. 贡献式模型

将上述本量利分析的量利式模型简单变形，可以得出如下表达式：

利润＝(单位产品售价－单位变动成本)×销售量－固定成本
＝单位边际贡献×销售量－固定成本
＝边际贡献－固定成本　　(3-2)

此式称为本量利分析的贡献式模型。

又因为：

边际贡献率＝边际贡献÷销售收入

所以，上述本量利分析的贡献式模型表达式又可以进一步表示为：

利润＝边际贡献－固定成本
＝销售收入×边际贡献率－固定成本　　(3-3)

(二) 几何模型

在直角坐标系里，如果以横轴表示产销业务量(自变量 x)，纵轴表示成本和销售收入或利润(因变量 y)，做一直角坐标系，在坐标系中反映成本、业务量和利润之间的关系，可以得到本量利分析的几何模型。本量利分析的几何模型分为基本式、边际贡献式和量利式三种形式。

1. 基本式

在直角坐标系中，以横轴表示产销业务量(自变量 x)，纵轴表示成本和销售收入(因变量 y)，绘出销售收入线和总成本线，可以得到本量利分析的基本式几何模型，如图 3-1 所示。

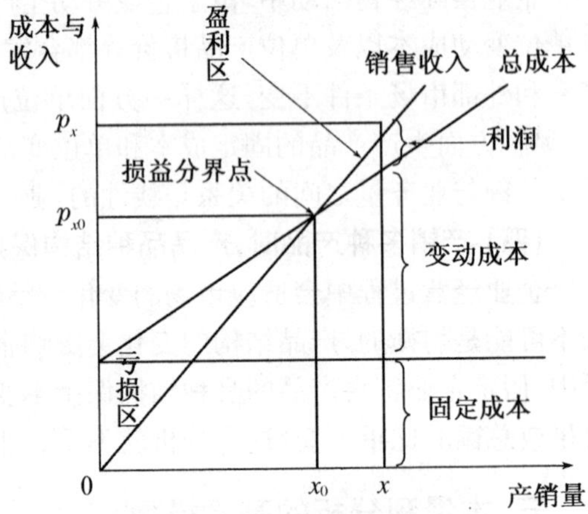

图 3-1　基本式本量利分析图

图 3-1 中，销售收入线是一条从原点开始的直线，其斜率就是单位产品售价(p)，在任一产销业务量(x)水平下，销售收入就是业务量与单位产品售价的乘积(px)。总成本线是一条与纵轴相交的直线，它在纵轴上的截距就是固定成本，表示业务量为零时的成本水平；总成本线的斜率就是单位变动成本，表示每增加一个单位的产销量所引起总成本的增加额。图

中，当业务量为 x_0 时，销售收入线和总成本线相交，企业销售收入等于总成本，处于不赢不亏的盈亏平衡状态，此时的业务量 x_0 就是盈亏平衡业务量，对应的销售收入 px_0 就是盈亏平衡销售额。当产销量低于 x_0 时，销售收入线在总成本线下方，表明销售收入低于总成本，企业处于亏损状态；当产销量超过 x_0 时，销售收入线在总成本线上方，表明销售收入高于总成本，企业处于盈利状态，此时，销售收入扣除固定成本和变动成本后的余额就是利润。

2. 边际贡献式

在直角坐标系中，以横轴表示产销业务量（自变量 x），纵轴表示成本和销售收入（因变量 y），绘出销售收入线，并在变动成本线的基础上加上固定成本，描出总成本线，可以得到本量利分析的边际贡献式几何模型，如图 3－2 所示。

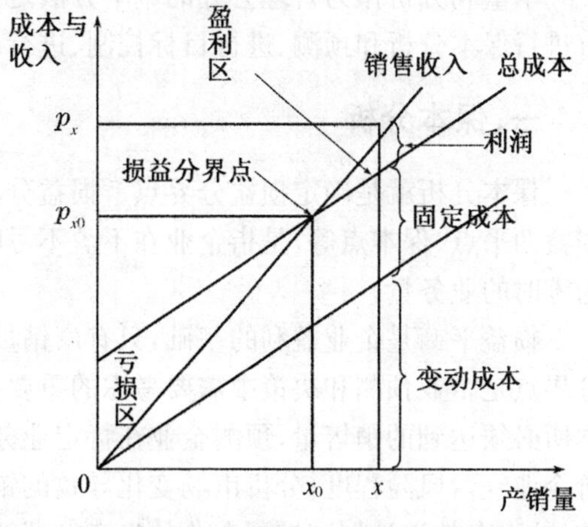

图 3－2　贡献式本量利分析图

图 3－2 中，销售收入线是一条从原点开始的直线，其斜率就是单位产品售价（p），在任一产销业务量（x）水平下，销售收入就是业务量与单位产品售价的乘积（px）。变动成本线也是一条从原点开始的直线，其斜率就是单位变动成本（b），在任一产销业务量（x）水平下，变动成本总额就是业务量与单位变动成本的乘积（bx）。总成本线是一条与变动成本线平行、与纵轴相交的直线，它和变动成本线之间的距离就是固定成本。在任意业务量水平，销售收入线和变动成本线的差就是边际贡献。图中，当业务量为 x_0 时，销售收入线和总成本线相交，边际贡献等于固定成本，企业处于不赢不亏的盈亏平衡状态，此时的业务量 x_0 就是盈亏平衡业务量，对应的销售收入 px_0 就是盈亏平衡销售额。当产销量低于 x_0 时，边际贡献小于固定成本，企业处于亏损状态；当产销量超过 x_0 时，边际贡献大于固定成本，企业处于盈利状态，此时，边际贡献扣除固定成本的余额就是利润。

3. 量利式

在直角坐标系中，以横轴表示产销业务量（自变量 x），纵轴表示利润（因变量 y），绘出利润线，可以得到本量利分析的量利式几何模型，如图 3－3 所示。

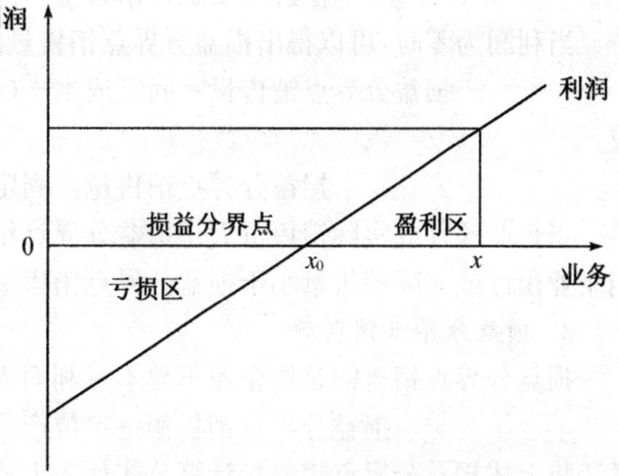

图 3－3　量利式本量利分析图

利润是任一业务量水平下销售收入减去总成本之后的差额。因此，图 3－3 中，利润线与纵轴相交于原点之下，它在纵轴上的截距的绝对额就是固定成本，因为当产销业务量为零时，企业的固定成本照样发生。当业务量为 x_0 时，利润线与横轴相交，销售收入等于总成本，利润为零，企业处于不赢不亏的盈亏平衡状态，此时的业务量 x_0 就是盈亏平衡业务量，对应的销售收入 px_0 就是盈亏平衡销售额。当产销量低于 x_0时，利润线位于横轴下方，企业处于亏损状态；当产销量超过 x_0时，利润线位于横轴上方，企业处于盈利状态。

任务实施二　本量利分析的应用

本量利分析作为管理会计的基本方法之一，在企业经营实践中发挥着重要作用，主要表现有进行保本分析和预测、进行目标控制、进行风险分析、进行生产经营决策等方面。

一、保本分析

保本分析就是确定损益分界点。损益分界点，又称损益平衡点、盈亏平衡点、盈亏临界点、损益两平点、保本点等，是指企业在不盈不亏时的业务量，即销售收入等于总成本，也就是利润为零时的业务量。

损益平衡是企业盈利的基础，只有产销量超过损益分界点，企业才有可能获得利润。损益分界点是企业预测和决策中需要考虑的重要指标，通过该指标，企业管理者可以了解企业要保本所必须达到的销售量，预测企业在特定业务量水平下的盈亏水平，规划目标利润，分析和评价企业经营风险程度，分析市场变化导致的销售单价、成本水平等的变动对企业盈利能力的影响，从而有效地计划和控制企业的生产经营活动。

损益分界点有两种表现形式：一是实物量指标，称为损益分界点销售量；二是价值量指标，称为损益分界点销售额。

（一）单一产品保本分析

单一产品保本分析，就是在企业只生产和销售一种产品的条件下，运用本量利分析法，确定损益分界点销售量和销售额。

1. 损益分界点销售量

损益分界点销售量，是指企业不盈不亏利润为零时的销售量。根据第一节的本量利分析模型

利润＝(单位产品售价－单位变动成本)×销售量－固定成本总额
＝单位边际贡献×销售量－固定成本总额

当利润为零时，可以得出损益分界点销售量的计算公式如下：

损益分界点销售量＝固定成本÷(单位产品售价－单位变动成本)　(3-4)

或：

损益分界点销售量＝固定成本÷单位边际贡献　(3-5)

当企业预计或实际销售量大于损益分界点销售量时，企业利润大于零，处于盈利状态；而当企业预计或实际销售量小于损益分界点销售量时，企业利润小于零，处于亏损状态。

2. 损益分界点销售额

损益分界点销售额是指企业不盈不亏利润为零时的销售额。其计算公式如下：

损益分界点销售额＝单位产品售价×损益分界点销售量　(3-6)

将上述损益分界点销售量计算公式代入上式，可以得出：

损益分界点销售额＝单位产品售价×(固定成本÷单位边际贡献)　(3-7)

上式可变形为：

损益分界点销售额＝固定成本÷(单位边际贡献÷单位产品售价)　　(3-8)

因为，

边际贡献率＝边际贡献÷销售收入＝单位边际贡献÷单位产品售价　　(3-9)

所以，损益分界点销售额计算公式又可以表示为：

损益分界点销售额＝固定成本÷边际贡献率　　(3-10)

【例3-1】 某公司只生产和销售一种产品A产品，单位产品售价为1 000元，生产产品的单位变动成本为500元，年固定成本总额为1 000 000元。请问该公司的损益分界点销售量和销售额各是多少？

根据损益分界点销售量和损益分界点销售额的计算公式，损益分界点销售量和损益分界点销售额计算如下：

损益分界点销售量＝固定成本÷(单位产品售价－单位变动成本)
＝1 000 000÷(1 000－500)
＝2 000(件)

损益分界点销售额＝单位产品售价×损益分界点销售量
＝1 000×2 000
＝2 000 000(元)

由计算可知，该公司的损益分界点销售量为2 000件，损益分界点销售额为2 000 000元，即当A产品销售量达到2 000件或销售额达到2 000 000元时，公司就可以实现保本，处于盈亏平衡状态。

(二)多品种保本分析

以上是单一产品的保本分析。但在实践中，企业只产销一种产品的情况并不多见，绝大多数企业会同时生产和销售两种或两种以上的产品。因此，实务中更多时候需要进行多品种的保本分析。

如上所述，企业产销单一产品时，损益分界点既可以用实物量(销售量)表示，也可以用价值量(销售额)表示。而在企业产销多种产品时，由于不同产品的数量是不能直接相加的，所以损益分界点不能用实物量表示，只能用价值量表示。

多品种保本分析的方法主要有综合边际贡献率法、联合单位法、按主要产品边际贡献率计算法、分算法等。

1. 综合边际贡献率法

综合边际贡献率法是以各种产品的边际贡献率为基础，以各种产品的销售额占企业总销售额的比重为权数，计算多种产品的综合边际贡献率，进而计算出综合保本销售额，再根据各种产品的销售比重，计算各种产品的损益分界点销售额和销售量的一种分析方法。

综合边际贡献率法的计算步骤如下：

(1) 计算各种产品的边际贡献率。

(2) 计算各种产品的销售比重：

某种产品的销售比重＝该种产品预计销售额÷∑(各种产品预计销售额)　　(3-11)

(3) 计算综合边际贡献率：

综合边际贡献率＝∑(某种产品边际贡献率×该种产品销售比重)　　(3-12)

(4) 计算综合损益分界点销售额：

$$\text{综合损益分界点销售额}=\frac{\text{固定成本总额}}{\text{综合边际贡献率}} \tag{3-13}$$

(5) 计算各种产品损益分界点销售额：

某种产品损益分界点销售额＝综合损益分界点销售额×该产品销售比重　(3-14)

(6) 计算各种产品保本销售量：

$$\text{某种产品损益分界点销售量}=\frac{\text{该种产品损益分界点销售额}}{\text{该种产品单位产品售价}} \tag{3-15}$$

【例 3-2】 某企业计划期内生产和销售甲、乙、丙三种产品，预计销售量、成本及单位产品售价资料如表 3-1 所示。

表 3-1　某企业甲、乙、丙三种产品销售量、单位产品售价及成本

产品	甲	乙	丙
产销量(件)	10 000	5 000	10 000
销售单价(元)	60	40	20
单位变动成本(元)	48	28	15
固定成本(元)	14 950		

根据资料，对该企业损益分界点分析计算如下：

(1) 根据表 3-1 的资料，可以计算出甲、乙、丙三种产品的有关数据，如表 3-2 所示。

表 3-2　某企业甲、乙、丙三种产品产销的有关数据

项目	甲产品	乙产品	丙产品	合计
单位边际贡献(元)	12	12	5	
边际贡献率	20%	30%	25%	
预计销售额(元)	600 000	200 000	200 000	1 000 000
销售比重	60%	20%	20%	100%

(2) 根据表 3-2 的数据资料，计算甲、乙、丙三种产品的综合边际贡献率如下：

综合边际贡献率＝∑(某种产品边际贡献率×该产品销售比重)

＝20%×60%＋30%×20%＋25%×20%

＝23%

(3) 根据损益分界点销售额计算公式，计算出综合损益分界点销售额为：

综合损益分界点销售额＝固定成本总额÷综合边际贡献率

＝149 500÷23%

＝650 000(元)

(4) 根据甲、乙、丙三种产品的销售比重，分别计算各自的损益分界点销售额和销售量如下：

甲产品：

损益分界点销售额＝650 000×60%＝390 000(元)

损益分界点销售量＝390 000÷60＝6500(件)

乙产品：

损益分界点销售额＝650 000×20%＝130 000(元)

损益分界点销售量＝130 000÷40＝3 250(件)

丙产品：

损益分界点销售额＝650 000×20%＝130 000(元)

损益分界点销售量＝130 000÷20＝6 500(件)

2. 联合单位法

联合单位法是以各种产品的单位边际贡献为基础，以各种产品的销售量占企业总销售量的比重为权数，计算多种产品的联合单位的边际贡献，进而计算出企业损益分界点的联合单位销售量和损益分界点销售额的一种分析方法。

联合单位法的具体步骤如下：

(1) 计算各种产品的单位边际贡献。

(2) 计算各种产品的销售比。

(3) 计算联合单位的边际贡献：

$$联合单位边际贡献=\sum(某种产品单位边际贡献\times该种产品销售比) \quad (3-16)$$

(4) 计算损益分界点的联合单位销售量：

$$损益分界点联合单位销售量=\frac{固定成本总额}{联合单位边际贡献} \quad (3-17)$$

(5) 计算联合单位销售单价：

$$联合单位销售单价=\sum(某种产品单位产品售价\times该种产品销售比) \quad (3-18)$$

(6) 计算损益分界点销售额：

$$损益分界点销售额=损益分界点联合单位销售量\times联合单位销售单价 \quad (3-19)$$

【例 3-3】 仍沿用【例 3-2】的资料，采用联合单位法对企业损益分界点销售额的计算如下：

(1) 根据表 3-1 的资料计算联合单位的边际贡献，如表 3-3 所示。

表 3-3　某企业产销甲、乙、丙三种产品联合单位边际贡献

产品	销售比	单位边际贡献(元)	联合单位边际贡献(元)
甲产品	2	12	24
乙产品	1	12	12
丙产品	2	5	10
联合单位边际贡献			46

从表 3-3 可知，联合单位的单位边际贡献为 46 元，即销售一个联合单位(包含甲产品 2 件、乙产品 1 件、丙产品 2 件)，可以提供边际贡献 46 元。

(2) 据此，可以计算达到损益分界点的联合单位销售量：

$$损益分界点联合单位销售量=\frac{固定成本总额}{联合单位边际贡献}$$

$$=149\,500\div46$$

$$=3\ 250(\text{件})$$

(3) 计算联合单位销售单价:

联合单位销售单价=∑(某种产品单位产品售价×该种产品销售比)

$$=60\times2+40\times1+20\times2$$

$$=200(\text{元})$$

(4) 计算损益分界点销售额:

损益分界点销售额=损益分界点联合单位销售量×联合单位销售单价

$$=3\ 250\times200$$

$$=650\ 000(\text{元})$$

3. *按主要产品边际贡献率计算法*

按主要产品边际贡献率计算法是将企业生产和销售的多种产品视同单一产品,按主要产品的边际贡献率确定损益分界点的一种分析方法。

如果企业生产的多种产品中只有一种是主要产品,其他产品的销售额比重极小,或者其他产品的边际贡献率与主要产品很接近,为了简化计算和分析,可以将它们视为单一产品,并按主要产品的边际贡献率分析确定损益分界点。

采用这种方法进行多品种的保本分析,其原理和方法与单一品种保本分析相同。

【例 3-4】 仍沿用**【例 3-2】**的资料,采用按主要产品边际贡献率计算法对企业损益分界点销售额的计算如下:

假定甲产品是企业的主要产品,乙、丙两种产品不是企业的主要产品,则可以按照甲产品的边际贡献率来计算确定损益分界点销售额。计算如下:

损益分界点销售额=固定成本总额÷主要产品边际贡献率

$$=149\ 500\div20\%$$

$$=747\ 500(\text{元})$$

本例中,由于乙、丙两种产品的边际贡献率分别为30%和25%,都高于甲产品的边际贡献率20%,并且乙、丙两种产品的预计销售额合计占企业总销售额的40%,销售比重较大。所以,全部按甲产品的边际贡献率计算的损益分界点销售额较高,实际上,企业销售额不必达到747 500元即可实现保本。

4. *分算法*

分算法是先将多种产品共同发生的固定成本总额按照一定的方法分配给各种产品,然后每种产品分别按单一产品的本量利分析模型进行计算分析,确定损益分界点销售量和销售额的一种分析方法。

采用分算法进行多品种保本分析,与单一品种保本分析的原理相同。

【例 3-5】 仍沿用**【例 3-2】**的资料,采用分算法对企业损益分界点销售额的计算如下:

(1) 假定按照甲、乙、丙三种产品的机器工时分配固定成本。三种产品的单位机器工时标准及固定成本的分配如表 3-4 所示。

及可实现的利润为：

$$损益分界点销售量=100\,000\div(20-10)=10\,000(件)$$

$$损益分界点销售额=10\,000\times 20=200\,000(元)$$

$$利润=(20-10)\times 15\,000-100\,000=50\,000(元)$$

一、单位产品售价变动对损益分界点和利润的影响

（一）单位产品售价变动对损益分界点的影响

单位产品售价的变动是影响损益分界点的一个重要因素。市场经济条件下，产品价格受市场供求关系的影响经常发生变化。在成本水平一定的情况下，当单位产品售价提高时，销售同样数量的产品的销售收入会随之上升，从而补偿全部成本所需要的销售量会减少，损益分界点下降；相反，当单位产品售价降低时，销售同样数量的产品的销售收入会随之下降，从而补偿全部成本所需要的销售量会增加，损益分界点上升。

由损益分界点计算公式"损益分界点销售量＝固定成本÷(单位产品售价－单位变动成本)"可知，损益分界点的变动和价格变动成反比例关系，损益分界点随单位产品售价的变动呈反方向变动，也就是说，单位产品售价提高(或降低)时，损益分界点销售量(额)会相应下降(或上升)。

损益分界点分析的几何模型同样可以反映单位产品售价变动和损益分界点变化的关系。如图 3－4 所示，当单位产品售价为 p_1 时，销售收入线为 p_1x，它与总成本线相交于损益分界点 1，相应的损益分界点销售量为 x_1，损益分界点销售额为 p_1x_1。当单位产品售价从 p_1 提高到 p_2 时，销售收入线的斜率上升，销售收入线变为 p_2x，它与总成本线相交于损益分界点 2，损益分界点向左下方移动，相应的损益分界点销售量降低为 x_2，损益分界点销售额降低为 p_2x_2。

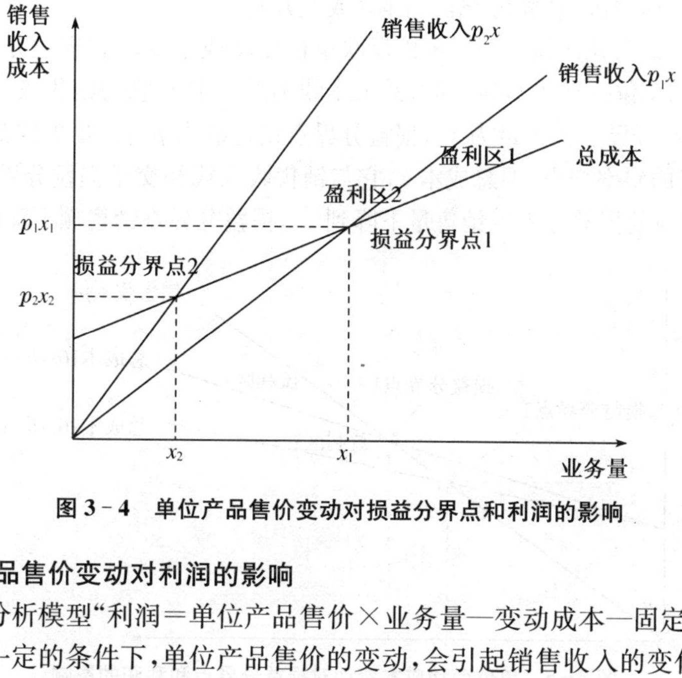

图 3－4　单位产品售价变动对损益分界点和利润的影响

（二）单位产品售价变动对利润的影响

根据本量利分析模型"利润＝单位产品售价×业务量—变动成本—固定成本"可知，在成本和业务量水平一定的条件下，单位产品售价的变动，会引起销售收入的变化，从而对利润额

产生影响。利润和单位产品售价成正比例变动，当单位产品售价提高（或降低）时，利润也相应地增加（或减少）。

从图 3－4 也可以看出，当单位产品售价从 p_1 提高到 p_2 时，由于损益分界点的降低，盈利区也相应从盈利区 1 扩大到盈利区 2。

假定**【例 3－10】**中单位产品售价由原来的 20 元提高到 22 元，则损益分界点销售量和销售额以及利润计算如下：

损益分界点销售量＝100 000÷(22－10)＝8 334(件)

损益分界点销售额＝8 334×22＝183 348(元)

利润＝(22－10)×15 000－100 000＝80 000(元)

可见，在其他因素不变的条件下，单位产品售价由原来的 20 元提高到 22 元，使得损益分界点销售量减少了 1 666 件(10 000－8 334)，损益分界点销售额降低了 16 652 元(200 000－183 348)，利润上升了 30 000 元(80 000－50 000)。

二、单位变动成本变动对损益分界点和利润的影响

由于企业劳动生产率的提高，采用新的生产工艺、生产技术，以及生产要素市场价格的变动等，会使产品单位变动成本下降或上升，从而也会对损益分界点和利润产生影响。

（一）单位变动成本变动对损益分界点的影响

在其他因素不变的情况下，当单位变动成本降低时，单位边际贡献会增加，从而补偿固定成本所需要的销售量会减少，损益分界点下降；相反，当单位变动成本上升时，单位边际贡献会减少，从而补偿固定成本所需要的销售量会增加，损益分界点上升。

由损益分界点计算公式"损益分界点销售量＝固定成本÷(单位产品售价－单位变动成本)"可知，损益分界点随单位变动成本的变动呈同方向变动，也就是说，单位变动成本降低(或升高)时，损益分界点销售量(额)会相应下降(或上升)。

损益分界点分析的几何模型同样可以反映单位变动成本变动和损益分界点变化的关系。如图 3－5 所示，当单位变动成本为 b_1 时，总成本线为总成本 1，它与销售收入线相交于损益分界点 1，相应的损益分界点销售量为 x_1，损益分界点销售额为 px_1。当单位变动成本从 b_1 下降到 b_2 时，总成本线的斜率变小，即总成本 2，它与销售收入线相交于损益分界点 2，损益分界点向左下方移动，相应的损益分界点销售量下降到 x_2，损益分界点销售额下降到 px_2。

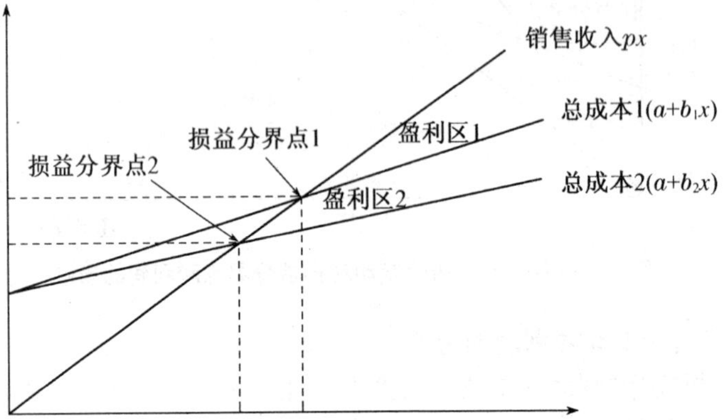

图 3－5　单位变动成本变动对损益分界点和利润的影响

(二) 单位变动成本变动对利润的影响

根据本量利分析模型“利润＝单位产品售价×业务量－变动成本－固定成本”可知，在价格和业务量水平一定的条件下，单位变动成本的变动，会引起变动成本总额和总成本水平的变动，从而对利润额产生影响。利润和单位变动成本成反方向变动，当单位变动成本升高(或降低)时，利润相应减少(或增加)。

从图 3－5 也可以看出，当单位变动成本从 b_1 降低到 b_2 时，由于损益分界点的降低，盈利区也相应从盈利区 1 扩大到盈利区 2。

假定**【例 3－10】**中单位变动成本由原来的 10 元降低到 7 元，则损益分界点销售量和销售额以及利润计算如下：

损益分界点销售量＝100 000÷(20－7)＝7 693(件)

损益分界点销售额＝7 693×20＝153 860(元)

利润＝(20－7)×15 000－100 000＝95 000(元)

可见，在其他因素不变的条件下，单位变动成本由原来的 10 元降低到 7 元，使得损益分界点销售量减少了 2307 件(10 000－7 693)，损益分界点销售额降低了 46 140 元(200 000－153 860)，利润上升了 45 000 元(95 000－50 000)。

三、固定成本变动对损益分界点和利润的影响

固定成本在相关范围内是固定不变的，但企业决策的变化也会引起固定成本的变动，从而导致损益分界点和利润发生变化。

(一) 固定成本变动对损益分界点的影响

单位产品售价和单位变动成本不变的情况下，销售产品的单位边际贡献是一定的，当固定成本升高或降低时，补偿固定成本所需的销售量就会相应变动，从而引起损益分界点的上升或下降。由公式“损益分界点销售量＝固定成本÷(单位产品售价－单位变动成本)”可知，损益分界点随固定成本的变动呈正比例变动，也就是说，固定成本降低(或升高)时，损益分界点销售量(额)会相应下降(或上升)。

固定成本变动和损益分界点变化的关系，也可以通过损益分界点分析的几何模型来反映。如图 3－6 所示，当固定成本为 a_1 时，总成本线为总成本 1，它与销售收入线相交于损益分界点 1，相应的损益分界点销售量为 x_1，损益分界点销售额为 px_1。当固定成本从 a_1 下降到 a_2 时，总成本线下降，即总成本 2，它与销售收入线相交于损益分界点 2，损益分界点向左下方移动，相应的损益分界点销售量下降到 x_2，损益分界点销售额下降到 px_2。

(二) 固定成本变动对利润的影响

根据本量利分析模型可知，在价格和业务量水平一定的条件下，固定成本的变动会引起总成本水平的变动，从而对利润额产生影响。利润和固定成本成反方向变动，当固定成本升高(或降低)时，利润相应减少(或增加)。

从图 3－6 也可以看出，当固定成本从 a_1 降低到 a_2 时，由于损益分界点的降低，盈利区也相应从盈利区 1 扩大到盈利区 2。

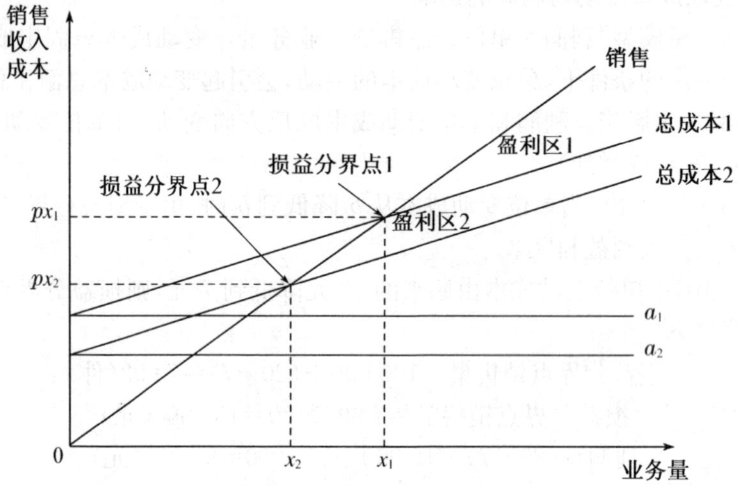

图 3-6　固定成本变动对损益分界点和利润的影响

假定【**例 3-10**】中固定成本由原来的 100 000 元提高到 120 000 元损益分界点销售量和销售额以及利润计算如下：

损益分界点销售量＝120 000÷(20－10)＝12 000(件)

损益分界点销售额＝12 000×20＝240 000(元)

利润＝(20－10)×15 000－120 000＝30 000(元)

可见，在其他因素不变的条件下，固定成本由原来的 100 000 元提高到 120 000 元，使得损益分界点销售量增加了 2 000 件(12 000－10 000)，损益分界点销售额上升了 40 000 元(240 000－200 000)，利润下降了 20 000 元(50 000－30 000)。

四、销售量变动对损益分界点和利润的影响

市场供求关系的变化以及企业促销手段的变化等都可能导致产品销售量发生变动。由于损益分界点的高低是由单位产品售价、单位变动成本和固定成本三个因素决定的，所以销售量的变动对损益分界点销售量和销售额没有影响。

由本量利分析模型可以看出，每增加一个单位的销售量，就会增加一个单位的边际贡献，利润也会相应增加。因此，利润与销售量呈同方向变动，当销售量增加(或减少)时，利润也会相应增加(或减少)。

销售量变动对利润的影响如图 3-7 所示。图 3-7 中，总成本线与销售收入线相交于损益分界点，损益分界点销售量为 x_0，损益分界点销售额为 px_0。当销售量小于 x_0时，销售收入不足以补偿成本，企业处于亏损状态；当销售量超过 x_0时，销售收入线位于总成本线的上方，企业盈利，销售收入线与总成本线之间的差额就是利润。当销售量为 x_1时，企业实现利润 1；当销售量增加到 x_2时，企业可以实现较高的利润 2。

假定【**例 3-10**】中预计销售量由原来的 15 000 件增加到 16 000 件，利润计算如下：

利润＝(20－10)×16 000－100 000＝60 000(元)

可见，在其他因素不变的条件下，预计销售量由原来的 15 000 件增加到 16 000 件，使得利润上升了 10 000 元(60 000－50 000)，亦即增加 1 000 件产品的销售提供的边际贡献 10 000

[(20－10)×1 000]元。

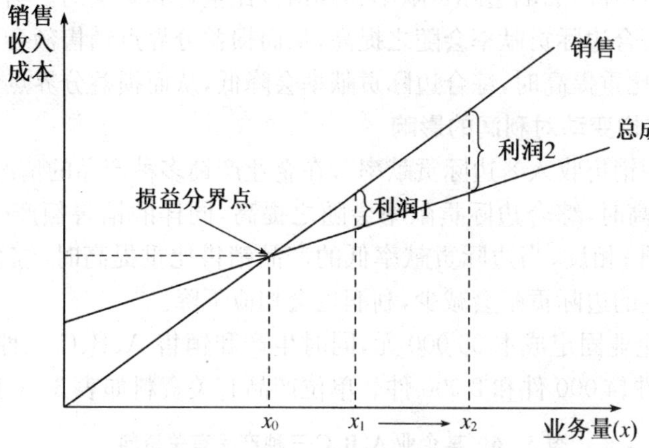

图 3－7　销售量变动对利润的影响

五、多因素变动对损益分界点和利润的影响

在企业实际经营活动中，由于成本、价格和销售量等因素都不是独立存在的，而是相互影响，上述各因素单独变动的情况并不常见，更多时候是多个因素同时变动。因此，为了反映实际情况，需要综合计算分析多因素同时变动对损益分界点和利润的影响。

多因素同时变动对损益分界点和利润的影响，由这些因素共同作用的结果而定。如果单位产品售价上升，同时单位变动成本和固定成本下降，销售量增加，则损益分界点下降，利润增加；相反，如果单位产品售价下降，同时单位变动成本和固定成本上升，销售量减少，则损益分界点上升，利润减少。如果各因素同时上升或下降，则要经过具体计算分析才能确定对损益分界点和利润的影响。

仍沿用**【例 3－10】**的资料，假定上述各因素同时发生变动，即单位产品售价由原来的 20 元提高到 22 元，单位变动成本由原来的 10 元降低到 7 元，固定成本由原来的 100 000 元提高到 120 000 元，销售量由原来的 15 000 件增加到 16 000 件，则损益分界点销售量、销售额以及利润计算如下：

损益分界点销售量＝120 000÷(22－7)＝8 000(件)

损益分界点销售额＝8 000×22＝176 000(元)

利润＝(22－7)×16 000－120 000＝120 000(元)

可见，在各因素同时变动的情况下，企业的损益分界点销售量减少了 2 000 件(10 000－8 000)，损益分界点销售额下降了 24 000 元(200 000－176 000)，利润增加了 70 000 元(120 000－50 000)。

六、产品品种结构变动对损益分界点和利润的影响

当企业产销多种产品时，由于各种产品的盈利能力不同，所以产品品种结构的变动必然会对损益分界点和利润产生影响。

(一) 产品品种结构变动对损益分界点的影响

根据多品种保本分析的公式“综合损益分界点销售额＝固定成本总额÷综合边际贡献

率”，在固定成本总额不变的情况下，损益分界点的高低取决于综合边际贡献率的高低，而综合边际贡献率又是根据各种产品的边际贡献率和其销售比重计算确定的。当边际贡献率高的产品销售比重提高时，综合边际贡献率会随之提高，从而损益分界点销售额会下降；相反，当边际贡献率低的产品销售比重提高时，综合边际贡献率会降低，从而损益分界点销售额会上升。

（二）产品品种结构变动对利润的影响

由于“边际贡献＝销售收入×边际贡献率”，在企业产销多种产品的情况下，当边际贡献率高的产品销售比重提高时，综合边际贡献率会随之提高，同样的销售额产生的边际贡献会增加，利润也会相应上升；相反，当边际贡献率低的产品销售比重提高时，综合边际贡献率会降低，同样的销售额产生的边际贡献会减少，利润也会相应下降。

【例 3－11】 某企业固定成本 30 000 元，同时生产和销售 A、B、C 三种产品，各种产品的产销量分别为 5 000 件、4 000 件和 2 000 件。单位产品有关资料如表 3－6 所示。

表 3－6　某企业 A、B、C 三种产品有关资料

项目	A 产品	B 产品	C 产品
单位产品售价（元）	10	15	20
单位变动成本（元）	6	12	10
单位边际贡献（元）	4	3	10
边际贡献率	40％	20％	50％

根据表 3－6 的资料，计算各种产品的销售收入及其占销售收入总额的比重，如表 3－7 所示。

表 3－7　某企业 A、B、C 三种产品销售收入及销售比重

项目	A 产品	B 产品	C 产品	合计
销售量（件）	5 000	4 000	2 000	11 000
单位产品售价（元）	10	15	20	45
销售收入（元）	50 000	60 000	40 000	150 000
销售比重	33％	40％	27％	100％

根据表 3－6 和表 3－7 的数据资料，计算企业的综合边际贡献率如下：

$$\begin{aligned}\text{综合边际贡献率} &= \sum(\text{某种产品边际贡献率}\times\text{该产品销售比重})\\ &= 40\%\times 33\%+20\%\times 40\%+50\%\times 27\%\\ &= 34.7\%\end{aligned}$$

根据损益分界点销售额计算公式，计算出企业的损益分界点销售额为：

$$\text{损益分界点销售额}=30\,000\div 34.7\%=86\,455(\text{元})$$

改变产品品种结构，将使企业的综合边际贡献率发生变化，从而使企业的损益分界点发生相应的变动。假定 A、B、C 三种产品的销售比重由原来的 33％、40％和 27％变为 40％、20％和 40％，则企业的综合边际贡献率为：

$$\text{综合边际贡献率}=40\%\times 40\%+20\%\times 20\%+50\%\times 40\%=40\%$$

产品品种结构改变后，企业的损益分界点销售额为：

损益分界点销售额＝30 000÷40%＝75 000(元)

由计算可知，企业产销A、B、C三种产品的品种结构改变后，损益分界点销售额下降了11 455元(86 455－75 000)。这是因为，边际贡献率较高的A、C两种产品的销售比重上升，同时边际贡献率较低的B产品的比重下降，从而使得企业的综合边际贡献率从34.7%提高到40%，因此企业的损益分界点销售额下降，利润增加。

任务实施四 本量利分析在企业经营实践中的作用

本量利分析作为管理会计的基本方法之一，在企业经营实践中发挥着重要作用，主要有以下几个方面：

1. 进行保本分析和预测

将本量利分析和预测技术相结合，可以进行保本分析，确定损益分界点销售量和销售额，进而预测利润，编制利润计划。

2. 进行目标控制

将本量利分析用于目标控制，可以确定实现目标利润所需达到的目标销售量和销售额，需要控制的成本水平，以及需要达到的产品销售价格水平，从而有效地进行目标管理。

3. 进行风险分析

将本量利分析与风险分析结合起来，可以分析企业的经营安全性指标，确定企业经营的安全状态，及时采取有效措施控制风险。

4. 进行生产经营决策

通过本量利分析，可以进行生产工艺的选择、产品品种和生产数量的决策，产品竞争决策以及定价决策等。

上述前三个方面的作用已在本项目任务二做了详细介绍，这里主要举例对本量利分析在生产经营决策中的作用进行分析。

一、接受订货的决策

企业经营实践中，在本企业生产能力允许的范围内，可以运用本量利分析的方法，权衡接受订货的利弊，做出是否接受订货的决策。

【例3-12】 某企业生产甲产品，最大生产能力为10 000件，计划期预计产销量为7 000件，单位产品售价50元，单位变动成本30元，固定成本130 000元。现又有一客户提出以40元的价格订货2 000件。企业是否应该接受这批订货？

由于接受追加订货后产销量合计为9 000件，不会超出企业的最大生产能力，所以接受订货可以利用企业闲置的生产能力，不必追加固定成本。接受追加订货引起的销售和利润的变化如表3-8所示。

表 3-8　接受追加订货对销售和利润的影响

项目	原产销计划	追加订货	合计
销售收入	350 000	80 000	430 000
变动成本	210 000	60 000	27 000
边际贡献	140 000	20 000	160 000
固定成本	130 000		130 000
利润	10 000	20 000	30 000

表 3-8 的数据表明，接受这批订货可以使企业获得 20 000 元的利润。因为，尽管追加订货的价格低于产品的单位生产成本（30＋130 000÷9 000＝44.44 元），但由于追加订货的数量没有超出企业的现有生产能力，因而不会增加固定成本，只要追加订货的单位产品售价高于单位变动成本，增加的边际贡献就可以使利润相应增加。本例中，追加订货的单位边际贡献为 40－30＝10（元），因此追加 2 000 件的订货，可以使利润增加 20 000 元。因此，企业应该接受这批订货。

二、新产品投产的决策

企业经营实践中，还经常通过预测和分析新产品的成本、价格和销售量，利用本量利分析的方法，作出新产品是否投产的决策。

【例 3-13】 某企业拟投产一种新产品。投产该产品需购置一台新设备，预计每年发生折旧费、保险费等相关固定成本共计 100 000 元。预计该产品单位产品售价 25 元，单位变动成本 10 元，年产销量为 7 500 件。问企业是否应该投产该产品？

根据有关数据资料，计算损益分界点如下：

$$\text{损益分界点销售量}=\frac{100\,000}{25-10}=6\,667(\text{件})$$

该产品投产后预计年销售量为 7 500 件，超过了损益分界点销售量 6 667 件，说明投产该产品可以给企业带来新的盈利，所以应该投产该产品。

如果企业生产和销售该产品的目标利润为 20 000 元，是否应该投产呢？

计算可知：

$$\text{实现目标利润的销售量}=(100\,000+20\,000)\div(25-10)=8\,000(\text{件})$$

可见，该产品的销售量必须要达到 8 000 件，才能实现目标利润。由于预计该产品的年销售量为 7 500 件，尽管可以带来盈利，但不能实现企业确定的目标利润，所以不能投产该产品。

三、设备更新的决策

本量利分析还可用于设备更新决策。设备更新会增加固定成本，从而提高损益分界点，减少利润；但另一方面，设备更新会提高生产效率，降低单位变动成本，从而降低损益分界点，增加利润。此外，设备更新还有可能导致产品产量和价格的提高，使利润增加。企业是否要更新设备，还要运用本量利分析法进行具体分析。

【例 3-14】 某企业只生产和销售一种产品。目前企业年产销量为 10 000 件，单位产品售价 150 元，单位变动成本 50 元，固定成本 750 000 元。企业拟更新设备，预计设备更新后年固定成本增加 50 000 元，单位变动成本降低 15 元。问该企业是否应更新设备？

根据本量利分析的原理，计算使用旧设备和更新新设备两个方案下的有关数据，如表 3－9 所示。

表 3－9　使用旧设备和更新新设备的有关数据

项目＼方案	使用旧设备	更新新设备
单位产品售价(元)	150	150
单位变动成本(元)	50	35
单位边际贡献(元)	100	115
固定成本(元)	750 000	800 000
损益分界点销售量(件)	7 500	6 957
损益分界点销售额(元)	1 125 000	1 043 550
利润(元)	250 000	350 000

由表 3－9 数据可知，与使用旧设备相比，更新设备可以使损益分界点销售量减少 543 件（7 500－6 957），损益分界点销售额下降 81 450 元（1 125 000－1 043 550），利润增加 100 000 元（350 000－250 000）。因此，企业应更新设备。

任务小结

任务考核：

1. 本量利分析的含义是什么？本量利分析有哪些基本条件？
2. 本量利分析的模型有哪些？
3. 如何进行单一产品的保本分析？
4. 多产品保本分析的方法有哪些？
5. 如何利用本量利分析模型进行利润预测分析？
6. 进行安全分析的指标有哪些？如何计算？各指标间有什么关系？
7. 有关因素变动对损益分界点和利润有什么影响？
8. 本量利分析在企业经营实践中有什么作用？

一、名词解释

保本点　保本分析　安全边际　保本点作业率　敏感性分析

二、单项选择题

1. 保本点销售量等于（　）。

　A. 单位变动成本/单位贡献毛益　B. 单位固定成本/单位贡献毛益

　C. 固定成本总额/单位贡献毛益　C. 总成本/单位贡献毛益

2. 下列对盈亏分界点贡献毛益额与固定成本的关系表述正确的是（　）。

　A. 贡献毛益额等于固定成本　B. 贡献毛益额大于固定成本

　C. 贡献毛益额小于固定成本　D. 以上都有可能

3. 下列不会引起保本点变动的是(　　)。

A. 销售量上升　　B. 单位产品售价上升

C. 单位变动成本上升　　D. 固定成本上升

4. 销售量变动,下列不受影响的是(　　)。

A. 利润　　B. 盈亏分界点销售额

C. 安全边际量　　D. 安全边际额

5. 某企业只生产一种产品,单位变动成本 20 元,当期固定成本总额 50 000 元,单位产品售价 60 元,要使安全边际率达到 60%,当期销售量应达到(　　)。

A. 2 083 件　　B. 1 388 件

C. 6 250 件　　D. 312.5 件

6. 下列各种变动能使保本点上升的是(　　)。

A. 单价下降　　B. 单位变动成本下降

C. 固定成本下降　　D. 销售量下降

7. 为使目标利润增加,可以采取的措施是(　　)。

A. 降低单价　　B. 减少销售量

C. 减少固定成本　　D. 提高单位变动成本

8. 单位产品售价单独变动时,会使安全边际(　　)。

A. 同方向变动　B. 反方向变动　C. 不一定变动　D. 不变

9. 某企业去年单位产品售价 70 元,单位变动成本 50 元,固定成本总额 100 000 元,去年销售量 8 000 件,则该企业去年的安全边际率和保本点作业率分别是(　　)。

A. 93.75%和 6.25%　　B. 62.5%和 37.5%

C. 75%和 25%　　C. 25%和 75%

10. 盈利产品销售量变动会引起利润(　　)。

A. 同方向变动　　B. 反方向变动

C. 同方向或反方向变动　　D. 以上都不对

三、多项选择题

1. 如果 p 表示单位产品售价,b 表示单位变动成本,x 表示产销量,a 表示固定成本总额,π 表示营业利润,则下列本量利关系式正确的有(　　)。

A. $\pi=px-(a+bx)$　　B. $\pi=px-ax-b$

C. $\pi=px-bx-a$　　D. $\pi=(p-b)x-a$

E. $\pi=(p-a)x-b$

2. 下列两个比率之和为 1,即(　)。

A. 安全边际率和贡献毛益率　　B. 安全边际率和保本点作业率

C. 保本点作业率和变动成本率　　D. 贡献毛益率和保本点作业率

E. 变动成本率和贡献毛益率

3. 当单位产品售价单独变动时,下列指标中会发生同方向变动的有(　　)。

A. 盈亏分界点销售量　　B. 安全边际量

C. 利润　　D. 贡献毛益率

E. 单位贡献毛益

4. 保本点的表现形式有（　　）。

A. 保本单价　　B. 保本销售量

C. 保本销售额　　D. 保本生产量

E. 安全边际量

5. 在其他因素不变的情况下，单位产品售价上升会导致（　　）。

A. 变动成本率下降　　B. 变动成本率上升

C. 安全边际率上升　　D. 保本点作业率上升

E. 贡献毛益率上升

6. 在其他因素不变的情况下，产品单位变动成本增加会导致（　　）。

A. 利润增加　　B. 变动成本率上升

C. 安全边际率上升　　D. 保本点销售量上升

E. 贡献毛益率上升

7. 下列公式正确的是（　　）。

A. 保本销售量＝固定成本/贡献毛益率

B. 安全边际率＝安全边际量/预计产品销售量

C. 贡献毛益率＋变动成本率＝1

D. 安全边际额＋保本销售额＝销售收入总额

E. 保本点销售额＝保本点销售量×单位产品售价

8. 衡量企业经营安全性的指标包括（　　）。

A. 保本销售量　　B. 保本销售额

C. 保本点作业率　　D. 安全边际量

E. 经营杠杆率

9. 如果企业处于保本状态，则（　　）。

A. 安全边际量为零　　B. 保本点作业率等于1

C. 利润为零　　D. 销售收入线与总成本线相交

E. 贡献毛益总额等于固定成本总额

10. 下列各指标中，数值越大说明企业经营越安全的有（　　）。

A. 安全边际量　　B. 安全边际率

C. 保本点作业率　　D. 经营杠杆率

E. 变动成本率

11. 下列各项能引起利润增加的有（　　）。

A. 单位产品售价上升　　B. 单位变动成本增加

C. 销售量增加　　D. 固定成本增加

E. 单位变动成本减少

12. 下列各因素单独变动时能引起保本点变动的有（　　）。

A. 单位产品售价　　B. 单位变动成本

C. 固定成本总额　　D. 销售量

E. 目标利润

13. 下列各项能引起保本点销售额增加的有（　　）。

A. 单位产品售价上升　　B. 单位变动成本升高
C. 销售量增加　　D. 固定成本减少
E. 固定成本增加

14. 下列各项能引起安全边际提高的有(　　)。
A. 固定成本上升　　B. 单位产品售价上升
C. 单位变动成本降低　　D. 销售量增加
E. 单位产品售价下降

15. 本量利分析基本假定包括(　　)。
A. 成本性态分析假定　　B. 相关范围假定
C. 线性假定　　D. 产销平衡假定
E. 品种结构稳定假定

16. 安全边际率是指(　　)。
A. 盈亏分界点销售量占预计销售量的百分比
B. 盈亏分界点销售额占预计销售额的百分比
C. 盈亏分界点销售量占预计销售额的百分比
D. 预计销售量与盈亏分界点销售量的差额占预计销售量的百分比
E. 预计销售额与盈亏分界点销售额的差额占预计销售额的百分比

四、判断题

1. 本量利分析应用的前提条件就是成本性态分析。(　　)
2. 在本量利分析中,产销量是影响销售收入的唯一可变因素。(　　)
3. 本量利分析中的利润采用营业利润指标。(　　)
4. 当贡献毛益总额大于固定成本时,企业可以获得利润。(　　)
5. 保本点有保本销售量和保本销售额两种表现形式。(　　)
6. 只要已知单位产品售价、单位变动成本和固定成本总额就可求出保本点。(　　)
7. 安全边际量和安全边际率都是越小越好。(　　)
8. 保本点作业率数值越大,说明企业经营的安全性就越好。(　　)
9. 当保本点作业率为1时,企业处于盈亏平衡状态。(　　)
10. 安全边际率与保本点作业率之和等于1。(　　)
11. 目标销售量可以用固定成本与税后利润之和除以单位贡献毛益求得。(　　)
12. 单位产品销售价格上升会使单位贡献毛益增加,从而降低保本点。(　　)
13. 在本量利分析图中,当固定成本增加时,总成本线就会向上平行移动,从而使盈亏分界点向左下方移动。(　　)

五、计算分析题

1. 童心玩具厂生产的遥控汽车,单位变动成本50元,2007年固定成本总额3 000 000元,每辆遥控汽车售价150元。2007年度销售量为50 000辆。

要求:

(1) 计算童心玩具厂的盈亏分界点销售量和销售额分别是多少?

(2) 计算童心玩具厂2003年度实现利润多少?

2. 某公司只生产一种甲产品,单位产品售价350元,单位变动成本150元,固定成本总额

1 000 000 元。

要求：(1) 计划年度预计产销量为 8 000 件，该公司可实现多少利润？

(2) 如果该公司计划年度要实现利润 1 000 000 元，销售量应该是多少？

(3) 如果该公司计划年度要实现净利润 1 000 000 元，所得税率 25%，销售量应该是多少？

3. 康华公司只生产一种乙产品，单位产品售价 500 元，单位变动成本 300 元，固定成本总额 100 000 元。6 月份销售量 630 件。

要求：计算康华公司安全边际量、安全边际额、安全边际率和保本点作业率，并对该公司的经营安全性做出判断。

4. 恒昌公司基期和计划期 B 产品的单位产品售价、单位变动成本、固定成本总额以及销售量资料如表 3－10 所示：

表 3－10　恒昌公司基期和计划期 B 产品的相关资料

影响因素	基期数值	变动幅度	计划期数值
单位产品售价(元)	100	+20%	120
单位变动成本(元)	40	−10%	36
固定成本(元)	60 000	+5%	63 000
销售量(件)	1 500	+30%	1 950

要求：(1) 计算基期保本销售量和销售额以及实现的利润额；

(2) 计算并分析各因素单独变动对保本点和利润的影响；

(3) 计算并分析各因素同时变动对保本点和利润的影响。

项目四　短期经营决策分析

任务目的

了解短期经营决策的定义及相关成本概念；

掌握边际贡献分析法、差别分析法、相关成本分析法和成本平衡点分析法在生产经营决策分析中的应用；

掌握成本加成定价法和损益平衡法在定价决策中的应用；

掌握不同生产经营决策方案条件下的变动成本、机会成本和专属成本的内容与计量方法。

任务分析

能够利用边际贡献分析法进行亏损产品决策和产品品种决策分析；

能够利用相关成本或差别分析法进行半成品是否深加工决策分析；

能够利用成本平衡点进行零部件是自制还是外购分析；

能够利用成本加成定价法进行产品定价分析。

案例导入

海星公司生产一种羽毛球拍，年销售量 100 000 副，每副 60 元，尚有 20 000 副的生产潜力。现有一客户要求订购 25 000 副，但只愿出价 54 元一副。客户提出，订单为一整体，可以接受或不接受，但不能改变数量。

年产量 100 000 副的成本如下：直接材料 3 000 000 元；直接人工 500 000 元；固定成本 2 000 000 元；总成本 5 500 000 元；单位成本 55 元。

对此项订货公司内部进行了讨论，销售科长认为，此项订货可增加销售量，但原销售量会减少 5 000 副，而且要损失 30 000 元(原售价 60 元，新的售价 54 元，每副少 6 元)，不合算。生产科长认为不用减少原销售量，他可以动员工人加班，只要支付 35 000 元就可增产 5 000 副。会计科长认为，生产 12 万件的总成本为 620 万元，单位成本 52 元。减少 5 000 件正常销售量接受此订单，企业可增加利润 35 万元，可以接受。

本案例属于追加订货决策，是短期经营决策中一个典型案例。究竟应如何进行决策呢？

任务实施一　认识决策

一、决策的概念

管理会计中的决策是指企业在生产经营过程中对一些特殊的专门问题，在两个或两个以上的方案中做出抉择，以取得最佳经济效益。

决策至少有两个方案可以选择，首先要对每一个方案实施的结果进行预测，它的效果如何，然后选择效益最佳的做出决策。因此，预测和决策是不可分割的，预测是决策的前提，决策是预测的必然结果。

在管理会计的预测、决策、计划、控制、考核等职能中，决策具有重要的地位。现代管理的重点放在事先决策。这种事先决策在产品投产前，通过对产品设计、生产、销售各个方面进行分析，选择最佳方案，用来指导生产经营活动，以取得最大的经济效益。

二、决策的分类

对决策进行分类，有利于认识各种决策的性质、特点、作用，以便更有效的运用决策的方法。

(一) 按时间的长短来划分

按照决策所涉及的时间长短，可将决策分为短期决策和长期决策两类，这里的时间指的是1年。

短期决策又称经营决策，一般是指1年以及1年以内有关经营活动的决策。它主要是考虑现有的人力、物力、财力怎样能达到最好、最合理的、最充分的利用，以便取得最佳的经济效益。短期决策包括销售定价决策、生产决策和成本决策等，一般不涉及固定资产投资问题。

长期决策又称投资决策，是指产生报酬的期间都在1年以上，并对较长时间的收支盈亏产生影响而进行的决策，主要包括更换设备、筹措资金、引进技术等。因为需要大量的资金，回收都在1年以上，是一种资本性支出，所以也称资本预算决策。

(二) 按照决策对象的未来状况分类

按照决策对象的未来状况的不同，可分为确定型决策、风险型决策、不确定型决策。

确定型决策是指决策者可以得到制定决策所需要的全部信息，面临的是稳定可控的环境或条件，每个方案只有一个确定的结果，可以通过直接比较选择出较优方案实施，必然取得预期结果，不存在不确定因素。

风险型决策也称随机决策，意思是决策具有明确的目标，也可以获得优质的信息，但是与每个备选方案相联系的未来的结果是碰运气的。不过，由于可以获取足够的信息，因而每个方案成功的概率是可以评估的，可以运用统计分析来计算成功或失败的概率。在这类决策中，自然状态不止一种，决策者不能预知哪种自然状态会发生，但可以知道有多少种自然状态和每种自然状态发生的概率。

不确定型决策是指在不稳定的状态下进行的决策。管理者知道要实现的目标，但关于备选方案及未来事件的信息是不完整的。由于信息不充分，因而管理者不能彻底弄清楚各个备选方案，也不能估计它们的风险大小，也难以分析和预测可能对决策有影响的因素，比如价格、生产成本等。管理者或许还得做出假设，并借此制定决策。即使因假设不正确而导致错误的决策，管理者也必须针对备选方案提出创造性方法，并运用个人判断来确定哪个方案是最佳的。不确定性决策往往都不能产生理想的效果。

（三）按决策问题的重要性程度来划分

按决策问题的重要性程度划分为战略决策、战术决策。

战略决策是指为了长期发展而制定出目标和方针，以及为达到发展目标而采取的重大措施所做出的决策。战略决策一般涉及组织的全局，以及发展的方向性和根本性问题，在比较长的时间内起指导作用。

战术决策又称管理决策，是为了实现战略决策目标，对管理上的具体问题而进行的决策。它是战略决策的具体化，是实现战略决策的保证。战术决策旨在实现组织中各环节的高度协调和资源的合理使用，具有一定灵活性。

三、决策的程序

（一）确定决策目标

目标是决策的出发点和终点，决策就是为了实现一定的经济目标。所以企业在进行决策的时候，首先要根据所面临的内外部环境和条件，明确需要解决什么问题，希望达到一个什么样的目标。

（二）收集资料

目标确定后，相关人员就必须围绕决策目标收集与这个目标有关的各种资料，积累数据，进行必要的加工和整理。因为这些资料将会成为决策的依据，所以决策的正确与否，与资料的质量密切相关，所以收集资料是决策程序中有重要意义的一个环节。

（三）拟订方案

拟订方案是根据已经加工整理好的数据资料，根据企业现有的生产经营能力，提出实现目标的各种可供选择的方案，决策就是对未来的各种可能方案进行选择。

（四）评价方案

评价方案是以决策目标为出发点，运用科学的决策分析方法，确定评判指标，计算各个备选方案有可能发生的耗费或者有可能为企业带来的收益，来比较各个方案的优劣。

（五）做出决策

这一步骤是在评价方案的基础上，根据具体决策方法中的主要评判指标做出判断，从备选方案中选择一个可行的较优方案。

（六）实施修正决策方案

根据选中的方案，制定具体的实施措施和计划，提出有效可行的实施方法，具体落实和执行决策方案，并随时掌握决策方案的实施情况，由于客观条件的变化，执行结果不一定能达到预定的目标，因此，要对决策方案的实施情况进行检查，根据执行过程中的信息反馈，及时修正和补充原定方案，以保证目标的实现，达到预期效果。

任务实施二　了解短期经营决策所涉及的成本概念

经营决策中，需要通过比较不同备选方案经济效益的大小进行最优化选择。而影响经济效益大小的一个重要因素就是成本的高低。除了以前介绍过的变动成本和固定成本，还包括以下几方面内容。

1. 机会成本

机会成本是企业在做出最优决策时必须考虑的一种成本。机会成本的含义是：当一种资源具有多种用途，多种利用机会时，选定其中的一种就必须放弃其余几种，为了保证经济资源得到最佳利用，即选择资源利用的最优方案，在分析所选方案（机会）的收益时，就要求将其余放弃的方案中的最高的收益额视作选定该方案所付出的代价，这种被放弃的次优方案的最高收益额即为所选方案的机会成本。机会成本不是实际所需支付的成本，而只是一种决策时为选择最优方案而所需考虑的成本。

2. 差别成本

差别成本是指两个不同方案之间预计成本的差异数。在做出决策时，由于各个方案所选用的生产方式、生产工艺和生产设备的不同，各方案估计成本的差异数即为差别成本。例如，如果企业需要 5 000 个零件，有两种方案可供选择，自制或外购，自制成本为 10 000 元，外购预期总成本为 12 000 元，则差别成本为 2 000 元，所以应外购。

3. 增量成本

增量成本是由于业务量增加而增加的变动成本。在短期经营决策中，因某一项管理决策的实施所带来的总成本的变化，是短期决策中的一个非常重要的成本概念。如在亏损产品是否停产，半成品是否进行深加工决策中，最基本的需要考虑的成本就是增量成本。

4. 边际成本

边际成本是指产品的产量每增加一个单位所需增加的成本，是增量成本的一种特殊形式。在大批量生产情况下，由于在一定的生产能力范围内，每增加一个单位产品只增加变动成本，所以边际成本常表现为变动成本。在会计实务中，人们常常也将增加一批产量所增加的成本看作边际成本，这时的边际成本实际是边际成本总额。

5. 付现成本

付现成本是指需动用本期现金、有价证券和存货等流动资产的成本。付现成本这一概念常在制定决策时使用。在制定决策、特别是生产决策时，常需考虑生产所需的资金问题，例如在考虑是否接受某项订货时，就需考虑付现成本，以判断企业的资金能否周转，往往比对总成本更为重视。在一般情况下，付现成本大多是与决策相关的成本，也常常是变动成本；但如果所决策的问题涉及扩大企业的生产能力时，例如需购进机器设备等固定资产时，付现成本也就包括固定成本。

6. 沉没成本

沉没成本是指过去已经发生，在某种情况下不能收回的成本，它所涉及的是以前的付现成本。例如，固定资产的折旧费用、无形资产的摊销费用等，当按一定的方案计入本期费用时，并未动用本期的现金与流动资产，而是以前的付现成本在当期的摊销，这种不需要运用本期现金等流动资产的成本称为沉没成本。沉没成本常常是一种与决策无关的成本。

7. 专属成本和共同成本

专属成本是指可以明确归属于企业生产的某种产品，或为企业设置的某个部门而发生的成本。没有这些产品或部门，就不会发生这些成本，所以专属成本是与特定的产品或部门相联系的特定的成本。

共同成本是指为多种产品或为多个部门的设置而发生的，应由这些产品或这些部门共同负担的成本。如在企业生产过程中，几种产品共同的折旧费、辅助车间成本等，都是共同成本。

在进行决策时，一般情况下专属成本是与决策有关的成本，必须予以考虑；而共同成本则是与决策无关的成本，可以不予考虑。

8. 相关成本和无关成本

企业在进行经营决策时，可供选择的多种方案中所涉及的各种成本，有些与方案的抉择有关，有些则无关。

相关成本是对决策有影响的应认真考虑的各种形式的未来成本，如差别成本、机会成本、付现成本、专属成本等。

那些对决策没有影响的成本，称为无关成本。这类成本过去已经发生，或对未来决策没有影响，因而在决策时不予考虑，如沉没成本、共同成本都属于无关成本。

相关成本与无关成本的区分并不是绝对的。

任务实施三　理解短期经营决策的分析方法

由于企业所涉及的短期经营决策的内容不尽相同，所以采用的方法也因内容不同而异。在决策时，应该根据决策内容选择某一种分析方法，进而确定采用该方法的决策评判标准，即以什么指标作为方案取舍的标准，通过不同方案之间指标的比较，得出决策的正确结论。

本节介绍四种最常用的短期经营决策方法：边际贡献分析法、差别分析法、成本平衡点分析法和相关成本分析法。

一、边际贡献分析法

（一）边际贡献总额分析法

在短期经营决策中，由于一般不改变经营能力，固定成本通常为无关成本。因此只需要计算各个备选方案的边际贡献指标，选择边际贡献额较大的方案即可。

如果决策引起专属固定成本的发生，则应从各备选方案的边际贡献中扣除专属固定成本，扣除后的余额称为剩余边际贡献，以剩余边际贡献作为决策标准，选择其最大者。

需要特别强调的是，对某一种产品来讲，单位产品反映了产品的盈利能力。但在不同备选方案之间进行比较分析时，不能以单位边际贡献指标作为评判标准，而应以边际贡献总额指标作为方案取舍的依据。因为，不同方案的业务量水平有可能不同，而单位边际贡献指标无法反映不同业务量水平下的盈利差异，如果用它作为决策标准，就有可能会导致决策失误。

【例 4-1】 假设某企业利用现有生产能力生产甲产品或乙产品，经预测，两组数据如表 4-1 所示。

表 4-1　两种产品有关数据资料

项目	甲产品	乙产品
销售量(件)	1 000	2 000
单位产品售价(元)	20	30
单位变动成本(元)	12	23
单位边际贡献(元)	8	7
边际贡献总额(元)	8 000	14 000

解:现在我们可以根据表 4-1 中的有关数据做出决策,判断该企业生产哪种产品较为有利的决策。

从两种产品的有关数据可以看出,尽管甲产品的单位边际贡献大于乙产品,但是乙产品的边际贡献总额大于甲产品,所以应该选择生产乙产品。

(二) 单位资源边际贡献分析法

当企业生产只受到某一项资源(如某种原材料、人工工时或机器台时等)的约束,并已知备选方案中各种产品的单位边际贡献和单位产品资源消耗额(如材料消耗定额、工时定额)的条件下,可按下式计算单位资源所能创造的边际贡献指标,并以此作为决策评价指标。

$$\text{单位资源边际贡献}=\text{单位边际贡献}/\text{单位产品资源消耗定额} \quad (4-1)$$

单位资源边际贡献是个正指标,根据它做出决策的判断标准是哪个方案的该项指标大,哪个方案为优。

单位资源边际贡献分析法比较简单,经常被应用于生产经营决策中的互斥方案决策,如新产品开发的品种决策。

二、差别分析法

企业进行不同方案的比较、选择的过程,实质是选择最大收益方案的过程,即最大收益是在各个备选方案收入、成本比较中产生的。当两个备选方案具有不同的预期收入和预期成本时,根据这两个备选方案间的差别收入、差别成本计算的差别损益进行最优方案选择,即是差别分析法。

差别分析法涉及差别收入、差别成本、差别损益三个指标。差别收入是指一个方案的预期收入与另一个方案的预期收入之间的差异数;差别成本是指一个方案的预期成本与另一个方案的预期成本之间的差异数;差别损益是指差别收入与差别成本之间的差异数,其分析的基本公式为:

$$\text{差别损益}=\text{差别收入}-\text{差别成本} \quad (4-2)$$

进行决策分析时,若两个方案的差别损益大于零,则前一个方案优于后一个方案;若差别损益等于零,则两个方案的效益相同;若差别损益小于零,则后一个方案优于前一个方案。差别分析法一般可通过编制差别损益分析表计算差别损益指标。

【例 4-2】　假设某企业现在生产甲、乙两种产品。生产设备通用。根据订单安排生产,生产能力的利用程度只有 80%。经预测,这两种产品的市场需求有所提高,企业需决定利用生产能力增产哪一种产品。现已得知:利用剩余生产能力生产甲产品可生产 500 件,单位产品售价 150 元，单位变动成本 120 元；乙产品可生产 600 件，单位产品售价 110 元，单位变动成本为 90 元。

解：根据这些资料通过编制差别分析表进行决策，如表 4－2 所示。

表 4－2　差别损益分析表　　单位：元

项目	甲产品	乙产品	差别
销售收入	75 000	66 000	
差别收入			9 000
变动成本	60 000	54 000	
差别成本			6 000
边际贡献	15 000	12 000	
差别损益			3 000

从计算结果可以看出，生产甲产品比生产乙产品有差别收益 3 000 元，应该用剩余生产能力生产甲产品。

三、成本平衡点分析法

成本平衡点分析法是指在各备选方案的预期收入相等的前提下，相关的业务量又为不确定因素时，通过判断不同水平上的业务量与成本平衡点业务量之间的关系，来对备选方案进行决策的一种方法。

成本平衡点是指两个方案总成本相等时的业务量。它意味着当其中一方案的固定成本大于另一方案的固定成本，而其单位变动成本却小于另一方案的单位变动成本时，随着需求量的不断增加，这两个方案的成本总额就会以不同的比例增长，并将在某一特定需求点上趋于相等。在决策时，若预期需求量小于成本分界点，应选择固定成本小、单位变动成本大的方案；若预期需求量大于成本分界点，则应选择固定成本大、单位变动成本小的方案。

成本分界点的计算公式如下：

成本平衡点业务量＝固定成本差额/单位变动成本的差额　　(4－3)

【例 4－3】 假设某企业只生产一种产品，原来采用机械化生产方式，现在拟改为自动化生产方式，两种生产方式的数据资料如表 4－3 所示。

表 4－3　某企业两种不同生产方式的有关数据资料　　单位：元

项目	机械化生产方式	自动化生产方式
固定成本	100 000	150 000
单位产品售价	22	22
单位变动成本	12	10
单位边际贡献	10	12

解：生产方式的改变将使固定成本升高，单位变动成本降低。企业必须分析这两类成本的升降对企业是否有利，以便决定是否应该将原有的机械化生产方式改为自动化生产方式。

成本分界点销售量＝150 000－100 000/12－10＝25 000(件)

该企业在决策时，应根据预期的销售情况确定产量，进而对上述两种生产方式作出正确的选择。若预期销售量大于成本分界点 25 000 件，应选择固定成本大、单位变动成本小的自动化生产方式。若预期销售量小于成本分界点 25 000 件，应选择固定成本小、单位变动成本大的机械化生产方式。

四、相关成本分析法

相关成本分析法是指在短期经营决策中，当各备选方案的相关收入均相等时，通过比较各方案的相关成本指标，做出方案选择的一种方法。该方法实质上是差别分析法的特殊形式。在收入相同的前提下，相关成本最低的方案就必然是相关收益最高的方案，所以，在采用该方法进行决策时，应选择相关成本最低的方案。

【例 4－4】 某企业生产需要零件，年需要量 1 000 件，可以由本企业自己生产，也可以外购。如果自制，单位变动成本 50 元，且需要购买一台专用设备，每年发生专属固定成本 10 000 元，如果外购，外购单价为 58 元，每年固定的采购费用 1 000 元，要求对两种方案进行决策分析。

表 4－4　相关成本分析表　　单位：元

项目 \ 方案	自制	外购
变动成本	50 000	58 000
专属成本	10 000	1 000
相关成本	60 000	59 000

从分析中可以看出，自制零件的相关成本高于外购方案的相关成本，所以应选择外购方案。

任务实施四　掌握短期经营决策分析

一、亏损产品决策分析

工业企业在日常经营过程中，往往会由于某些产品不能适销对路或质量较差、款式陈旧等原因，造成市场滞销，仓库积压发生亏损，这就会引出亏损产品是否要停产的问题。如果按照财务会计的核算方法，因为亏损产品无法为企业带来效益，肯定是应该停产，但如果按照管理会计的成本性态理论，就应该重新讨论，对于亏损产品，绝不能简单地予以停产，而必须综合考虑企业各种产品的经营状况，生产能力的利用及有关因素的影响，采用变动成本法进行分析后，做出停产、继续生产、转产或出租等最优选择。我们从两个方面来进行分析讨论。

(一) 生产能力无法转移时，是否停产的决策

生产能力无法转移是指当亏损的产品停产以后，剩余的生产能力会闲置下来，即不能转产，也不能将设备对外出租。

在这种情况下，只要亏损产品的边际贡献大于零就应该继续生产，因为亏损产品停产只能减少变动成本而无法减少固定成本，继续生产亏损产品，亏损产品所提供的边际贡献就能补偿一部分的固定成本，从而减少企业的亏损。

【例 4－5】 某公司生产甲、乙、丙三种产品，其中甲、乙产品盈利，而丙产品亏损，有关资料见表 4－5。

表 4－5　损益计算表　　单位：万元

项目＼品种	甲产品	乙产品	丙产品	合计
销售收入	7 000	7 500	4 000	18 500
生产成本				
直接材料	1 800	900	900	3 600
直接人工	700	800	800	2 300
变动制造费用	600	600	700	1 900
固定制造费用	1 000	1 600	1 100	3 700
非生产成本				
变动期间费用	900	1 200	600	2 700
固定期间费用	600	800	400	1 800
总成本	5 600	5 900	4 500	16 000
利润	1 400	1 600	－500	2 500

要求：分析丙产品是否应该停产，假定丙产品停产后生产能力无法转移。

解：根据资料可知，在用财务会计方法进行核算时，丙产品亏损 500 元，为正确作出决策，我们需要首先计算出丙产品的边际贡献。

丙产品边际贡献＝4 000－(900＋800＋700＋600)＝1 000(万元)

丙产品所提供的边际贡献是 1 000 万元，而其所承担的固定成本为 1 500 万元，所以亏损 500 万元，但如果停产丙产品，就无法提供 1 000 万的边际贡献，但是固定成本不会减少，原来由它来承担的固定成本就只能由甲、乙来承担，就使该企业的利润减少 1 000 万元，也就是说不管是否生产丙产品，固定成本总额不会改变，只不过是由两种产品分摊还是三种产品分摊，所以在剩余生产能力无法转移的情况下，丙产品的边际贡献大于零，可以用来补偿一部分的固定成本，所以，不应该停产。

(二) 生产能力可以转移时，是否停产的决策

生产能力可以转移是指当亏损的产品停产，剩余的生产能力闲置下来后，可以转产，也可以将设备对外出租，这个时候就必须考虑继续生产亏损产品的成本问题，对可供选择的方案进行对比分析后做出决策。

【例 4－6】 引用**【例 4－5】**中的数据，假设生产丙产品的设备可以出租，每年获得租金 800 万元，也可以用来生产丁产品，转产丁产品的资料如表 4－6 所示。

表 4-6　预测丁产品资料　单位:万元

项目	金额
销售收入	6 000
变动生产成本	3 300
变动非生产成本	1 200

要求:做出是否该停产丙产品,是转产还是出租的决策分析。

丁产品边际贡献如下:

丁产品边际贡献=6 000－3 300－1 200=1 500(万元)

继续生产丙产品边际贡献为 1 000 万元,转产丁产品可提供的边际贡献为 1 500 万元,出租的租金为 800 万元,经过比较,转产丁产品的效益最好,应停产丙产品而转产丁产品。

所以,在剩余生产能力可以转移的情况下,如果该亏损产品的边际贡献大于与剩余生产经营能力转移有关的机会成本,就应当继续生产,在此情况下,如果盲目停产,企业将有更大的损失。如果亏损产品创造的边际贡献小于与相对剩余生产经营能力转移有关的机会成本,就应当停止生产该亏损产品。如果亏损产品创造的边际贡献等于与相对剩余生产经营能力转移有关的机会成本,则停止或继续生产该亏损产品都可以。

二、新产品品种决策

产品品种决策是为了解决生产什么产品的问题,通过投资扩充生产能力来开发新产品,属于长期投资的范围,本章不做研究。我们这里介绍的新产品开发的品种决策,是指利用现有生产能力来开发在市场上有销路的新产品,而且已经掌握了多种可供选择的新产品资料,以下我们按照是否涉及专属成本两种情况来进行分析。

(一) 不追加专属成本时的决策分析

当企业利用现有生产能力生产新产品,而不涉及追加专属成本时,各备选方案的固定成本都是相同的,属于无关成本,与决策分析没有关系,可以不予考虑,因此应采用边际贡献分析法,通过计算每种产品提供的边际贡献的大小作为选择的依据。

【例 4-7】　某公司利用剩余生产能力,可以用于开发新产品,现有 A、B 两种产品可供选择。A 产品的预计单价为 100 元/件,单位变动成本为 80 元/件,单位产品工时定额为 5 工时/件;B 产品的预计单价为 50 元/件,单位变动成本为 35 元/件,单位产品工时定额为 3 工时/件。开发新产品不需要追加专属成本。企业应开发何种新产品?

解:本例中,可采用单位资源边际贡献分析法,通过计算每种产品单位工时提供的边际贡献的大小作为选择依据。如表 4-7 所示:

表 4-7　单位工时边际贡献分析表

项目＼方案	A 产品	B 产品
单位边际贡献(元)	20	15
单位产品工时定额(工时)	5	3
单位资源边际贡献(元)	4	5

从表中可以看出，虽然B产品的单位边际贡献小于A产品，但B产品单位工时提供的边际贡献大于A产品单位工时提供的边际贡献，在生产能力一定的情况下，B产品提供的边际贡献总额必然大于A产品提供的边际贡献总额。因此，公司应选择生产B产品。

【例4-8】 引用**【例4-7】**的资料，如果公司现有剩余生产能力为30 000工时。企业应开发哪种新产品？

解：编制边际贡献分析表，如表4-8所示。

表4-8 边际贡献分析表

项目＼方案	A产品	B产品
剩余生产能力(工时)	30 000	30 000
单位产品定额工时(工时/件)	5	3
可生产量(件)	6 000	10 000
销售单价	100	50
单位变动成本	80	35
边际贡献	20	15
边际贡献总额	120 000	150 000

表中的计算表明，尽管B产品单位产品的获利能力比较低，但是由于其工时消耗也低，产品生产总量多，为公司提供的边际贡献总额也就多，因此公司应选择生产B产品。

(二) 追加专属成本时的决策分析

当新产品开发的品种决策涉及追加专属成本时，无法直接用边际贡献指标来评价各方案的优劣，可以采用剩余边际贡献指标来进行评价，或者采用差别分析法进行评价。

【例4-9】 开发新产品A和新产品B的相关产销量、单价与单位变动成本等资料同**【例4-8】**，但假定开发过程中需要装备不同的专用设备，分别需要追加专属成本10 000元和50 000元。企业应开发何种新产品？

解：编制剩余边际贡献分析表，如表4-9所示。

表4-9 剩余边际贡献分析表

项目＼方案	A产品	B产品
边际贡献总额	120 000	150 000
追加专属成本	10 000	50 000
剩余边际贡献	110 000	100 000

B产品的边际贡献虽然大于A，但是扣减追加的专属固定成本后，A产品的剩余边际贡献却大于B产品，所以应该选择生产A产品。

三、零部件是自制还是外购的决策分析

企业在经营过程中常常会面临自制或外购的决策，比如，产品所需的零部件是在企业内部

生产，还是从外部的供货商那里购买；建筑企业自己做全部工程，还是将部分工程转包给其他企业来完成；某项服务是由企业内部提供，还是由企业外部提供等。

在零部件是自制还是外购的决策分析中有一个特点是只考虑相关成本，不考虑收入。因为不论零部件是自制还是外购，其生产的产品的售价都一样，所以在进行决策分析时，只考虑各备选方案预计的未来成本，以成本指标来考虑方案的优劣，从中选择成本较低者为最满意方案。如果零件的使用数量不确定，还可以使用成本平衡点分析法。在决策分析中还应注意以下两点：

（1）由于自制零部件通常是利用剩余生产能力来生产，无论是否自制，原有的固定成本总是要发生的，因此，自制方案一般不需要考虑原有固定成本。但是，如果需要新追加固定成本，则新追加的固定成本则是与决策相关的成本。

（2）如果剩余生产能力有其他用途，则必须考虑机会成本。

【例 4-10】 某电器公司每年需用 A 零件 1 000 个，如向市场购买，每个零件的单价为 20 元，每个运费 1 元，外购一次差旅费 2 000 元，每年采购两次。如果外购生产 A 零件的设备可以出租，租金 3 000 元，如自制，预计每个零件的生产成本资料如下：

直接材料 8 元，直接人工 6 元，变动制造费用 3 元，固定制造费用 5 元，单位生产成本 22 元，另外每月还需要追加 300 元的固定成本。

要求：作出 A 零件是自制还是外购的决策。

解：自制 A 零件单位成本 22 元，其中直接材料、直接人工、变动制造费用属于相关成本。而 A 零件分摊的 5 元固定制造费用则属于无关成本，在决策时不考虑，但自制方案每月增加的专属成本 300 元则是相关成本，出租设备获得的 3 000 元租金则是自制方案的机会成本。外购方案的购价、运输费属于变动成本，外购的差旅费为外购方案的专属成本，都需要考虑，由于 A 零件需用量确定，可使用相关成本分析法。编制成本分析表，如表 4-10 所示。

表 4-10　成本分析表

方案 项目	自制	外购
变动成本	17 000	21 000
专属成本	3 600	4 000
机会成本	3 000	
相关成本合计	23 600	25 000

自制方案比外购方案低 1 400 元，应选择自制方案。

【例 4-11】 某企业需要一种零件，可自制也可外购。外购单价（含运费）50 元，外购每年固定的采购费用 20 000 元。自制的单位变动成本 38 元，自制每年需要追加专属固定成本 44 000 元。

要求：分析在什么情况下自制，在什么情况下外购。

解：由于零件的需求不确定，只能采用成本平衡点分析法。

$$成本平衡点业务量=44\,000-20\,000/50-38=2\,000(件)$$

根据计算可知，当零件的需要量为 2 000 件的时候，两种方案的成本相等，由于外购方案的固定成本较低，所以当零件的需求量在 2 000 件以下时，外购方案总成本较低，自制方案的固定成本较高，但其变动成本较低，所以需求量在 2 000 件以上时，自制方案总成本较低，应选择自制。

四、特殊价格追加订货的决策分析

从长期经营的角度看，单位产品的销售价格应该高于生产和销售该产品的全部成本。但在企业存在闲置生产能力的情况下，如果某客户提出以低于正常销售价格，甚至低于产品完全成本的特殊价格订货时，企业是否应该接受该订单？对此，应根据不同情况做出具体分析。

当特殊订货不影响正常销售，闲置的生产能力又无其他用途，而且也不需要追加专属成本时，只要特殊订货的单价大于该产品的单位变动成本，也即特殊订货能产生边际贡献时，就可以接受该特殊订货。如果特殊订货的单价小于该产品的单位变动成本，就不应接受该特殊订货。原因在于，由于特殊订货是利用闲置的生产能力进行生产，通常固定成本不受特殊订单的影响，只有变动成本才受特殊订单的影响，因此，特殊订货方案的相关成本中不应考虑固定成本，特殊订货产生的边际贡献可全部为企业带来营业利润。

当特殊订货不影响正常销售，而且闲置的生产能力无其他用途，但接受订货需要追加专属固定成本，接受此特殊订货的条件是该方案产生的边际贡献应大于专属成本，也就是特殊订货方案的相关损益应大于零。

如果闲置的生产能力具有其他用途，则应将在其他用途上产生的收益作为接受特殊订货方案的机会成本。

【例 4－12】 某汽车配件公司生产一种汽车配件，其年最大生产能力为 110 000 件。该产品的正常销售价格为每件 80 元，单位变动生产成本为 55 元。根据正常订货需求，2010 年度的预算销售量为 100 000 件，全年预算固定制造费用为 1 000 000 元，则每件产品分摊固定制造费用 10 元，产品单位完全成本为 65 元。预算执行年度中间，有一客户向该公司发来一特殊订单，其要求的价格为每件 64 元，而且此项订货不需要增加变动销售费用。

要求：就以下各不相关的订货数量方案作出是否接受该特殊订货的决策：

（1）订货 10 000 件，且闲置生产能力无其他用途；

（2）订货 11 000 件，且闲置生产能力无其他用途；

（3）订货 10 000 件，且目前有一企业打算租用该公司闲置的生产设备，并愿意支付租金 60 000 元；

（4）订货 11 000 件，且目前有一企业打算租用该公司闲置的生产设备，并愿意支付租金 60 000 元。此外，由于该特殊订货对产品加工工艺有额外要求，公司需要购入一台价值 40 000 元的专用设备，而且这台设备只能用于该特殊订货。

解：（1）从表面上看，该特殊订货的价格 64 元比正常价格 80 元低很多，甚至比产品的单位完全成本 65 元还要低，接受此特殊订货会给企业带来损失。但从管理会计角度来分析，由于该特殊订货是利用闲置生产能力生产，不会增加固定成本，而且特殊订货量 10 000 件在生产能力范围之内，不会影响正常销售，同时该特殊订货的价格 64 元也比产品单位变动生产成本 55 元大，因而接受该特殊价格订货会给企业带来 90 000 元的边际贡献，从而使企业多获得收益 90 000 元。

（2）由于闲置生产能力只能生产 10 000 件产品，特殊订货量 11 000 件超过了生产能力 1 000 件。若接受该特殊订货将会减少正常销售 1 000 件，由此而减少正常销售 1 000 件的边际贡献应作为接受特殊订货的机会成本。编制相应损益分析表，如表 4－11 所示。

表 4－11　损益分析表

	接受追加订货	拒绝追加订货	差异额
相关收入	704 000	0	704 000
相关成本	630 000	0	630 000
其中：增量成本	605 000	0	
机会成本	25 000	0	
差别损益			74 000

从计算分析来看，接受订货可以比拒绝订货多获得 74 000 的利润，因此应该接受订货。

（3）特殊订货量 10 000 件在生产能力范围之内，但目前企业有一出租闲置设备的机会，若接受该特殊订货将会放弃出租，由此而放弃的租金收入 60 000 元应作为接受特殊订货的机会成本。编制相关损益分析表，如表 4－12 所示。

表 4－12　损益分析表

	接受追加订货	拒绝追加订货	差异额
相关收入	640 000	0	640 000
相关成本	610 000	0	610 000
其中：增量成本	550 000	0	
机会成本	60 000	0	
差别损益			30 000

从计算分析来看，接受订货可以比拒绝订货多获得 30 000 元的利润，因此应该接受订货。

（4）由于接受该特殊订货需要购入一台专用设备，由此会增加专属成本 40 000 元。同时，接受该特殊订货还会产生两项机会成本，一是由此而减少正常销售 1 000 件的边际贡献，二是放弃的租金收入。编制相关损益分析表，如表 4－13 所示。

表 4－13　损益分析表

项目	接受追加订货	拒绝追加订货	差异额
相关收入	704 000	0	704 000
相关成本	730 000	0	730 000
其中：增量成本	605 000	0	
机会成本	85 000	0	
专属成本	40 000	0	
差别损益			－26 000

由计算可知如果接受该特殊价格订货，将会产生 26 000 元的损失，从而使企业的全部收益减少 26 000 元，因而不应接受该特殊价格的订货，而应将闲置的设备出租。

五、半成品是否深加工的决策

在多步骤生产的企业,半成品完成了某道加工程序后就可以直接对外出售,也可以继续加工成产品后再对外出售。例如,卷烟厂可以把烟叶加工成烟丝出售给有需要的企业,也可以加工成卷烟后再对外出售。这个时候,企业就面临两个选择,是应该把半成品直接出售还是继续加工成产品后再出售。半成品直接销售不需要追加成本,但售价较低,继续加工方案需要追加成本,但其售价较高。我们可以通过差别分析法来进行决策,看看哪种方案能为企业带来更多的收益。

在半成品是否深加工的决策中,深加工前的半成品成本,不管是固定成本还是变动成本,都属于无关成本,相关成本只包括与深加工直接有关的成本。

【例 4－13】 某公司每年生产甲半成品 8 000 件,甲半成品单位变动成本 4 元,固定成本 16 000 元,销售单价 10 元,如果把甲半成品继续加工成甲产成品,销售单价可以提高到 15 元,但需要追加单位变动成本 2 元,追加固定成本 20 000 元,若不进一步加工,可以将追加固定成本的钱用来购买债券,每年可获得利息 3 000 元。

要求:做出甲半成品是直接出售还是继续加工成甲产成品的决策分析。

解:根据题意作出差别损益分析表,如表 4－14 所示。

表 4－14　损益分析表

单位:元

项目	深加工为甲产成品	直接出售甲半成品	差异额
相关收入	8 000×15＝120 000	8 000×10＝80 000	40 000
相关成本合计	39 000	0	39 000
其中:增量成本	8 000×2＝16 000	0	
专属成本	20 000	0	
机会成本	3 000	0	
差别损益			1 000

通过计算,我们可以看到,深加工决策与直接出售半成品的差别损益为 1 000 元,即继续深加工可比直接出售多获得 1 000 元的利润,因此,应该选择深加工方案。

六、定价决策

在市场经济中,企业的一切生产经营活动都会直接或间接受到价格的影响。一般说来,企业产品的销售价格直接影响着产品销售量、单位销售成本和销售利润。在销售量一定的条件下,销售单价越高,销售总收入就越多;但售价定得太高,会影响产品的销路,使销售量减少;这样,单位产品的成本又会随销售量的下降而提高。相反,销售单价如定得太低,又难以补偿成本的开支,当然也就无法保证企业目标利润的实现。因此,企业管理当局必须做出合理的定价决策,以保证企业的长远利益和最佳经济效益的实现。

(一) 完全成本加成定价法

完全成本加成定价法是一种传统的定价方法,是在全部成本法计算的产品成本的基础上,加上按目标利润率计算的利润额所确定的价格。完全成本加成定价法计算公式如下:

价格＝单位产品完全成本＋单位产品完全成本×成本利润率
＝单位产品完全成本×(1＋成本利润率)　　(4－4)

【例4－14】 某公司拟采用完全成本加成法制定甲产品的销售价格。甲产品单位成本的有关资料如表4－15所示,该企业希望获得的甲产品成本利润率为10%。

要求:计算甲产品的销售价格。

表4－15　甲产品单位成本表　　单位:元

项目	金额
直接材料	500
直接人工	300
变动制造费用	150
固定制造费用	320
变动期间费用	90
固定期间费用	160
单位产品完全成本合计	1 520

解: 甲产品销售价格＝1 520×(1＋10%)＝1 672(元)

即根据计算把产品的价格确定为1 672元。

完全成本加成定价法是企业较常用的定价方法,简便易行,资料容易取得。根据完全成本定价,能够保证企业所耗费的全部成本得到补偿,并在正常情况下能获得一定的利润。

(二) 变动成本加成定价法

变动成本加成定价法即在定价时只计算变动成本,而不计算固定成本,在变动成本的基础上加上预期的边际贡献。这种定价方法实质上是把单位变动成本作为定价下限。根据此方法计算的销售价格可能获得利润,也可能无法获得利润,能否获得利润取决于所确定的单位边际贡献的多少。在销售量相对稳定的前提下,如果确定的单位边际贡献大于单位固定成本,则能获得利润;反之就不能获得利润。

这种定价方法一般在卖主竞争激烈时采用。因为这时如果采取全部成本加成定价法,必然会因为价格太高影响销售,出现产品积压。采用变动成本加成定价法,一般价格要低于全部成本加成法,所以容易迅速扩大市场。这种定价方法,在产品必须降价出售时特别重要,因为只要售价不低于变动成本,说明生产可以维持;如果售价低于变动成本,就是生产越多亏本越多。在产品投放市场的初期,为占领市场,企业就可以采用此方法来确定产品销售价格,而不管其是否能够盈利,或者是产品滞销又不能马上转产的情况。因为只要单位售价大于单位变动成本就能创造边际贡献,就可以为弥补企业的固定成本做出贡献。

变动成本加成定价法的计算公式为:

销售价格＝单位变动成本＋单位边际贡献
＝单位变动成本/(1－边际贡献率)　　(4－5)

【例4－15】 引用**【例4－14】**中的资料,假如该公司生产的甲产品在市场上严重饱和,其他企业纷纷降价,该企业为保住原有的市场份额,也需要采取降价措施,只要单位乙产品能有100元的边际贡献就可以销售。

要求：采用变动成本加成法计算乙产品的销售价格。

解：乙产品的单位变动成本＝500＋300＋150＋90＝1 040(元)

乙产品的销售价格＝1 040＋100＝1 140(元)

根据计算，甲产品把价格降低为 1 140 元，可保证每件产品 100 元的边际贡献。

任务小结

任务考核：

1. 按照决策所涉及时间的长短，可将决策分为哪两类？
2. 决策的相关成本有哪些？试举例说明。
3. 边际贡献法的应用。
4. 差别分析法的应用。
5. 成本平衡法的应用。
6. 如何进行生产品种决策？
7. 如何进行产品定价决策？

一、名词解释

决策　确定型决策　风险型决策　机会成本　沉没成本　付现成本　差别成本　专属成本　相关成本　无关成本

二、单选题

1. 将决策分为确定型决策、风险型决策和不确定决策是按(　　)进行的分类。

   A. 决策本身的重要程度　　B. 决策条件的肯定程度

   C. 决策规划时期的长短　　D. 决策解决问题的内容

2. 在下列成本中，属于无关成本的是(　　)。

   A. 沉没成本　　B. 专属成本

   C. 机会成本　　D. 付现成本

3. 增量成本是指由于业务量增加而增加的(　　)。

   A. 固定成本　　B. 变动成本

   C. 混合成本　　D. 完全成本

4. 在相关范围内，边际成本实质上就是(　　)。

   A. 变动成本总额　　B. 固定成本总额

   C. 单位变动成本　　D. 单位固定成本

5. 在下列成本中，与专属成本相对立的是(　　)。

   A. 沉没成本　　B. 共同成本

   C. 重置成本　　D. 付现成本

6. 采用边际贡献法进行决策时，应从边际贡献中扣除(　　)。

   A. 专属固定成本　　B. 共同固定成本

   C. 变动成本　　D. 混合成本

7. 差别收入减去差别成本后的余额为(　　)。

   A. 边际成本　　B. 增量成本

C. 安全边际　　D. 差别损益

8. 成本平衡点业务量表示两个方案(　　)。

A. 总成本不相等　　B. 单位成本不相等

C. 总成本相等　　D. 单位成本相等

9. 如果预计未来的业务量在成本平衡点之下时,则应选择的方案是(　　)。

A. 固定成本较高　　B. 固定成本较低

C. 成本平衡点较高　　D. 成本平衡点较低

10. 在生产能力无法转移的情况下,如果亏损产品能够产生边际贡献,则(　　)。

A. 立即停产　　B. 继续生产

C. 立即停产和继续生产均可　　D. 无法做出决策

11. 企业去年生产某亏损产品的贡献边际 3 000 元,固定成本 1 000 元,假定今年其他条件不变,但生产该产品的设备可对外出租,当租金收入为(　　)元时,应停产该种产品。

A. 2 001　　B. 3 100　　C. 1 999　　D. 2 900

12. 在产品加工程度的决策分析中,深加工前的半成品、联产品的成本都属于(　　)。

A. 沉没成本　　B. 机会成本

C. 付现成本　　D. 专属成本

13. 在零部件自制或外购的决策中,如果零部件的需用量尚不确定,应当采用的决策方法是(　　)。

A. 边际贡献分析法　　B. 差别分析法

C. 相关成本分析法　　D. 成本平衡点分析法

14. 在短期经营决策中,企业不接受特殊价格追加订货的原因是买方出价低于(　　)。

A. 正常价格　　B. 单位产品成本

C. 单位变动成本　　D. 单位固定成本

15. 变动成本加成定价法是以单位变动成本为基础,然后再加上一定数额的(　　)。

A. 单位利润　　B. 利润总额

C. 单位边际贡献　　D. 边际贡献总额

三、多选题

1. 在下列成本中,属于相关成本的有(　　)。

A. 付现成本　　B. 专属成本

C. 增量成本　　D. 共同成本

2. 在下列条件中,具备风险型决策特征的有(　　)。

A. 备选方案的有关条件是不完全确定的

B. 备选方案的有关条件存在着多种状况

C. 备选方案的结果具有不唯一性

D. 只能估测出主观概率

3. 在下列条件中,具备机会成本特征的有(　　)。

A. 所放弃的方案的潜在收益

B. 所放弃的方案的成本

C. 财务会计核算时,应将机会成本入账

D. 财务会计核算时，机会成本不能入账

4. 采用贡献毛益分析时，能够作为评价标准的指标有（　　）。

A. 单位贡献毛益　　B. 贡献毛益总额

C. 剩余贡献毛益总额　　D. 单位资源贡献边际

5. 差别分析法涉及的指标有（　　）。

A. 差别收入　　B. 差别成本

C. 差别损益　　D. 边际收入

6. 相关成本分析法在各个备选方案收入相同的前提下，需要分析每个备选方案（　　）。

A. 新增加的变动成本　　B. 新增加的固定成本

C. 增量成本　　D. 专属成本

7. 在下列条件中，能够作为应用成本平衡点分析法的前提（　　）。

A. 备选方案业务量不能事先确定　　B. 备选方案业务量可以事先确定

C. 各备选方案的预期收入不等　　D. 备选方案不直接产生收入

8. 在下列决策分析的方法中，属于短期经营决策分析方法的有（　　）。

A. 成本平衡点分析法　　B. 贡献毛益分析法

C. 差别分析法　　D. 相关成本分析法

9. 采用变动成本加成定价法计算的单位产品售价（　　）。

A. 可能获得利润　　B. 可能没有利润

C. 包括贡献毛益　　D. 不包括贡献毛益

10. 采用完全成本加成定价法计算的单位产品售价（　　）。

A. 包括利润　　B. 不包括利润

C. 包括单位变动成本　　D. 包括单位固定成本

四、判断题

1. 按决策的肯定程度分类，可以将决策分为战略决策和战术决策。（　　）
2. 在确定型决策中，一个方案只会有一个确定的结果。（　　）
3. 付现成本是指已经用现金支付的成本。（　　）
4. 专属成本是与共同成本相对立的成本。（　　）
5. 沉没成本属于无关成本。（　　）
6. 差别成本是指两个备选方案之间的成本差异数。（　　）
7. 成本平衡点是指两个方案单位成本相等时的业务量。（　　）
8. 生产决策属于长期投资决策。（　　）
9. 在新产品品种决策中，如果剩余生产能力可以转移，应考虑机会成本。（　　）
10. 在特殊价格追加订货决策中，单位变动成本应该是价格的底线。（　　）

五、计算题

1. 某企业现有20%的剩余生产能力，准备用来生产甲产品或乙产品。预计甲产品最大产量为3 000件，单位产品售价为700元，单位变动成本为600元，需发生专属固定成本60 000元；预计乙产品最大产量为5 000件，单位产品售价为400元，单位变动成本为320元，需发生专属固定成本100 000元。该企业目前年固定成本总额为400 000元。

【要求】 根据上述资料做出选择何种产品进行生产的决策。

2. 已知:某企业具备利用某种数量有限的甲材料开发一种新产品的生产经营能力,现有A、B两个品种可供选择。A品种的预计单价为200万元,单位变动成本为160万元,消耗甲材料的消耗定额为10千克/件;B品种的预计单价为100万元,单位变动成本为70万元,消耗甲材料的消耗定额为6千克/台。开发新品种不需要追加专属成本。

【要求】 根据上述资料做出开发何种新品种的决策。

3. 某企业生产A产品,最大设计生产能力为年产量20 000件,由于订货量不足,实际年产量只有12 000件,年固定成本为10 000元。A产品的单位产品售价为200元,单位变动成本为150元。现有一客户提出以每件190元的价格,订购5 000件A产品。

【要求】 做出是否接受这5 000件特定价格的追加订货的决策。

4. 已知:某企业每年需用A零件2 000件,原由辅助车间组织生产,年总成本为19 000元,其中,固定生产成本为7 000元。如果改从市场上采购,单价为8元,同时将剩余生产能力出租,可获得租金2 000元。

【要求】 根据上述资料为企业做出自制或外购A零件的决策。

5. 某企业常年组织生产甲半成品,其单位成本为80万元/件,市场售价为100万元/件,年产量1 000件。甲半成品经过深加工可加工成市场售价为200万元的乙产成品,每完成一件乙产成品另需追加变动性的加工成本80万元。

假定甲与乙的投入产出比为1∶1;企业已具备将全部甲半成品深加工为乙产成品的能力,且无法转移。

【要求】 根据资料做出甲半成品是否需要深加工的决策分析。

6. 某企业因开拓市场准备采用变动成本加成定价法制定甲产品的单位产品售价。甲产品的单位成本的有关数据预计如下:

直接材料80元

直接人工30元

变动制造费用10元

固定制造费用30元

变动期间费用20元

固定期间费用30元

该企业每件产品希望获得40元的边际贡献

【要求】 按照变动成本加成定价法计算甲产品的单位产品售价。

六、案例分析

1. 江海文体公司生产某种乒乓球拍,年销量为100 000副,每副售价为7元,生产能力尚有50 000副的潜力,最近有一国外订单,要求订购60 000副,单价为5元,客户提出订单是一整体,可以接受或不接受,但不能变动供应数量,年产量100 000副的成本如下(单位:元):

直接材料	400 000
直接人工	30 000
变动制造费用	10 000
固定制造费用	100 000
变动期间费用	10 000
固定期间费用	50 000

总成本　　　　　　600 000
单位成本　　　　　　　6

对此项订货,公司内进行讨论:

销售部经理认为,为了满足出口需要,内销减少 10 000 副是可以的,但要损失 20 000 元不合算(原单价 7 元,出口单价 5 元,每副少 2 元)。

生产部经理认为不应影响国内销售,他可以动员工人加班,只要支付 26 000 元加班工资就可以增产 10 000 副产品。

会计部经理认为生产 150 000 副的单位成本为 5.5 元,生产 160 000 万副的单位成本为 5.6 元,都比售价高,不应接受该订单。

你认为应不应该接受这一订单?为什么?这三种意见你认为哪一种较合理?

2. 华海自行车厂为一老牌自行车生产厂家,其生产的普通自行车在 90 年代十分畅销,21 世纪以来,电动自行车以其经济灵活快速方便,迅速抢占了市场,所以华海自行车厂决策者也看准了商机,迅速的投入到电动自行车的生产行列,并且取得了不错的成绩,但是令华海车厂领导们犯难的事是,由于现在市面上的普通自行车需求量越来越少,又由于投产电动自行车后,没有继续对普通自行车设备进行投资,其生产的自行车满足不了市场的需要,销量不好,开始出现亏损,就有人提议,停止生产普通自行车,可如果真停止了普通自行车的生产,设备老旧,又没有其它的用途。销售部门通过对市场的观察后预测了 2014 年的销量,生产部门提供了成本资料,下面是由会计人员做出的 2014 年的利润预测,如表 4-16 所示。

表 4-16　损益计算表　　单位:万元

项目 \ 品种	电动自行车	普通自行车	合计
销售收入	1 000	100	1 100
生产成本			
直接材料	200	30	230
直接人工	70	15	85
变动制造费用	60	8	68
固定制造费用	100	40	140
非生产成本			
变动期间费用	120	12	132
固定期间费用	240	16	256
总成本	790	121	911
利润	210	−21	189

根据上面的资料,你来给华海自行车厂出出主意,普通自行车到底是继续生产合适还是停产合适?

项目五　长期投资决策分析

任务目的

了解长期投资决策的概念、特点及意义；
熟悉现金流量和资金时间价值的概念；
掌握资金成本的含义及其计算方法；
掌握复利现值、年金现值的计算公式和资金时间价值系数表的运用；
重点掌握针对不同类型的投资项目计算净现金流量的技巧和方法；
掌握长期投资决策分析的方法。

任务分析

能够计算长期投资现金净流量；
能够计算长期投资所需资金的平均成本；
能够利用资金时间价值进行现值计算；
会计算长期投资决策的各种指标。

案例导入

秘鲁国家矿业公司决定将其西南部的一处矿产开采权公开拍卖，因此，它向世界各国煤炭企业招标开矿。英国的托特纳姆公司和西班牙的巴塞罗那公司的投标书最具有竞争力。托特纳姆公司的投标书显示，该公司如取得开采权，从获得开采权的第一年开始，每年年末向秘鲁政府交纳10亿美元的开采费，直到10年后开采结束。巴塞罗那公司的投标书显示，该公司如取得开采权，先直接付给秘鲁政府40亿美元，在8年开采结束后，再付给秘鲁政府60亿美元。如果秘鲁政府要求的开矿年投资回报率达到15%，请问秘鲁政府应接受哪个公司的投标?

上述案例是一个典型的长期投资项目决策问题。本项目将从分析长期投资决策的影响因素、评价指标等问题入手，进一步讨论长期投资决策的简单分析与应用，以帮助我们对学习、生活与工作中的类似问题做出正确的决策。

任务实施一　长期投资决策的有关概念

一、长期投资决策的概念、特点及意义

(一) 长期投资决策的概念

长期投资决策是指拟定长期投资方案，用科学的方法对长期投资方案进行分析、评价，并选择最佳长期投资方案的过程。长期投资决策是涉及企业生产经营全面性和战略性问题的决策，其最终目的是为了提高企业总体经营能力和获利能力。因此，长期投资决策的正确进行，有助于企业生产经营长远规划的实现。

(二) 长期投资决策的特点

1. 长期投资决策占用资金庞大；
2. 从内容方面来看，长期投资决策主要是对企业固定资产方面进行的投资决策；
3. 长期投资决策的效用是长期的；
4. 长期投资决策具有不易逆转性，如果投资正确，形成的优势可以在较长时期内保持。

(三) 长期投资决策的分类

1. 按投资决策经营范围的不同

长期投资决策按其经营范围的不同，可分为战略性的投资决策和战术性的投资决策。

战略性投资决策是指对整个企业的业务经营发生重大影响的投资决策(如上新生产线、开发新产品)。

战术性投资决策是指对整个企业的业务、经营方面并不发生重大影响的投资决策。

2. 按照投资内容的不同

长期投资决策按其内容的不同，可分为固定资产的投资决策和有价证券的投资决策。

3. 按投资目的的不同

投资目的的不同，长期投资项目可分为资产更新项目、扩大经营项目和法定投资项目。

4. 按投资项目之间相互关系的不同

按照长期投资项目之间的关系不同，可分为独立项目、互斥项目和关联项目。

独立项目：某一项目的决策不会对其他项目产生影响。

互斥项目：某一项目的决策将对其他项目产生相反影响。

关联项目：某一项目的存在必须依赖于其他项目的实施。

(四) 长期投资决策的意义

长期投资决策所涉及的项目通常要求支出大量资金，对企业会产生较长时间的影响，直接影响企业未来的长期效益与发展，有些长期投资决策还会影响国民经济建设，甚至影响全社会的发展。良好的决策可以促进企业发展，提高企业的获利能力和竞争能力；同样，不恰当的决策会使企业面临困境，甚至导致企业破产清算，因此，长期投资决策在企业管理中占有非常重要的地位。

二、现金流量

(一) 现金流量的含义

现金流量是指投资项目在其计算期内各项现金流入量和现金流出量的统称。现金流量的计算是以收付实现制为基础的。现金流量中的“现金”是广义的，包括各种货币资产和与投资项目有关的非货币资产的变现价值。

(二) 现金流量图

每一个具体的投资项目都包含着一些在不同时刻发生的现金的流入和流出，因此现金流量常常表现为在不同时点具有不同价值的多重货币流通的情况。为了便于研究、分析和计算现金流量，常采用一种简单的图解法，把不同时点的多重现金流，以简洁的方式表示出来，这就是现金流量图，如图 5－1 所示。

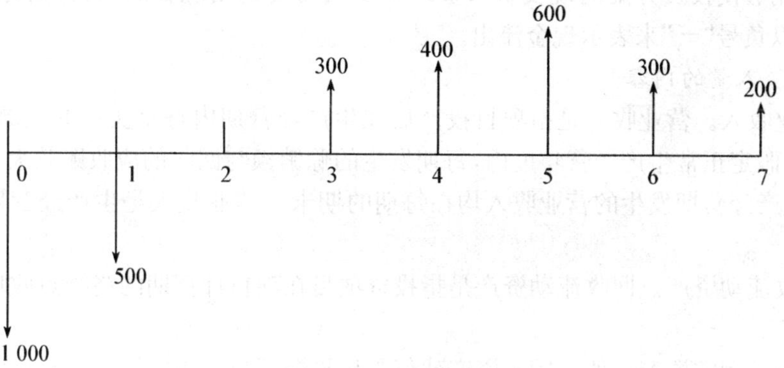

图 5－1　现金流量图

现金流量图的特点为：

1. 以水平线为时间标度，时间的推移是自左向右。第一期的期末与第二期的期初相重合，以此类推。

2. 箭头表示现金流动方向，箭头向下表示现金流出，箭头向上表示现金流入。

3. 现金流量与角度有关。例如：企业向银行贷款 50 万元。对企业而言 50 万元为现金流入，对银行而言 50 万元为现金流出。

(三) 确定现金流量的假设

1. 全投资假设。假设在确定项目的现金流量时，只考虑全部投资的运动情况，而不具体区分自有货币和借入货币等具体形式的现金流量。即使实际存在借入货币也将其作为自有货币对待。

2. 建设期投入全部货币假设。不论项目的原始总投资是一次投入还是分次投入，除个别情况外，假设它们都是在建设期内投入的。

3. 经营期与折旧年限一致假设。假设项目主要固定资产的折旧年限或使用年限与经营期相同。

4. 时点指标假设。为便于利用货币时间价值形式，不论现金流量具体内容所涉及的价值指标实际上是时点指标还是时期指标，均假设按照年初或年末的时点指标处理。其中，建设投资在建设期内有关年度的年初或年末发生，流动货币投资则在经营期期初(年初)发生；经营期内各年的收入、成本、折旧、摊销、利润、税金等项目的确认均在年末发生；项目最终报废或清理均发生在终结点(但更新改造项目除外)。

5. 确定性假设。假设与项目现金流量有关的价格、产销量、成本水平、企业所得税税率等因素均为已知常数。

6. 项目计算期假设。投资项目从开始建设到最后报废清理结束的全部时间称为项目计算期。项目计算期分为建设期和生产经营期两个阶段。项目计算期的第一年年初记为零点，称为建设起点，项目计算期的最后一年年末称为终结点。假定项目最终报废清理均发生在终结点。

(四) 现金流量的内容

投资项目的现金流量包括现金流入量和现金流出量。现金流入量是指能够使投资方案的现实货币资产增加的项目，简称为现金流入。一般情况下以正号"＋"来表示现金流入。现金流出量是指能够使投资方案的现实货币资产减少或需要动用现金的项目，简称为现金流出。一般情况下以负号"－"来表示现金流出。

1. 现金流入量的内容

(1) 营业收入。营业收入是指项目投产后在生产经营期内每年实现的全部营业收入，为了简化计算，假定正常生产经营年度内，每期发生的赊销额与回收的应收账款大致相等。根据时点假设，生产经营期发生的营业收入均在每期的期末。营业收入是生产经营期主要的现金流入量项目。

(2) 回收流动资产。回收流动资产是指投资项目在项目计算期的终结点收回原来垫付的全部流动资产。

(3) 回收的固定资产残值。固定资产残值是指投资项目的固定资产在报废清理时的残值收入或中途转让时的变价收入。此现金流入一般发生在项目计算期的终结点。

(4) 其他现金流入量。其他现金流入量是指以上三项指标以外的现金流入量，如项目交的税金退回或国家特殊项目的补贴等。

2. 现金流出量的内容

(1) 建设投资。建设投资是指在项目建设期内所发生的固定资产、无形资产和开办费等投资。固定资产投资加上建设期资本化利息为固定资产原值，但建设期的利息并不支付，所以不作为现金流出。建设投资是建设期发生的主要现金流出量。

(2) 垫付的流动资金。垫付的流动资金是指投资项目建成投产后为开展正常生产经营活动而投放在流动资产上的周转货币。流动资金一般是在项目开始投产时投入的，但要到项目终结点才能全额收回，不是只收回其中一部分，而是全部收回。

(3) 经营成本。经营成本是指在投资项目生产经营期内每年发生的用现金支付的成本，简称付现成本。它是生产经营期内最主要的现金流出量。

(4) 支付的各项税款。支付的各项税款是指在投资项目生产经营期内实际支付的各项税款，包括所得税、营业税等税款。

(5) 其他现金流出量。其他现金流出量是指不包括在以上内容中的现金流出项目。如营业外净支出等。

(五) 现金净流量的计算

现金净流量又称净现金流量(*NCF*)，是指在项目计算期内每年现金流入量与现金流出量的差额。如果现金流入量大于现金流出量，现金净流量大于零，用正号“＋”表示现金净流量为流入量；如果现金流入量小于现金流出量，现金净流量小于零，用负号“－”表示现金净流量为流出量。

现金净流量的计算公式为：

某年现金净流量(NCF)＝该年现金流入量－该年现金流出量　　(5－1)

为了简化现金净流量的计算，可以根据项目计算期不同时期的现金流入量和现金流出量的具体内容，直接计算各时期的现金净流量。所以现金净流量分为建设期的现金净流量、生产经营期的现金净流量和生产经营期终结点的现金净流量。

1. 建设期现金净流量的简化计算公式为：

建设期某年现金净流量(NCF)＝－原始投资额

2. 生产经营期现金净流量的简化计算公式为：

生产经营期某年现金净流量(NCF)＝营业收入－付现成本－所得税

＝营业收入－(总成本－折旧额)－所得税

＝税后利润＋折旧额

3. 生产经营期终结点现金净流量的简化计算公式为：

生产经营期终结点现金净流量(NCF)＝经营期现金净流量＋回收额

【例5－1】 A公司进行一项固定资产投资，在建设起点一次投入2 000万元，无建设期，该项目的生产经营期为10年，该固定资产报废时预计净残值为200万元。生产经营期每年预计获得税后利润470万元。固定资产按直线法计提折旧。

要求：计算该项目投资在项目计算期内各年的现金净流量。

解：固定资产年折旧额＝(2 000－200)÷10＝180(万元)

项目计算期＝建设期＋生产经营期＝0＋10＝10(年)

NCF_0＝－2 000(万元)

NCF_{1-9}＝470＋180＝650(万元)

NCF_{10}＝650＋200＝850(万元)

【例5－2】 某企业投资新建一个分厂，投资该项目所需资金均为贷款，固定资产总投资500万元，建设期为2年，第1年初投入300万元，第1年应计贷款利息30万元；第2年初投入200万元，第2年应计贷款利息55万元。第2年年末投入流动资产92万元，该项目的生产经营期为10年，预计期满报废时有净残值收入45万元。固定资产按直线法计提折旧。生产经营期各年实现的税后利润分别为21万元、23万元、38万元、45万元、50万元、59万元、62万元、54万元、40万元、24万元。

要求：计算该项目投资各年的现金净流量。

解：固定资产原值＝(300＋200)＋(30＋55)＝585(万元)

固定资产年折旧额＝(585－45)÷10＝54(万元)

项目计算期＝建设期＋经营期＝2＋10＝12(年)

NCF_0＝－300(万元)

NCF_1＝－200(万元)

NCF_2＝－92(万元)

NCF_3＝21＋54＝75(万元)

$NCF_4=23+54=77$(万元)

$NCF_5=38+54=92$(万元)

$NCF_6=45+54=99$(万元)

$NCF_7=50+54=104$(万元)

$NCF_8=59+54=113$(万元)

$NCF_9=62+54=116$(万元)

$NCF_{10}=54+54=108$(万元)

$NCF_{11}=40+54=94$(万元)

$NCF_{12}=24+54+45+92=215$(万元)

【例 5-3】 某公司购置一台现代化设备,价值 530 万元,建设期 1 年,第 1 年年末投入流动资产 80 万元。该项目生产经营期为 10 年,固定资产按直线法计提折旧,期末残值为 30 万元。预计投产后,公司前 5 年每年发生 600 万元的营业收入,并发生付现成本 400 万元;后 5 年每年发生 900 万元的营业收入,并发生付现成本 600 万元。所得税税率为 40%。

要求:计算该项目投资各年的现金净流量。

解:固定资产年折旧额=(530-30)÷10=50(万元)

项目计算期=建设期+生产经营期=1+10=11(年)

$NCF_0=-530$(万元)

$NCF_1=-80$(万元)

$NCF_{2-6}=(600-400-50)\times(1-40\%)+50=140$(万元)

$NCF_{7-10}=(900-600-50)\times(1-40\%)+50=200$(万元)

$NCF_{11}=200+30+80=310$(万元)

三、资金成本

长期投资一般需投入大量资金,而资金是不能无偿使用的,使用资金必须付出代价,也就是说要负担成本。资金成本是衡量企业投资是否可行的重要因素之一。由于企业取得或使用资金的期限不同、数额不同、渠道不同,为了便于比较,资金成本通常指的是年资金成本,大小用百分比表示。

资金成本在长期投资决策中非常重要,因为它是一个投资项目是否接受的最低报酬率,又称为取舍率。也就是说,如果一个投资项目所获得的预期收益大于资金成本,说明取得或使用该项资本可行;反之,则不可行。

资金成本是一种机会成本,企业从不同来源取得的资金成本一般是不同的,而企业长期投资的资金来源又是多种多样的,为了使决策者能根据资金成本来评价投资项目是否可行,可计算其"综合资金成本",即"加权平均资金成本"。它主要是以各种来源的资金占总资金的比重为权数,对各项资金的成本分别进行加权,然后加以总计而求得的。计算公式如下:

$$加权平均资金成本=\sum(某项资金来源的比重\times某项资金来源的资金成本) \quad (5-2)$$

【例 5-4】 假定某厂有一长期投资项目,预计其资金支出总额为 2 000 万元,共有五种资金来源,每种来源的金额及资金成本的数据如表 5-1 所示。

表 5-1　某厂资金来源表

资金来源	金额(万元)	资金成本
长期借款	220	9%
债券	280	8%
优先股	300	10%
普通股	1 000	12%
留存收益	200	12%
合计	2 000	—

解:根据表 5-1 资料,各种资金来源的比重为:

长期借款占总资本的比重=220÷2 000=11%

债券占总资本的比重=280÷2 000=14%

优先股占总资本的比重=300÷2 000=15%

普通股占总资本的比重=1 000÷2 000=50%

留存收益占总资本的比重=200÷2 000=10%

加权平均资金成本=11%×9%+14%×8%+15%×10%+50%×12%+10%×12%=10.81%

任务实施二　资金时间价值

任何企业的投资活动都有其特定的时间因素。资金时间价值是投资活动中的一个重要概念,也是资金使用中必须认真考虑的一个标准。

一、资金时间价值的概念

资金时间价值(Time Value of Money)是指资金在周转使用过程中由于时间因素而形成的差额价值,即资金在生产经营中带来的增值额。

资金时间价值可以用绝对数表示,也可以用相对数表示,即以利息额或利息率来表示。但是在实际工作中对这两种表示方法并不做严格的区别,通常以利息率来进行计量。利息率的实际内容是社会资金利润率。各种形式的利息率(如贷款利率、债券利率等)的水平,就是根据社会资金利润率确定的。但是,一般的利息率除了包括资金时间价值因素外,还要包括风险价值和通货膨胀因素。资金时间价值通常被认为是没有风险和没有通货膨胀条件下的社会平均利润率,这是利润平均化规律作用的结果。所以,作为资金时间价值表现形态的利息率,应以社会平均资金利润率为基础,而又不应高于这种资金利润率。

二、资金时间价值的计算

资金时间价值一般用终值(Future Value)和现值(Present Value)两个概念来表示不同时期的价值。终值是指货币经过一定时间之后的价值,包括本金和时间价值,又称“本利和”。

“现值”是指以后年份收到或付出资金的现在价值。进行现值和终值的换算，有单利和复利两种方法。按付款方式又可分为等额系列付款和非等额系列付款两种。

(一) 单利终值和现值的计算

单利(Simple Interest)是指仅按本金计算利息，不论时间长短，其所生利息不再加入本金重复计算利息的方法。

1. 单利终值的计算

单利终值即本利和，是指若干期以后包括本金和利息在内的未来价值。其计算公式如下：

$$FV=PV+PV\times i\times n=PV\times(1+i\times n) \tag{5-3}$$

【例 5-5】 李某将 10 000 元存入银行，年利率为 6%，5 年到期后能从银行拿到的款项为：

解：$FV=10\ 000\times(1+6\%\times 5)=13\ 000$(元)

2. 单利现值计算

现值即现在价值，已知终值求现值，可用倒求本金的方法计算，在财务管理中可称作贴现(Discount)。其计算公式可由单利终值公式导出。

单利现值的计算公式如下：

$$PV=\frac{FV}{(1+i\times n)}=FV\times\frac{1}{(1+i\times n)} \tag{5-4}$$

【例 5-6】 王某要想 5 年后从银行取出 65 000 元，年利率为 6%，那么，现在应存入银行的款项为：

解：

$$PV=65\ 000\times\frac{1}{(1+6\%\times 5)}=50\ 000(\text{元})$$

(二) 复利终值和现值的计算

复利(Compound Interest)是指不仅本金要计算利息，每经过一个计息期，还要将所生利息加入本金再计算利息，逐期滚算，即俗称“利滚利”的利息计算方法。

1. 复利终值的计算

复利终值也称本利和。其计算公式如下：

$$FV_1=PV_0+PV_0\times i=PV_0\times(1+i)$$

$$FV_2=FV_1\times(1+i)=PV_0\times(1+i)\times(1+i)=PV_0\times(1+i)^2 \tag{5-5}$$

推导可得：

$$FV=PV\times(1+i)^n \tag{5-6}$$

【例 5-7】 张某将 10 000 元存入银行，年利率为 6%，复利计算，5 年后能从银行拿到的款项为：

解：

$$FV=PV\times(1+i)^5=10\ 000\times(1+6\%)^5=13\ 380(\text{元})$$

式中$(1+i)^n$ 为复利终值系数，或表示为$(F/P,i,n)$，可从复利终值系数表中查得。

因此，上述公式也可表示如下

$$FV=PV\times(F/P,i,n) \tag{5-7}$$

或可查表计算如下：

$$FV=10\ 000\times(F/P,6\%,5)=10\ 000\times1.338=133\ 80(\text{元})$$

实际工作中，应用复利计算要注意利率与期数的对应关系。如采用年利率，1 年期间期数为 1；如采用月利率，1 年期间期数应为 12。

2. 复利现值的计算

复利现值是指以后年份收到或付出资金的现在价值。其计算公式可由复利终值的计算公式导出。其公式如下：

$$PV=\frac{FV}{(1+i)^n}=FV\times\frac{1}{(1+i)^n} \tag{5-8}$$

式中 PV 为复利现值系数，或表示为 $(P/F,i,n)$，可从复利现值系数表查得。

$$PV=FV\times(P/F,i,n) \tag{5-9}$$

【例 5-8】 小张计划在 3 年后从银行取得 10 000 元，利息率为 5%，现在应存入银行的款项为：

解：

$$PV=FV\times\frac{1}{(1+i)^n}=10\ 000\times\frac{1}{(1+5\%)^3}=8\ 640(\text{元})$$

或可查表计算如下：

$$PV=FV\times(P/F,i,n)=10\ 000\times(\mathrm{P/F},5\%,3)=10\ 000\times0.864=8\ 640(\text{元})$$

(三) 年金复利终值和现值的计算

年金是指一定期间内每期相等金额的系列支出或收入。折旧租金、利息、保险费等都通常表现为年金的形式。年金按付款方式不同可分为普通年金、预付年金、递延年金、永续年金等。

1. 普通年金

普通年金又称后付年金，是指每期期末等额付款(或收款)的年金。

(1) 普通年金终值的计算。普通年金终值相当于零存整取的本利和，它是一定时期内每期期末等额支付款项(或收入款项)的复利终值之和。用 FV 表示年金终值，其计算公式如下：

$$FV=A+A(1+i)^1+A(1+i)^2+\cdots+A(1+i)^n=A\times\frac{(1+i)^n-1}{i} \tag{5-10}$$

式中，A 为年金数额；i 为利息率；n 为 A 的个数，FV 为年金终值。$\frac{(1+i)^n-1}{i}$ 为年金终值系数，或表示为 $(F/A,i,n)$，可从年金终值系数表查得。

因此，上述公式也可表示如下：

$$FV=A\times(F/A,i,n) \tag{5-11}$$

【例 5-9】 王某以零存整取的方式于每年年底存入银行 5 000 元。存款利率为 4%，试计算第 5 年年末年金终值。

解： $FV=5\ 000\times(F/A,4\%,5)=5\ 000\times5.416=27\ 080(\text{元})$

(2) 普通年金现值的计算。普通年金现值是指一定期间内每期期末等额支付款项(或收入款项)的复利现值之和。用 PV 表示年金现值，其计算公式如下：

$$PV=\frac{A}{(1+i)^1}+\frac{A}{(1+i)^2}+\cdots+\frac{A}{(1+i)^n} \tag{5-12}$$

年金现值公式同样可整理如下：

$$PV=A\times\frac{1-(1+i)^{-n}}{i} \tag{5-13}$$

式中，$\frac{1-(1+i)^{-n}}{i}$为年金现值系数。或表示为$(P/A,i,n)$，可从年金现值系数表查得。

所以，上述公式也可表示如下：

$$PV=A\times(P/A,i,n) \tag{5-14}$$

【例5-10】 李某希望连续3年内的每年年末从银行取款1 000元。银行利率为4%，则第1年年初应一次存入银行的金额为：

解：$PV=1\,000\times(P/A,4\%,3)=1\,000\times2.775=2\,775$(元)

2. 预付年金

预付年金又称先付年金或即付年金，是指在一定时期内，各期期初等额系列的付款(或收款)。

(1) 预付年金终值的计算。预付年金和普通年金的区别仅在于支付时点的不同，预付年金要比普通年金提前一个时点，因此，预付年金的终值要比普通年金的终值大。

n期预付年金与n期普通年金比较，两者付款期数相同，但预付年金终值比普通年金终值要多一个计息期。为求得n期预付年金的终值，可在求出n期普通年金终值后，再乘以$(1+i)$。其计算公式如下：

$$FV=A\times(F/A,i,n)\times(1+i) \tag{5-15}$$

【例5-11】 胡某每年年初存入银行10 000元，银行存款年利率为6%，试计算第10年年末他能从银行取回的款项(本利和)。

解：$FV=10\,000\times(F/A,6\%,10)\times(1+6\%)=10\,000\times13.181\times1.06=139\,719$(元)

(2) 预付年金现值的计算。n期预付年金现值与n期普通年金的现值可通过图5-2来比较。n期预付年金现值与n期普通年金现值的付款次数相同，但付款的时点不同，使得n期普通年金现值比n期预付年金现值多贴现一期。因此，可利用年金现值计算表先求出n期普通年金现值，然后再乘以$(1+i)$，便可求出n期预付年金的现值。

预付年金现值的计算公式如下：

$$PV=A\times(P/A,i,n)\times(1+i) \tag{5-16}$$

【例5-12】 5年分期付款购物，每年年初支付4 000元，银行利率为8%，试计算该项分期付款相当于一次现金支付的现值购价金额。

解：$PV=4\,000\times(P/A,8\%,5)\times(1+8\%)=4\,000\times3.993\times1.08=17\,249$(元)

3. 递延年金

递延年金是指在最初若干期没有收付款项的情况下，后面若干期等额系列收付款项。递延年金的终值大小与递延期无关，故计算方法与普通年金终值相同。

通常递延年金的现值计算方法是：先把递延年金视为n期普通年金，求出递延年金在n期初(m期期末)的现值，然后再将它作为终值贴现至m期的第一期期初，便可求出递延年金的现值。其计算公式如下：

$$PV=A\times(P/A,t,n)\times(P/F,i,m) \tag{5-17}$$

【例5-13】 某公司向银行进行贷款，贷款年利息率为6%。协议规定前5年不用还本付息，但从第6年至第15年每年年末偿还本息40 000元，试计算这笔款项的现值。

解：
$$\begin{aligned}PV&=40\,000\times(P/A,6\%,10)\times(P/F,6\%,5)\\&=40\,000\times7.36\times0.747\end{aligned}$$

$=219\ 917$(元)

4. 永续年金

永续年金是指无限期支付的年金。优先股因为有固定的股利而又无到期日，其股利可以视为永续年金。有些债券未规定偿还期限，如永续性债券、永久性基金等，其利息也可视为永续性年金。在资产评估中，某些可永久发挥作用的无形资产(如商誉)，其超额收益亦可按永续年金计算其现值。

由于永续年金没有终止时间，也就没有终值。其现值可以通过普通年金现值的计算公式导出：

$$PV=A\times\frac{1-(1+i)^{-n}}{i} \tag{5-18}$$

当 $n\to\infty$ 时，$(1+i)^{-n}$ 的极限为零，故上式也可表达为：

$$PV=A\times\frac{1}{i}=\frac{A}{i} \tag{5-19}$$

【例 5-14】 某企业持有 A 公司优先股股票 12 000 股，每年可获得优先股股利 1 200 元。若利息率为 6%，试计算该优先股历年股利的现值。

$$PV=\frac{1\ 200}{6\%}=20\ 000\text{(元)}$$

任务实施三　投资决策分析方法

评价投资决策方案的可行与否，一般要看它的投资收益是否高于投资成本。在实务中，通常主要从各备选方案的现金流量和经济效益的大小两方面进行衡量，从中选取最优方案。按照是否考虑资金时间价值，可以把评价投资效果的方案分为静态指标分析方法和动态指标分析方法两类。

一、静态指标分析方法

静态指标分析方法也称静态评价法，是指不考虑资金时间价值的分析评价方法，主要包括投资回收期和投资报酬率两种。

(一) 投资回收期

所谓“投资回收期”是指收回全部投资额所需的时间，因而又被称为投资还本期。采用投资回收期的评价标准是：回收期越短，收回投资的速度越快，投资效益越好；反之，回收期越长，收回投资的速度越慢，投资效益也越差。因此，可根据投资回收期长短作为评价投资方案优劣的标准。

投资回收期的计算方法通常有以下两种：

1. 每年现金净流量相等。在这种情况下，其计算公式为：

$$\text{投资回收期}=\frac{\text{投资总额}}{\text{年现金净流量}} \tag{5-20}$$

2. 每年现金净流量不相等。在这种情况下，按累计现金净流量与原始投资额达到相等所需的时间计算，其计算公式为：

$$投资回收期=M+\frac{M\text{期尚未收回投资}}{(M+1)\text{期现金净流量}} \tag{5-21}$$

式中 M 为累计现金净流量最后一个出现符号对应的年份。

【例 5－15】 某公司拟用 180 000 元购置一台机床，预计使用 5 年，预计残值 30 000 元，采用年限平均法计提折旧，有两个方案可供选择。

甲方案：每年现金净流量相等，资料如表 5－2 所示。

乙方案：每年现金流量不相等，资料如表 5－3 所示。

表 5－2　计算资料表　（单位：元）

年份	年净收益	折旧	现金净流量	累计现金净流量
0			－180 000	－180 000
1	20 000	30 000	50 000	－130 000
2	20 000	30 000	50 000	－80 000
3	20 000	30 000	50 000	－30 000
4	20 000	30 000	50 000	20 000
5	20 000	30 000	50 000	70 000

表 5－3　计算资料表　（单位：元）

年份	年净收益	折旧	现金净流量	累计现金净流量
0			－180 000	－180 000
1	10 000	30 000	40 000	－140 000
2	20 000	30 000	50 000	－90 000
3	30 000	30 000	60 000	－30 000
4	40 000	30 000	70 000	40 000
5	50 000	30 000	80 000	120 000

解：从累计现金净流量中可知，投资回收期在 3～4 年之间，可计算如下

$$甲方案投资回收期=\frac{180\ 000}{50\ 000}=3.6(\text{年})$$

$$乙方案投资回收期=3+\frac{|-30\ 000|}{70\ 000}=3.43(\text{年})$$

通过计算说明，投资回收期乙方案比甲方案缩短 0.17 年（即 3.6～3.43），即乙方案可提前 0.17 年收回全都投资，故应选乙方案。

投资回收期法计算简便易懂，并且可以将回收期的长短看做该投资项目在未来所冒风险大小的标志。但由于没有考虑资金时间价值和投资回收后的现金流量及整个投资项目的盈利水平，故不能全面、正确地评价各投资方案的经济效益。

（二）投资报酬率

投资报酬率又称投资利润率，是指投资项目正常利润或平均利润与投资总额之比，即

$$投资报酬率=\frac{\text{年平均利润}}{\text{平均投资金额}} \tag{5-22}$$

【例 5-16】 某企业购入设备一台，价值 200 000 元，可用 4 年，预计各年的利润为 20 000 元、30 000 元、40 000 元、50 000 元，试求该设备的投资报酬率。已知目标投资报酬率为 20%。

解：

$$投资报酬率=\frac{\dfrac{20\,000+30\,000+40\,000+50\,000}{4}}{\dfrac{0+20\,000}{2}}=17.5\%$$

出于该项目目标收益率为 20%，大于预计的投资报酬率 17.5%，所以应拒绝该方案。年平均投资报酬率计算简便，易于理解，但出于其没有考虑货币的时间价值，也未考虑折旧回收，因此作为评价不同方案的经济效益不够合理，一般是用来评价已投入使用的各项目的经济效益。

二、动态指标分析方法

动态指标分析方法又称动态评价法或贴现法，是指考虑了货币的时间价值的分析评价方法。此法需要进行比较复杂的计算，所以工作量较大，但其结果比较全面、准确，通常用于较大项目的复审及最后决策。其主要指标有净现值、现值指数和内含报酬率等。

(一) 净现值

净现值是指在项目计算期内，按规定的折现率计算的各期现金净流量现值的代数和，通常记为 NPV，即

$$净现值=项目计算期内各期现金净流量现值的代数和 \tag{5-23}$$

即：

$$NPV=NCF_0+\frac{NCF_1}{(1+i)^1}+\frac{NCF_2}{(1+i)^2}+\cdots+\frac{NCF_n}{(1+i)^n}=\sum_{t=0}^{n}\frac{NCF_t}{(1+i)^t} \tag{5-24}$$

式中，NPV 为净现值；NCF_t 为第 t 期的现金净流量；i 为资金成本或规定的折现率。

净现值大于零，则说明方案可行；净现值小于零，则说明方案不可行。

【例 5-17】 公司购入设备一台，价值 25 000 元，经营期 5 年，各年现金净流量分别为 5 000 元、6 000 元、8 000 元、10 000 元、12 000 元，折现率为 10%，要求计算该方案的净现值。

$$净现值=-25\,000+\frac{5\,000}{1+10\%}+\frac{6\,000}{(1+10\%)^2}+\frac{8\,000}{(1+10\%)^3}+\frac{10\,000}{(1+10\%)^4}+\frac{12\,000}{(1+10\%)^5}=4\,795(元)$$

净现值大于零，说明该项目可行。

净现值法的优点在于：它充分考虑了货币时间价值因素，将未来发生的投资报酬及分期投资的金额统一在同一时点的价值量上对比，因而所得所耗显而易见，投资方案的经济效益优劣一目了然。净现值法的不足在于：当几个方案的原投资额不相同的情况下，单凭净现值很难做出评价。故净现值法适用于在同等投资水平下的各备选方案的比较。

(二) 现值指数

现值指数是指项目投产后按规定的折现率计算的各期现金净流量现值之和与原始投资额现值之和的比率。即

$$现值指数=\frac{投产后各期现金净流量现值之和}{原始投资额现值之和} \tag{5-25}$$

用现值指数进行评价，则是根据各个备选方案的现值指数是否大于1来确定该方案是否可行。若现值指数大于或等于1，则可行；若现值指数小于1，则不可行。

【例5-18】 根据**【例5-17】**的资料和结果，计算现值指数。

$$\text{现值指数}=\frac{29\ 791}{25\ 000}=1.191\ 8$$

（三）内含报酬率

内含报酬率又称内部报酬率或内部收益率，是指在项目计算期内，各期未来现金流入量现值之和等于各期现金流出量现值之和时所获得的折现率，或者说是使净现值等于零的折现率。

内含报酬率法对投资方案的评价标准是：

① 内含报酬率大于预定投资报酬率，投资方案可行。

② 内含报酬率小于预定投资报酬率，投资方案不可行。

③ 若几个投资方案均大于预定投资报酬率，则以大取之。

内含报酬率的计算方法，因各年现金净流量是否相等而有所不同。

1. 各年现金净流量相等

① 先求年金现值系数。

$$\text{年金现值系数}=\frac{\text{原始投资额的现值}}{\text{各年现金净流量}} \tag{5-26}$$

② 查"一元年金现值系数表"，在相同期数内找出所需的折现率，若表中没有这个数，则选择该期年金现值系数相邻的较大和较小的两个折现率。

③ 根据上述两个相邻的折现率及其对应的两个年金现值系数，采用插值法求得投资方案的内含报酬率的近似值。

【例5-19】 公司某投资项目的原始(一次)投资为100 000元，可用5年，预计每年现金净流量为40 000元，试求该项目内含报酬率。

$$\text{年金现值系数}=\frac{100\ 000}{40\ 000}=2.5$$

查"一元年金现值系数表"可知$(P/A,25\%,5)=2.689$，$(P/A,30\%,5)=2.436$。

因此，内含报酬率在25%～30%之间，采用插值法。

$$\text{内含报酬率}=25\%+\frac{2.689-2.5}{2.689-2.436}\times(30\%-25\%)=28.74\%$$

2. 各年现金净流量不相等

① 先估计一个折现率，并据以计算该投资方案项目计算期内各期的现金净流量的现值代数和，即净现值。

② 将求得的净现值进行比较，若等于0，则估计的折现率为内含报酬率；若为正数，则表示估计的折现率小于该投资方案的内含报酬率，应重新估计一个较大的折现率再行测试；若为负数，则表示估计的折现率大于该投资方案的内含报酬率，应重新估计一个较小的折现率再行测试。如此经过几次测试，最终求得由正转负或由负转正的两个折现率。这种计算方法称作"逐次测试法"。

③ 根据上述求得的两个折现率，再采用插值法计算该投资方案所能达到的内含报酬率。

【例5-20】 根据**【例5-17】**的资料，计算内含报酬率。

解：先取$i=16\%$，得

NPV_1 =−2 500+5 000×(P/F,16%,1)+6 000×(P/F,16%,2)+8 000×(P/F,16%,3)+10 000×(P/F,16%,4)+12 000×(P/F,16%,5)

=−25 000+5 000×0.862 1+6 000×0.743 2+8 000×0.641 7+10 000×0.552 3+12 000×0.476 2

=140.7(元)

由于按16%计算的净现值是正数,因此再找一个更大的利率,取 i=18%,则

NPV_2 =−2 500+5 000×(P/F,18%,1)+6 000×(P/F,18%,2)+8 000×(P/F,18%,3)+10 000×(P/F,18%,4)+12 000×(P/F,18%,5)

=−25 000+5 000×0.847 5+6 000×0.718 2+8 000×0.608 6+10 000×0.515 8+12 000×0.437 62

=−1 181(元)

现已确定内含报酬率在16%~18%之间,可用插值法求出具体数值。

内含报酬率=16%+[(140.7−0)×(18%−16%)]÷[140.7−(−1181)]=16.2%

(四)三种动态评价指标的比较

1. 净现值法与内含报酬率法的比较。对于独立方案,运用净现值法和内含报酬率法,能够做出相同的决策。例如,如果净现值大于0,那么内含报酬率也将大于最低要求的投资报酬率,两个评价指标能得出一致结论。但是,对于两个互斥投资方案而言,用这两种方法可能导致相互矛盾的结论。净现值和内含报酬率的主要区别是:

① 经济意义不同。净现值表示从事一项投资会使企业价值增加或减少的现值,报酬率则表示投资项目的内在报酬率。

② 计算净现值需要首先确定折现率大小,而内含报酬率的计算则不需如此。

③在对多个互斥方案排序时,两种方法有时会得出不同结论。

2. 净现值法与现金指数法的比较。净现值法和现金指数法有很多相似之处。两者都需要将项目计算期内各年现金净流量按规定折现率(通常取做资金成本)折现。但是,两者还是有些不同,主要表现在:

① 经济意义不同。净现值表示投资使企业价值增减的大小,而现值指数则表示每一元资金的投入能获得现金流入的现值。

② 在进行互斥方案排序决策时,两种方法可能会得出不同的结论,其原因在于初始投资不同。

3. 内含报酬率法与现金指数法的比较。虽然内含报酬率和现金指数都可以在义上比较投资效率的高低,但是,两者之间也存在一定的差异,主要表现在:

① 现值指数的计算首先需要确定折现率,而内含报酬率则不需要。

② 两者对再投资报酬率的假定不同,这一点与净现值法和内含报酬率法两者的关系相同。

由此可见,上述三种方法各有特点,它们分别从不同角度评价投资方案的优劣,因此都有各自的应用价值。但是考虑到净现值能直接表示项目投资使企业价值增加或减少的幅度大小,所以一般认为净现值法是最优的投资决策方法。

任务实施四　影响投资效益的主要因素及长期投资决策实务

一、固定资产更新决策

随着科学技术的快速发展，固定资产的更新周期在大大缩短，当科技含量更高的新设备出现后，原来旧的设备即使仍旧能使用，但由于消耗大，维修费用高，使企业也面临着是否更新设备的问题。因此，固定资产更新的决策成为项目投资决策中的重要内容。

固定资产更新决策中，经常采用差额净现值或者差额内含报酬率的方法进行判断。

在此方法下，一般以投资额大的方案减投资额小的方案，当 $\Delta NPV>0$ 或 $\Delta IRR>i$ 时，投资额大的方案较优；反之，则投资额小的方案为优。

【例 5－21】 某公司考虑用一台新的、效率更高的设备来代替旧设备，以减少成本，增加收益。旧设备原购置成本为 40 000 元，已使用 5 年，估计还可使用 5 年，已提折旧 20 000 元，假定使用期满后无残值，如果现在销售可得价款 20 000 元，使用该设备每年可获收入 50 000 元，每年的付现成本为 30 000 元。该公司现准备用一台新设备来代替原有的旧设备。新设备的购置成本为 60 000 元，估计可使用 5 年，期满有残值 10 000 元，使用新设备后，每年收入可达 80 000 元，每年付现成本为 40 000 元。假定该公司的贴现率为 10%，所得税率为 40%，新旧设备均用直线法计提折旧。

要求：作出该公司是继续使用旧设备还是对其进行更新的决策。

解法一：用差额净现值法求解

1. 计算差额现金净流量

$\Delta NCF_0=-60\ 000-(-20\ 000)=-40\ 000$(元)

$\Delta NCF_{1-4}=(80\ 000-50\ 000)\times(1-40\%)-(40\ 000-30\ 000)\times(1-40\%)+[(60\ 000-10\ 000)\div5-(40\ 000-20\ 000)\div5]\times40\%$

$=14\ 400$(元)

$\Delta NCF_5=14\ 400+10\ 000=24\ 400$(元)

2. 计算差额净现值

$\Delta NPV=14\ 400\times(P/A,10\%,4)+24\ 400\times(P/F,10\%,5)-40\ 000$

$=14\ 400\times3.169\ 9+24\ 400\times0.620\ 9-40\ 000$

$=20\ 796.52$(元)

由于差额净现值为 20 796.52 元，大于零，应更新设备。

解法二：用差额内含报酬率法求解

用 $i=25\%$ 测算 ΔNPV：

$\Delta NPV=14\ 400\times(P/A,25\%,4)+24\ 400\times(P/F,25\%,5)-40\ 000$

$=14\ 400\times2.361\ 6+24\ 400\times0.327\ 7-40\ 000$

$=2\ 002.92$(元)

用 $i=30\%$ 测算 ΔNPV：

$$\Delta NPV = 14\ 400\times(P/A,30\%,4)+24\ 400\times(P/F,30\%,5)-40\ 000$$
$$=14\ 400\times2.166\ 2+24\ 400\times0.269\ 3-40\ 000$$
$$=-2\ 235.8(\text{元})$$

用插值法计算 ΔIRR，如表 5 - 4 所示。

表 5 - 4　用插值法计算的 ΔIRR 值

贴现率	净现值
25%	2 002.92
30%	−2 235.8

$$\frac{\Delta IRR-25\%}{30\%-25\%}=\frac{2\ 002.92}{2\ 002.92+2\ 235.8}$$

对上式求解得：$\Delta IRR=27.36\%$

由于差额内含报酬率为 27.36%，大于 10%，应更新设备。

二、扩充生产能力决策

企业为增强市场竞争能力与经济发展后劲，必须不断地开发新产品。因此，企业涉及新建扩建厂房的投资、购置新的机器设备等扩充生产能力的决策问题。企业是否应该扩充生产能力，主要取决于该项投资的经济效益。如果该项目收益的现值大于该项投资，则应扩充生产能力；否则，不应扩充生产能力。此类决策一般采用净现值法。

【例 5 - 22】　公司为开发新产品，需要购入一套生产设备，有关资料如下：购置设备需一次支付价款 30 万元，期初需要垫一支流动资金 40 万元，设备的使用年限为 5 年，每年可增加销售收入 60 万元，每年需要增加付现成本 48 万元，期满可回收设备残值 1 万元，期满可回收垫支的流动资金 40 万元。要求的最低投资报酬率为 8%。

要求采用净现值法判断该方案是否可行。

每年的现金净流量＝60－48＝12(万元)

期满残值和回收流动资金＝1＋40＝41(万元)

原始投资额＝30＋40＝70(万元)

净现值 NPV ＝12×3.993＋41×0.681

＝47.916 ＋ 27.921－70

＝75.837－70

＝5.837(万元)

计算表明，净现值大于零，所以该公司可以购置该设备。

任务小结

任务考核

简述长期投资决策的概念及特点。

长期投资决策应考虑哪些因素？

什么是现金流量？它有哪些基本概念？

什么是资金时间价值？它有哪些表示方式？

现金流出量包括哪些内容？现金流入量包括哪些内容？

简述长期投资决策分析的方法。

职业技能训练

一、名词解释

复利现值　复利终值　投资回收期　净现值　现值指数　内含报酬率

二、单项选择题

1. 某项目年营业收入140万元，年付现成本60万元，年折旧40万元，所得税率35%，则该方案经营期的年现金净流量为(　　)万元。

A. 40　　B. 66　　C. 78　　D. 52

2. (　　)的计算本身与事先设定的折现率无关。

A. 内含报酬率　　B. 投资回收期　　C. 净现值　　D. 现值指数

3. 与年金终值系数互为倒数的是(　　)。

A. 年金现值系数　　B. 投资回收系数　　C. 偿债基金系数　　D. 现值系数

4. 分期付款购买设备，每年年初付款500元，共付5年，如果利率为10%，相当于现在一次性付款(　　)元。

A. 1 895.5　　B. 2 085　　C. 1 677.5　　D. 3 040

5. 某投资项目，若用10%做折现率，其净现值为250元；若用12%做折现率，其净现值为－120元，则该项目的内含报酬率为(　　)。

A. 8.65%　　B. 13.85%　　C. 11.35%　　D. 12.35%

6. 在长期投资中不需着重考虑的因素有(　　)。

A. 现金流量　　B. 货币时间价值　　C. 历史成本　　D. 投资项目寿命期

7. 在评价两个投资项目的优劣时，下列项目正确的是(　　)。

A. 现值指数较大的项目必有较高的净现值

B. 净现值大于0的项目，其现值指数必定大于1

C. 回收期较短的项目必有较高的内含报酬率

D. 内含报酬率高的项目必有较高的净现值

8. 下列项目中，不影响投资方案内含报酬率的因素是(　　)。

A. 初始投资　　B. 各年净现金流量

C. 投资项目年限　　D. 资金成本

9. 下列关于投资回收期的说法正确的是(　　)。

A. 考虑货币的时间价值

B. 回收期越长则投资项目越好

C. 不考虑回收期以外年份的现金净流量情况

D. 与现值指数法所得结论永远相同

10. 固定资产的经济寿命是指(　　)达到最低的使用年限。

A. 总成本　　B. 年平均使用成本

C. 净现值　　D. 现值指数

三、多项选择题

1. 投资决策分析使用的动态评价指标主要有(　　)。

A. 会计收益率　B. 内含报酬率　C. 偿还期　D. 净现值

2. 个别资本成本受(　　)的影响。

A. 资金实际年占用费　B. 资金的筹资总额

C. 同期银行利率　D. 资金筹集费

3. 投资决策分析使用的静态评价指标主要有(　　)。

A. 投资回收期　B. 投资报酬率　C. 净现值　D. 现值指数

4. 下列属于现金流出量的内容是(　　)。

A. 固定资产投资　B. 流动资金垫支

C. 项目投资后每年可增加的营业收入　D. 营业净收益

5. 在进行投资方案的评价时,需要事先确定折现率的评价指标是(　　)。

A. 净现值　B. 现值指数　C. 投资回收期　D. 内含报酬率

6. 当某项投资项目的净现值大于0时,下列说法正确的是(　　)。

A. 现值指数>0　B. 现值指数大于0、小于1

C. 内含报酬率大于资金成本　D. 投资回收期低于规定的标准

7. 内含报酬率又称为内部报酬率或内部收益率,是指(　　)。

A. 项目投资实际可望达到的报酬率

B. 投资报酬现值与原始投资现值的比率

C. 投资报酬与原始投资的比率

D. 使投资方案净现值为零的折现率

8. 在对独立方案进行可行性评价时,下列指标中总能得出相同结论的指标包括(　　)。

A. 净现值　B. 现值指数　C. 投资回收期　D. 内含报酬率

9. 下列关于现金流量计算正确的是(　　)。

A. 现金净流量=现金流入量-现金流出量

B. 现金净流量=销售收入-付现成本-所得税

C. 现金净流量=销售收入-付现成本+所得税

D. 现金净流量=税后净利+折旧

10. 在其他条件不变的情况下,提高利率能使(　　)。

A. 复利现值系数提高　B. 复利终值系数减小

C. 年金现值系数减小　D. 年金终值系数减小

四、判断题

1. 年金指每隔一定时期等领收入(或支出)的款项,普通年金是指每年等额收入(或支出)的款项在年初进行。(　　)

2. 现金流量是指一项投资方案所引起的未来一定期间内所发生的现金流出与现金流入的数量,统称为现金流量。(　　)

3. 现金流量与利润的主要区别是,前者的计算以收付实现制为基础,后者的计算以权责发生制为基础。(　　)

4. 在利率和计息期数相同的条件下,复利现值系数与复利终值系数互为倒数。 ( )

5. 普通年金现值系数加 1 等于同期、同利率的预付年金现值系数。 ( )

6. 一般来说,原始投资是现值,终结现金流量是终值。 ( )

7. 投资回收期越短,表明该项投资的效果越好,所以风险也就越小。 ( )

8. 一个方案的净现值如果大于零,那么,其现值指数肯定大于 1。 ( )

9. 采用逐次测试法时,若第一次测试结果是净现值大于零,则第二次测试时,所选折现率应降低。 ( )

10. 随着固定资产使用时间的推移,其运行成本和持有成本呈反方向变化,两者之和在坐标图上呈现出马鞍形。 ( )

五、计算题

1. 某企业购入一套设备,价值 120 000 元,预计设备可使用 5 年,期满后无残值,每年可生产产品 10 000 件,单位售价 20 元,单位变动成本为 12 元,固定成本为 5 000 元。试计算非贴现的现金流量法下该设备的投资回收期、回收额及年平均投资报酬率。

2. 某企业有 A、B 两个投资项目,投资额为 40 000 元,资金成本率为 12%,经济寿命期为 4 年,期满无残值,预计每年现金净流量如表 5-5 所示。

表 5-5 某企业 A、B 投资项目预计每年现金净流量

单位:元

项目	第 1 年	第 2 年	第 3 年	第 4 年
A	20 000	10 000	20 000	10 000
B	10 000	10 000	20 000	20 000

试分析企业应投资于哪一项目。

3. 企业有甲、乙两个投资方案,投资额均为 700 000 元,项目寿命期为 6 年,期满无残值,甲、乙两方案每年现金净流量如表 5-6 所示。

表 5-6 某企业甲、乙投资方案每年现金净流量

单位:元

项目	第 1 年	第 2 年	第 3 年	第 4 年	第 5 年	第 6 年
甲	420 000	40 000	35 000	30 000	20 000	10 000
乙	25 000	30 000	38 000	40 000	45 000	48 000

如果期望投资报酬率为 10%,试对两个方案进行评价。

六、案例分析 设备更新决策

资料:

日新印务公司是一个合伙制小型印刷企业,主要承揽企事业单位的各种印刷业务。2012 年初公司成立时购置了印刷机一台,原购置价为 59 500 元。该印刷机使用年限为 7 年,采用直线法计提折旧,报废时无残值。

2014 年末,公司考虑拟购一台新的印刷机以替代原印刷机。原印刷机尚可使用 4 年,但 2 年后须进行大修理,修理成本约为 8 000 元,该印刷机每年的操作成本为 45 000 无(不包括折旧),如原印刷机立即出售,则可取得变价收入 28 000 元。

如新购置印刷机,新机器的购置成本为 50 000 元,使用年限也为 4 年,采用直线法计提折旧，4 年后有残值收入 4 000 元（按税法规定可不计残值），新印刷机的每年操作成本为 40 000 元（不包括折旧）。

该公司的所得税税率为 25%，行业的平均资金报酬率（贴现率）为 10%。

要求：

根据上述资料进行分析，做出设备更新改造决策。

项目六 全面预算

任务目的

掌握全面预算的含义、作用及编制程序；
掌握全面预算的编制程序和全面预算的编制方法；
熟练运用各种资料进行全面预算的编制与评价；
熟悉弹性预算、零基预算和滚动预算的概念、方法或程序及其优缺点。

任务分析

能够正确编制企业的生产经营全面预算；
能够熟练运用各种资料进行全面预算的编制与评价；
能模拟企业现金预算、销售预算、生产预算和弹性成本预算。

案例导入

华通股份有限公司为扎实开展全面预算工作，切实使全面预算成为工作的助手，从五方面着手2014年全面预算工作。一是各部门提高了对全面预算编制工作重要性的认识，多方面、各环节考虑本部门全年将要发生的各项费用及资金使用情况；二是把全面预算工作与中心工作相结合，以此进一步促进基础工作的提升，加强预算工作的刚性；三是实行月度预算工作会议，并将此纳入行政办公会议，涉及费用的项目通过办公会后按程序开展相关工作，并对预算执行实行月度考核，纳入部门绩效；四是严格控制费用支出，重点做好办公费、维修费、差旅费的控制，同时，为增强员工素质，打造学习型组织，提高员工知识文化程度，合理增加职工教育经费支出；五是全面加强五期项目建设费用的核算、控制、跟踪和受控管理，确保五期项目建设圆满完成。

如果你是公司的财务管理人员，如何设计全面预算的编制方案？

任务实施一 全面预算概述

一、全面预算的含义

预算就是计划的数量化说明，即用货币金额和数量单位反映企业某个时期的现金收支、资金需求、资金融通、营业收入、成本以及盈利状况和财务状况等方面的一整套财务计划。

全面预算又称总预算，反映的是企业未来某一特定期间（一般不超过一年）的全部生产、经营活动的财务计划。它以销售预测为起点，进而对生产、成本及现金收支等各个方面进行预测，并在这些预测的基础上，编制出一套预计资产负债表、预计损益表等预计财务报表及其附表，以反映企业在未来期间的财务状况和经营成果。简单地说，全面预算是企业未来一定时期经济活动全部计划的数量说明。

全面预算作为对现代企业成熟与发展起过重大推动作用的管理系统，是企业内部管理控制的一种主要方法。这一方法自从上个世纪20年代在美国的通用电气、杜邦、通用汽车公司产生之后，很快就成了大型工商企业的标准作业程序。全面预算从最初的计划、协调，发展到现在的兼具控制、激励、评价等诸多功能的一种综合贯彻企业经营战略的管理工具，在企业内部控制中日益发挥核心作用。正如著名管理学家戴维·奥利所说的，全面预算管理是为数不多的几个能把企业的所有关键问题融合于一个体系之中的管理控制方法之一。

二、全面预算的作用

全面预算的作用主要体现在以下四个方面：

1. 明确目标

全面预算是经营目标的具体化，规定了企业一定时期的总目标以及各部门的分目标。编制预算有助于企业内部各部门职工了解本企业、本部门、本人在实现整体经营目标过程中的地位、作用和责任，促使他们明确各自的职责及努力方向，想办法完成自己的责任目标，从而达到企业的总目标。

2. 协调工作

全面预算把企业各方面的工作纳入了统一的计划之中，可以使各部门、各环节的生产经营活动协调进行，有助于企业全体职工明确今后的奋斗目标和任务，为完成企业的总目标而努力奋斗。比如，在以销定产的经营方针下，生产预算应当以销售预算为依据，直接材料预算又必须与生产预算相衔接，这样才能保证采购部门、生产部门、销售部门之间的供产销平衡，避免出现停工待料、产品积压的现象。

3. 全面控制

编制全面预算是企业经营管理的起点，也是控制企业日常经济活动的主要依据，可以通过实际成果同预算目标对比，及时揭露实际脱离预算的差异数，并分析差异的原因，以便消除薄弱环节，采取有效措施，保证目标更好地完成。如日常生产车间零用材料限额领料单中的限额，可以参考预算中的具体项目来制定。

4. 业绩评价

全面预算确定了各项指标，也是评价企业生产经营多个方面工作成果的基本尺度，可以评定各部门、各职工工作业绩的好坏。任何一个企业都必须定期通过业绩报告对各部门的工作进行考核，以便确定各部门的工作成绩，找出差距，制定相关措施，提高工作质量。如产品成本中的材料成本，其实际成本与预算产生偏差有两个原因：一是实际采购成本脱离了计划采购成本；二是生产中的浪费或是节约。通过对材料成本差异的计算和分析，可以明确是采购部门的责任还是生产部门的责任，掌握这些情况，对于改进预算期工作和指导下期预算的编制都是有利的。

三、全面预算的编制程序

编制全面预算是一项系统性、整体性很强的工作。编制预算，一般应按照“上下结合、分级编制、逐级汇总”的程序进行。

1. 由预算委员会拟定预算总目标和分目标，并以书面的形式下发到各有关部门。

2. 各有关部门根据具体目标要求编制本部门的预算草案。

3. 会计主管平衡与协调各部门的预算草案，并进行预算的汇总与分析。

4. 预算委员会审议会计主管呈交的预算草案，并上报董事会及股东大会最后通过企业的全面预算。

5. 经批准后的预算，下达到各级各部门执行。

四、全面预算体系的构成

全面预算通常由业务预算、专门决策预算、财务预算三部分组成。

业务预算(operating budgets)是指为供、产、销及管理活动所编制的，与企业日常业务直接相关的预算，是全面预算的基础。业务预算主要包括销售预算、生产预算、直接材料预算、直接人工预算、制造费用预算、单位产品成本和期末存货预算、销售及管理费用预算等。这些预算以实物量指标和价值量指标分别反映企业收入与费用的构成情况。

专门决策预算(special budgets)是指企业为那些在预算期内不经常发生的、一次性业务活动所编制的预算。专门决策预算主要包括资本支出预算、资金筹措和股利发放等一次性专门业务预算。

财务预算(financial budgets)是指反映企业预算期现金收支、经营成果和财务状况的各项预算，主要包括现金收支预算、预计利润表和预计资产负债表等。

任务实施二　全面预算的编制方法

全面预算是由一系列单项预算组成的有机整体，根据全面预算的内容和编制程序，下面分别介绍其编制方法。

一、业务预算

(一) 销售预算

销售预算一般是企业生产经营全面预算的编制起点，生产、材料采购、存货费用等方面的预算，都要以销售预算为基础。销售预算以销售预测为基础，预测的主要依据是各种产品历史销售量的分析，结合市场预测中各种产品发展前景等资料，先按产品、地区、顾客和其他项目分别加以编制，然后加以归并汇总。根据销售预测确定未来期间预计的销售量和销售单价后，求出预计的销售收入，其计算公式：

$$预计销售收入=预计销售量\times预计销售单价 \tag{6-1}$$

【例6-1】 天海公司2014年度只生产和销售一种产品，单价130元，每季的商品销售在当季收到货款的70%，其余部分在下季收讫。试编制该公司销售预算表：

解:根据资料编制销售预算表,如下:

表 6-1　计划年度甲产品销售预算

单位:元

摘　要		第一季度	第二季度	第三季度	第四季度	合计
预计销售量(件) 销售单价(元/件)		3 000 130	3 500 130	3 600 130	3 200 130	 130
预计销售金额(元)		390 000	455 000	468 000	416 000	1 729 000
预计现金收入计算表	期初应收款预余　额	150 000				150 000
	一季度销售收　入	273 000	117 000			390 000
	二季度销售收　入		318 500	136 500		455 000
	三季度销售收　入			327 600	140 400	468 000
	四季度销售收　入				291 200	291 200
	合　计	423 000	435 500	464 100	431 600	1 754 200
	期末应收款余　额			124 800		

(二) 生产预算

生产预算是根据销售预算编制的,计划为满足预算期的销售量以及期末存货所需的资源。计划期间除必须有足够的产品以供销售之外,还必须考虑到计划期期初和期末存货的预计水平,以避免存货太多形成积压,或存货太少影响下期销售。

预计生产量可用下列计算公式:

预计生产量=预计销售量+预计期末存货-预计期初存货　　(6-2)

【例 6-2】　假设**【例 6-1】**天海公司有关的存货资料如下:

表 6-2　销售及存货结余情况

单位:件

项目	一季度	二季度	三季度	四季度	小计
预计销售量	3 000	3 500	3 600	3 200	13 300
期末存货	950	960	1 000	900	900
期初存货	930	950	960	1000	930

解:根据资料编制天海公司的生产预算,如表 6-3 所示。

表 6-3 计划年度甲产品预算 单位:件

项目	一季度	二季度	三季度	四季度	小计
预计销售量	3 000	3 500	3 600	3 200	13 300
加:期末存货	950	960	1 000	900	900
合 计	3 950	4 460	4 600	4 100	14 200
减:期初存货	930	950	960	1 000	930
预计生产量	3 020	3 510	3 640	3 100	13 270

(三) 直接材料预算

直接材料的预算是一项采购预算,预计采购量取决于生产材料的耗用量和原材料存货的需要量。

预计购料量的计算公式:

预计购料量=生产需要量+计划期末预计存料量-计划期初存料量 (6-3)

直接材料采购预算编制的依据,主要是:

(1) 生产预算的每季预计生产量;

(2) 单位产品的材料消耗定额;

(3) 计划期间的期初、期末存料量;

(4) 材料的计划单价;

(5) 采购材料的付款条件等。

在直接材料的采购过程中要发生现金支出。为了便于编制财务预算,应在编制直接材料预算的同时编制现金支出计算表。表中各季度现金支出包括本季度采购现金支出和支付上季度采购款两个部分。

【例 6-3】 仍根据**【例 6-1】**和**【例 6-2】**的资料,假设天海公司生产甲产品需 A、B 两种材料,A 材料每千克采购价 5.6 元,B 材料每千克采购价 10 元,每季的购料款当季支付 60%,其余的在下季支付。每件产品需 A 材料 6 千克,B 材料 4.2 千克。编制天海公司直接材料预算表。

解:根据有关资料,编制天海公司直接材料预算表,如表 6-4 和 6-5 所示;现金支出计算表如表 6-6 所示。

表 6-4 计划年度甲产品 A 材料采购预算

项目	一季度	二季度	三季度	四季度	小计
预计生产量(件)	3 020	3 510	3 640	3 100	13 270
单耗(千克/件)	6	6	6	6	6
材料耗用量(千克)	18 120	21 060	21 840	18 600	79 620
加:期末存量(千克)	9 800	10 000	9 000	8 500	8 500
减:期初存量(千克)	9 000	9 800	10 000	9 000	9 000
预计购料量(千克)	18 920	21 260	20 840	18 100	79 120
计划单价(元/千克)	5.6	5.6	5.6	5.6	5.6
预计采购金额(元)	105 952	119 056	116 704	101 360	443 072

表 6-5　计划年度甲产品 B 材料采购预算

项目	一季度	二季度	三季度	四季度	小计
预计生产量(件)	3 020	3 510	3 640	3 100	13 270
单耗(千克/件)	4.2	4.2	4.2	4.2	4.2
材料耗用量(千克)	12 684	14 742	15 288	13 202	55 734
加:期末存量(千克)	4 000	4 500	4 200	3 800	3 800
减:期初存量(千克)	4 520	4 000	4 500	4 200	4 520
预计购料量(千克)	12 164	15 242	14 988	12 620	55 014
计划单价(元/千克)	10	10	10	10	10
预计采购金额(元)	121 640	152 420	149 880	126 200	550 140

表 6-6　预计现金支出计算表　　单位:元

项　目	金额及发生额	每季度实付数			
		1	2	3	4
应付账款期初余额	80 000	80 000			
第一季度采购额	227 592	136 555.2	91 036.8		
第二季度采购额	271 476		162 885.6	108 590.4	
第三季度采购额	266 584			159 950.4	106 633.6
第四季度采购额	227 560				136 536
应付款期末余额	91 024				
合计	—	216 555.2	253 922.4	268 540.8	243 169.6

(四) 直接人工预算

直接人工预算列示根据预计生产量进行生产所需的直接人工小时以及相应的成本。直接人工成本通常从生产管理部门和工程技术部门获得,根据生产预算确定的每单位产出所需直接人工以及生产量,就可编制直接人工预算。

预算直接人工总成本的计算公式:

预计直接人工总成本=预计生产量×单位产品直接人工小时×单位工时工资率　(6-4)

【例 6-4】 假设天海公司生产的甲产品单位工时是 2 小时,每小时直接人工的工资率为 5 元。试编制直接人工预算表。

解:根据上述资料,编制直接人工预算表,如表 6-7 所示。

表 6-7　计划年度直接人工预算

摘　要	一季度	二季度	三季度	四季度	全年
预计生产量(件)	3 020	3 510	3 640	3 100	13 270
标准工时(小时/件)	2	2	2	2	2
预计工时(小时)	6 040	7 020	7 280	6 200	26 540
标准工资率(元/小时)	5	5	5	5	5
直接人工成本总额(元)	30 200	35 100	36 400	31 000	132 700

(五) 制造费用预算

制造费用是在直接材料和直接人工以外为生产产品而发生的间接费用。制造费用项目不存在易于辨认的投入产出关系,其预算需要根据生产水平、管理当局的意愿、长期生产能力、公司政策和国家的税收政策等外部因素进行编制。

考虑到制造费用的复杂性,为简化预算的编制,通常按成本性态将制造费用分为变动制造费用和固定制造费用两大类,并采用不同的预算编制方法。变动性制造费用通常包括动力、维修费、间接材料、间接人工等,计算变动性制造费用的关键在于确认那些可变的具体项目,并选择成本分配的基础。固定性制造费用通常包括厂房和机器设备的折旧、租金、财产税及一些车间的管理费用,他们支撑企业总体的生产经营能力,一旦形成,短期内不会改变。其预计制造费用的计算公式:

预计制造费用＝预计变动性制造费用＋预计固定性制造费用

＝预计业务量×预计变动性制造费用分配率＋预计固定性制造费用　　(6-5)

预计制造费用的编制主要是由生产部门负责,通常还包括费用方面预计的现金支出的计算,以便为编制现金预算提供必要的资料。

【例 6-5】 假设天海公司全年的预计折旧为 120 000 元,管理、保险和维修等其他固定制造费用为 136 170 元,变动制造费用分配率为 1.3 元/小时。试编制制造费用预算表。

解: 根据上述资料,编制制造费用预算表,如表 6-8 所示。

表 6-8　计划年度制造费用预算　　单位:元

项目		全年
变动费用	预计工时(小时)	26 540
	标准分配率(元/小时)	1.3
	小计	34 502
固定费用		131 670
合计		166 172
减:非付现成本		120 000
付现费用		46 172
制造费用预计每季现金支出总额:46 172÷4＝11 543		

(六) 期末产品存货预算

期末产品存货预算是指为规划一定预算期末的在产品、产成品和原材料预计成本水平而编制的一种日常业务预算。编制期末存货预算是为了综合反映计划期内生产单位产品预计的成本水平,同时也为正确计量预计损益表中的产品销售成本和预计资产负债表中的期末材料存货和期末产成品存货项目提供数据。

编制的主要依据是生产预算中的年末产成品存货数量和产品的标准成本。在变动成本法下,产品的标准成本只包括直接材料、直接人工和变动制造费用;在全部成本法下,产品的标准成本还应包括固定制造费用。

期末存货余额的计算公式:

某期期末存货余额＝该期在产品存货期末余额＋该期产成品存货期末余额＋该期原材料存货期末余额。（6－6）

【例 6－6】 利用**【例 6－3】**—**【例 6－5】**中提供的资料，试编制产品成本及期末存货预算表。

解：根据资料编制天海公司的产品成本及期末存货预算表，如表 6－9 所示。

表 6－9　计划年度产品成本及期末存货预算

成本项目		单耗	单价（元）	单位成本（元）	生产成本（元）（13 270 件）
直接材料	甲材料	6 千克	5.6	33.6	445 872
	乙材料	4.2 千克	10	42	557 340
直接人工		2 小时	5	10	132 700
变动制造费用		2 小时	1.3	2.6	34 502
合计		—	—	88.2	1 170 414
期末存货预算		期末存货数量（件）		900	
		标准成本（元/件）		88.2	
		期末存货金额（元）		79 380	

（七）销售与管理费用预算

销售与管理费用预算是为那些产品销售活动和一般行政管理活动以及有关的经营活动编制的预算。编制销售与管理费用预算的主要依据是预计全年合格季度的销售量及各种有关的标准耗用量和标准价格资料。为了便于编制预算，应将销售和管理费用分为变动费用和固定费用两大类，对于销售及管理费用中的混合成本，应将其分解为变动费用和固定费用两部分，并分别计入销售及管理费用预算的变动费用和固定费用。

为了便于编制财务预算，在编制销售及管理费用预算表的同时还要编制现金支出计算表。要注意销售及管理费用预算中有一些项目不需要当期支付现金，就不需要列入现金支出计算表。

【例 6－7】 假设天海公司全年预计发生固定销售及管理费用 84 700 元，单位变动期间费用为 1 元/件，试编制销售与管理费用预算表。

解：根据上述资料，编制销售与管理费用预算表，如表 6－10 所示。

表 6－10　计划年度销售及管理费用预算

摘　要	全年
预计销售量（件） 单位变动费用（元）	13 300 1
预计变动费用（元）	13 300
预计固定费用（元）	84 700
合计（元）	98 000
预计每季现金支出总额：98 000÷4＝24 500（元）	

二、专门决策预算

如前所述，专门决策预算是为企业不经常发生的长期投资项目和一次性专门业务所编制的预算，它包括资本支出预算和一次性专门业务预算等类型。

（一）资本支出预算

资本支出预算是企业在投资项目可行性研究的基础上编制的反映长期投资项目投资的时间、规模、收益以及资金筹措方式等内容的预算。

（二）一次性专门业务预算

一次性专门业务预算是为财务部门在日常理财活动中发生的一次性业务而编制的预算，如表 6－11 所示。

表 6－11　计划年度专门决策预算

单位：元

项目	一季度	二季度	三季度	四季度	合计
偿还借款	50 000	—	—	—	50 000
支付利息	1 250	—	—	—	1 250
短期投放	35 000	85 000	100 000	95 000	315 000
支付所得税	51 900	25 000	25 000	25 000	126 900

三、财务预算

（一）现金预算

现金预算也称现金收支预算，是以日常业务预算和特种决策预算为基础所编制的反映现金收支情况的预算。现金预算中的现金收入主要反映经营性现金收入，现金支出则同时反映经营性现金支出和资本性现金支出。

现金预算实际上是销售预算、直接材料预算、应交税金预算、直接人工预算、制造费用预算、销售费用预算、管理费用预算和特种决策预算中有关现金收支部分的汇总，以及收支差额平衡措施的具体计划。编制现金预算需要以日常业务预算和特种决策预算为依据。

现金预算的内容包括四部分：

1. 现金收入

包括计划期间的期初现金余额，加上本期预计可能发生的现金收入，其主要来源是销售收入和应收账款的收回，这些资料可以从销售预算的表格中得到。

2. 现金支出

包括计划期内预计可能发生的一切现金支出，如支付购料款、支付直接人工、制造费用以及销售费用等，这些资料可以从业务预算的材料预算、直接人工预算、制造费用预算、销售与管理费用预算取得。此外，还有购置固定资产、预付所得税及股利等支出。

3. 现金多余或不足

将现金收入总额与现金支出总额进行相抵，如收入大于支出，即出现剩余，可用来进行短期投放，或归还借款；如收入小于支出，即出现短缺，则需要向银行借款或采用其他方式筹措资金。

4. 资金的筹集和运用

资金的筹集和运用部分提供预算期内预计向银行借款和偿还以及有关利息支出的详细资料。

现金收支法具体编制步骤如下：

1. 根据本期销售预算以及应收账款、应收票据等收回资料，确定本期营业现金收入和其他收入。

2. 根据本期各项费用预算资料，确定本期营业现金流出和其他现金流出。

3. 确定本期现金结余的最低存量，以此推算出本期现金的不足或多余数。

其计算公式为：

预算期现金余缺额＝预算期期初现金余额＋预算期现金流入量－预算期现金流出量－预算期期末现金余额　(6－7)

【例 6－8】 天海公司一季度末支付上年度应付所得税 26 900 元，计划年度各季度末均支付当季所得税 25 000 元，年末资产负债表上的银行存款 50 000 元，期限为 6 个月，于计划年度的第一季度末到期，利率为 5%，本息一次性偿付。根据上述资料，编制年度现金预算表。

解：编制年度现金预算表，如表 6－12 所示。

表 6－12　计划年度现金预算

单位：元

项目	一季度	二季度	三季度	四季度	全年
期初现金余额	10 274	12 325.8	12 760.4	10 876.6	10 274
加：现金收入					
应收账款收回及销售收入	423 000	435 500	464 100	421 600	1 754 200
可动用现金合计	433 274	447 825.8	476 860.4	442 476.6	1 764 474
减：现金支出					
采购材料	216 555.2	253 922.4	268 540.8	243 169.6	982 188
支付工资	30 200	35 100	36 400	31 000	132 700
制造费用	11 543	11 543	11 543	11 543	46 172
销售及管理费用	24 500	24 500	24 500	24 500	98 000
支付所得税	51 900	25 000	25 000	25 000	126 900
现金支出合计	334 698.2	350 065.4	365 983.8	335 212.6	1 385 960
收支相抵后现金余额	98 575.8	97 760.4	110 876.6	107 264	378 514
融通资金：					
向银行借款(期初)					
归还借款(期末)	(5 000)				(50 000)
支付利息	(1 250)				(1 250)
短期投放	(35 000)	(85 000)	(100 000)	(95 000)	(315 000)
融通资金合计	(86 250)	(85 000)	(100 000)	(95 000)	(366 250)
期末现金余额	12 325.8	12 760.4	10 876.6	12 264	12 264

现金收支法编制的预算比较灵活，能直接与现金的收支情况进行比较，便于控制和分析现金预算的执行情况，对于资金流转不稳定的企业尤为适用。缺点在于该种方法是以收付实现制作为编制基础，与按权责发生制确认的计划期损益不能很好地衔接。

(二) 预计损益表

预计损益表是在各项经营预算的基础上，根据权责发生制编制的损益表。预计损益表是反映预算期间预计的全部经营活动的最终财务成果的预算，又称"利润预算"，是控制企业经营活动和财务收支的主要依据。它综合反映计划期内预计销售收入、销售成本和预计可实现的利润或可能发生的亏损，可以揭示企业预期的盈利情况，有助于管理人员及时调整经营策略。根据前面例题资料，编制预计损益表，如表 6-13 所示。

表 6-13　计划年度预计损益表　　单位:元

项目	金额
销售收入	1 729 000
减:变动成本	
变动生产成本	1 170 414
变动销售及管理费用	13 300
边际贡献总额	545 286
减:固定成本	
固定制造费用	131 670
固定销售及管理费用	84 700
息税前利润	328 916
减:利息费用	1 250
税前利润	327 666
减:所得税	100 000
税后净利	227 666

(三) 预计资产负债表

预计资产负债表是依据当前的实际资产负债表和全面预算中的其他预算所提供的资料编制而成的，反映企业预算期末财务状况的总括性预算。

预计资产负债表一般由财会部门负责编制，通常按照正常资产负债表的格式和各项内容的填列方法按年编制。可以为企业管理当局提供会计期末企业预期财务状况的信息，它有助于管理当局预测未来期间的经营状况，并采取适当的改进措施。

【例 6-9】 天海公司年末的简明资产负债表如表 6-14 所示。

表 6-14 资产负债表

单位:元

资产		权益	
项目	金额	项目	金额
货币资金	10 274	短期借款	50 000
应收账款	150 000	应付账款	80 000
原材料	95 600	应交税费	26 900
产成品	82 026	实收资本	528 000
固定资产	639 000	未分配利润	67 000
累计折旧	(225 000)		
合计	751 900	合计	751 900

根据前面例题资料,编制预计资产负债表。

解:根据前面例题资料,编制预计资产负债表,如表 6-15 所示。

表 6-15 计划年度预计资产负债表

单位:元

资产		权益	
项目	金额	项目	金额
货币资金	12 264	短期借款	0
应收账款	124 800	应付账款	91 024
原材料	85 600	应交税费	0
产成品	79 380	实收资本	528 000
短期投资	315000	未分配利润	292 020
固定资产	639 000		
累计折旧	(345 000)		
合计	911 044	合计	911 044

任务实施三 其他专门预算

一、固定预算

(一) 基本概念

固定预算又称静态预算,是指在编制预算时,只根据预算期内正常的、可实现的某一固定业务量(如生产量、销售量)水平作为唯一基础来编制预算的一种方法。它是最传统的,也是最基本的预算编制方法。固定预算法是按照预算期内可能实现的经营活动水平确定相应的固定预算数来编制预算的方法。

一般来说,固定预算只适用于业务量水平较为稳定的企业或非营利组织。

(二) 固定预算的优缺点

1. 固定预算法的优点是简便易行。

2. 固定预算法其缺点主要有：

(1) 过于机械呆板

因为编制预算的业务量基础是事先假定的某一个业务量，不论预算期内业务量水平可能发生哪些变动，都只按事先确定的某一个业务量水平作为编制预算的基础。

(2) 可比性差

这是固定预算方法的致命弱点。当实际的业务量与编制预算所根据的预计业务量发生较大差异时，有关预算指标的实际数与预算数就会因业务量基础不同而失去可比性。因此，按照固定预算方法编制的预算不利于正确地控制、考核和评价企业预算的执行情况。

二、弹性预算

(一) 基本概念

弹性预算又称变动预算，是指在成本按其性态分类的基础上，以业务量、成本和利润之间的依存关系为依据，按照预算期可预见的各种业务量水平，编制能够适应不同业务量预算的方法。按弹性预算方法编制的预算不再是只适应一个业务量水平的一个预算，而是能够随业务量水平的变动作机动调整的一组预算。在选择业务量范围时，一般可定在正常生产能力的70%～110%之间，或以历史上最高业务量和最低业务量为其上下限。

(二) 弹性预算的编制原理及方法

以成本性态分析为基础，将成本区分为固定成本和变动成本两部分，某一项目的预算数按下式确定：

弹性预算＝单位变动成本×业务量水平＋固定成本预算数　　(6-8)

编制弹性成本(费用)预算的主要方法包括：公式法、列表法和图示法。

(三) 弹性预算的编制程序：

1. 确定某一相关范围，预期在未来期间内业务活动水平将在这相关范围内变动。

2. 选择经营活动水平的计量标准，如产量单位、直接人工小时、机器小时等。

3. 根据成本与计量标准之间的依存关系将企业的成本分为固定成本、变动成本、混合成本三大类。

4. 按成本函数($y=a+bx$)将混合成本分解为固定成本和变动成本。

5. 确定预算期内各业务活动水平。

6. 可利用多栏式的表格分别编制对应于不同经营活动水平的预算。

(四) 弹性预算的特点

1. 它按预算内某一相关范围内的可预见的多种业务活动水平确定不同的预算额；

2. 待实际业务量发生后，将实际指标与实际业务量相应的预算额进行对比，使预算执行情况的评价与考核建立在更加客观可比的基础上，从而更好地发挥预算的控制作用。

(五) 弹性预算的优缺点

1. 弹性预算的优点：一方面能够适应不同经营活动情况的变化，扩大了预算的范围，更好地发挥预算的控制作用，避免了在实际情况发生变化时，对预算做频繁的修改；另一方面能够使预算对实际执行情况的评价与考核，建立在更加客观可比的基础上。

2. 弹性预算的缺点是加大了工作量。

（六）弹性预算的适用性

这种方法适用于各项随业务量变化而变化的项目支出，如学校的货物采购项目，由于学生的招生规模变化很大，因而可以根据预算年度计划招生人数、在校学生人数测算应添置的课桌凳、床的数量、教学楼防护维修或其他采购项目。

【例 6－10】 某公司计划年度生产并销售 A 产品，其变动成本率为 6%。根据历史资料，销售额基本在 80 000～100 000 元，此时固定成本总额 20 000 元。按销售额间隔 5 000 元为该公司编制弹性利润预算。

解：编制弹性利润预算表，如表 6－16 所示。

表 6－16　弹性利润预算表　　单位：元

销售收入	80 000	85 000	90 000	95 000	100 000
变动成本	48 000	51 000	54 000	57 000	60 000
边际贡献总额	32 000	34 000	36 000	38 000	40 000
固定成本	20 000	20 000	20 000	20 000	20 000
营业净利	12 000	14 000	16 000	18 000	20 000

三、零基预算

（一）基本概念

零基预算是指在编制预算时，以零为基础，从根本上考虑各开支项目的必要性、合理性，从而确定预算金额的一种预算。零基预算在编制成本费用预算时，不考虑以往会计期间所发生的费用项目或费用数额，以所有的预算支出均为零为出发点，规划预算期内的各项费用的内容及开支标准，此法特别适用于产出较难辨认的服务性部门费用预算的编制。

（二）编制步骤

零基预算编制有以下几个步骤：

（1）划分和确定基层预算单位。企业里各基层业务单位通常被视为能独立编制预算的基层单位。

（2）编制本单位的费用预算方案。由企业提出总体目标，然后各基层预算单位从企业的总目标和自身的责任目标出发，编制本单位为实现上述目标的费用预算方案，在方案中必须详细说明提出项目的目的、性质、作用，以及需要开支的费用数额。

（3）进行成本—效益分析。基层预算单位按下达的“预算年度业务活动计划”，确认预算期内需要进行的业务项目及其费用开支后，管理层对每一个项目的所需费用和所得收益进行比较分析，权衡轻重，区分层次，划出等级，挑出先后。基层预算单位的业务项目一般分为三个层次：第一层次是必要项目，即非进行不可的项目；第二层次是需要项目，即有助于提高质量、效益的项目；第三层次是改善工作条件的项目。进行成本效益分析的目的在于判断基层预算单位各个项目费用开支的合理程度、先后顺序以及对本单位业务活动的影响。

（4）审核分配资金。根据预算项目的层次、等级和次序，按照预算期可动用的资金及其来源，依据项目的轻重缓急次序，分配资金，落实预算。

(5) 编制并执行预算。资金分配方案确定后，就制定零基预算正式稿，经批准后下达执行。执行中遇有偏离预算的地方要及时纠正，遇有特殊情况要及时修正，遇有预算本身问题要找出原因，总结经验加以提高。

(三) 零基预算的优缺点

1. 零基预算的优点。零基预算由于冲破了传统预算框架的限制，以零为起点，观察分析一切费用开支项目，确定预算金额，具有以下优点：

(1) 有利于提高员工的"投入—产出"意识。传统的预算编制方法，主要是由专业人员完成的，零基预算是以"零"为起点观察和分析所有业务活动，并且不考虑过去的支出水平，因此，需要动员企业的全体员工参与预算编制，这样使得不合理的因素不能继续保留下去，从投入开始减少浪费，通过成本—效益分析，提高产出水平，从而能使投入产出意识得以增强。

(2) 有利于合理分配资金。每项业务经过成本—效益分析，对每个业务项目是否应该存在、支出金额若干，都要进行分析计算，精打细算，量力而行，能使有限的资金流向富有成效的项目，所分配的资金能更加合理。

(3) 有利于发挥基层单位参与预算编制的创造性。零基预算的编制过程，企业内部情况易于沟通和协调，企业整体目标更趋明确，多业务项目的轻重缓急容易得到共识，有助于调动基层单位参与预算编制的主动性、积极性和创造性。

(4) 有利于提高预算管理水平。零基预算极大地增加了预算的透明度，预算支出中的人头经费和专项经费一目了然，各级之间争吵的现象可能缓解，预算会更加切合实际，会更好地起到控制作用，整个预算的编制和执行也能逐步规范，预算管理水平会得以提高。

2. 零基预算的优点。尽管零基预算法和传统的预算方法相比有许多好的创新，但在实际运用中仍存在一些缺点：

(1) 由于一切工作从"零"做起，因此采用零基预算法编制工作量大、费用相对较高。

(2) 分层、排序和资金分配时，可能有主观影响，容易引起部门之间的矛盾。

(3) 任何单位工作项目的"轻重缓急"都是相对的，过分强调当前的项目，可能使有关人员只注重短期利益，忽视本单位作为一个整体的长远利益。

四、增量预算

(一) 增量预算的基本概念

增量预算又称调整预算方法，是指以基期成本费用水平为基础，结合预算期业务量水平及有关影响成本因素的未来变动情况，通过调整有关原有费用项目而编制预算的一种方法。

(二) 增量预算的假定前提

增量预算方法的假定前提有：

(1) 现有的业务活动是企业必需的；

(2) 原有的各项开支都是合理的；

(3) 未来预算期的费用变动是在现有费用的基础上调整的结果。

(三) 增量预算的特点

首先，资金被分配给各部门或单位，然后这些部门或单位再将资金分配给适当的活动或任务。

其次，增量预算基本上都是从前一期的预算推演出来的，每一个预算期间开始时，都采用上一期的预算作为参考点，而且只有那些要求增加预算的申请才会得到审查。然而，这两个特征都可能产生一些问题。

(1) 增量预算往往缺乏针对性

当资金分配给企业内部的各部门以后，在一个部门内部区分活动的优先次序变得困难起来。因为，企业各个部门通常具有多重目标和从事多项活动，但增量预算并不考虑这种活动的多样性，它们只管把资金分配给部门而不是分配给活动或任务。对于具有多重目标的部门或单位，一般都会存在这样的问题：一些目标比其他目标更加重要和达到不同目标的难易程度往往存在差异，而增量预算对此不加区分。因此，作为一种计划工具，增量预算方法缺乏有效的针对性。

(2) 当管理层希望用预算来控制成本或提高效率时，增量预算的缺陷显得更加严重。事实上，增量预算最容易掩盖低效率和浪费。其中，最普遍的问题就是在典型的增量预算中，原有的开支项一般很难砍掉，即使其中的一些项目已没有设立的必要了。这是因为在编制新年度的预算时，会首先参看上一期的资金是怎样分配的，然后部门管理者再加上对新活动的预算要求和通货膨胀率，而最高管理层往往只审查那些增加的部分，对于原有的各项拨款是否都应该继续很少考虑，结果是某些活动分配到的资金远远超过其实际的需要。

(3) 增量预算往往缺乏结构性。

(4) 增量预算往往缺乏灵活性。

(5) 不利于控制成本或提高效率。

(6) 增量预算往往缺乏系统性。

五、滚动预算

(一) 滚动预算的基本概念

滚动预算法又称连续预算或永续预算，是指按照“近细远粗”的原则，根据上一期的预算完成情况，调整和具体编制下一期预算，并将编制预算的时期逐期连续滚动向前推移，使预算总是保持一定的时间幅度。简单地说，就是根据上一期的预算指标完成情况，调整和具体编制下一期预算，并将预算期连续滚动向前推移的一种预算编制方法。滚动预算具有透明度高、灵活性强、连续性突出的特点。这种方法适用于规模较大、时间较长的工程类或大型设备采购项目。

(二) 滚动预算的理论依据

第一，企业的生产经营活动是连续不断的，因此，企业的预算也应该全面反映这一连续不断的过程，使预算方法与生产过程相适应。

第二，企业的生产经营活动是复杂的，随着时间的变迁，它将产生各种难以预料的变化。

(三) 滚动预算的优缺点

1. 滚动预算具有以下一些优点：

(1) 可以保持预算的连续性与完整性，使有关人员能从动态的预算中把握企业的未来，了解企业的总体规划和近期目标。

(2) 可以根据前期预算的执行结果，结合各种新的变化信息，不断调整或修订预算，从而使预算与实际情况相适应，有利于充分发挥预算的指导和控制作用。

(3) 可以使各级管理人员始终保持对未来 12 个月甚至长远的生产经营活动做周密的考

虑和全盘规划,确保企业各项工作有条不紊地进行。

2. 滚动预算的不足之处是编制的工作量较大。为克服滚动预算的不足,可以适当地简化预算的编制工作,采用按季度滚动来编制预算,而在执行预算的那个季度里,再按月份具体地编制各月份的预算。

六、定期预算

(一) 定期预算的基本概念

定期预算是指在编制预算时以不变的会计期间(如日历年度)作为预算期的一种预算编制方法。

(二) 定期预算的优缺点

1. 优点是能够使预算期间与会计年度相配合,便于考核和评价预算的执行结果。

2. 按照定期预算方法编制的预算主要有以下缺点:

(1) 盲目性。由于定期预算往往是在年初甚至提前两三个月编制的,对于整个预算年度的生产经营活动很难作出准确的预算,尤其是对预算后期的预算只能进行笼统地估算,数据笼统含糊,缺乏远期指导性,给预算的执行带来很多困难,不利于对生产经营活动的考核与评价。

(2) 滞后性。由于定期预算不能随情况的变化及时调整,当预算中所规划的各种活动在预算期内发生重大变化时(如预算期临时中途转产),就会造成预算滞后过时,使之成为虚假预算。

(3) 间断性。由于受预算期间的限制,致使经营管理者们的决策视野局限于本期规划的经营活动,通常不考虑下期。例如,一些企业提前完成本期预算后,以为可以松一口气,其他事等来年再说,形成人为的预算间断。因此,按固定预算方法编制的预算不能适应连续不断的经营过程,从而不利于企业的长远发展。为了克服定期预算的缺点,在实践中可采用滚动预算的方法编制预算。

七、概率预算

(一) 概率预算的基本概念

概率预算是指对在预算期内不确定的各预算构成变量,根据客观条件,估计他们可能变动的范围及出现在各个变动范围的概率,再通过加权平均计算有关变量在预期内的期望值的一种预算编制方法。

概率预算属于不确定预算,但是弹性预算属于确定预算。概念预算一般适用于难以准确预测变动趋势的预算项目,如开拓新业务等。

(二) 概率预算的特点

1. 影响预算对象的各因素具有不确定性,因而存在着多种发展可能性,并且这些可能性能够计量。

2. 由于对影响预算对象的变量的所有可能都作了客观的估计和测算,因而开阔了变量的范围,改善了预算指标的准确程度。

(三) 概率预算的编制程序:

1. 在预测分析的基础上,估计各相关因素的可能值及其出现的概率,可以根据历史资料或经验进行判断。

2. 计算联合概率,即各相关因素的概率之积。

3. 根据弹性预算提供的预算指标以及与之对应的联合概率计算出预算对象的期望值,即概率预算下的预算结果。

任务小结

任务考核

1. 什么是预算?预算按控制期的长短分为哪几种?
2. 什么是全面预算?它有哪些作用?
3. 试述自编预算程序的优缺点?
4. 什么是固定预算?何谓弹性预算?它们各有何特点?
5. 什么是零基预算?零基预算的编制步骤是怎样?
6. 全面预算体系从内容看分成几类?具体来说又包括哪些内容?
7. 简述全面预算的作用。
8. 什么是现金预算?其组成内容是什么?

职业技能训练

一、名词解释:

全面预算 销售预算 现金预算 弹性预算 滚动预算 零基预算 固定预算 概率预算

二、单项选择题:

1. 编制全面预算的基础是(　　)。
   A. 直接材料预算 B. 直接人工预算 C. 生产预算 D. 销售预算
2. 资本支出预算是(　　)。
   A. 财务预算 B. 生产预算 C. 专门决策预算 D. 业务预算
3. 随着业务量的变动作机动调整的预算是(　　)。
   A. 滚动预算 B. 弹性预算 C. 增量预算 D. 零基预算
4. 滚动预算的基本特点是(　　)。
   A. 预算期是相对固定的 B. 预算期是连续不断的
   C. 预算期与会计年度一致 D. 预算期不可随意变动
5. 编制弹性预算首先应当考虑及确定的因素是(　　)。
   A. 业务量 B. 变动成本 C. 固定成本 D. 计量单位
6. 全面预算按其涉及的业务活动领域分为财务预算(　　)。
   A. 业务预算 B. 销售预算 C. 生产预算 D. 现金预算
7. 可以概括了解企业在预算期间盈利能力的预算是(　　)。
   A. 专门决策预算 B. 现金预算 C. 预计利润表 D. 预计资产负债表
8. 下列项目中,能够克服定期预算缺点的是(　　)。
   A. 固定预算 B. 弹性预算 C. 滚动预算 D. 零基预算

9. 编制弹性成本预算的关键在于(　　)。
   A. 分解制造费用
   B. 确定材料标准耗用量
   C. 选择业务量计量单位
   D. 将所有成本划分为固定成本与变动成本两大类

10. 零基预算的编制基础是(　　)。
    A. 零　　B. 基期的费用水平
    C. 国内外同行业费用水平　　D. 历史上费用的最好水平

三、多项选择题

1. 编制预算的方法按其业务量基础的数量特征不同,可分为(　　)。
   A. 固定预算　　B. 零基预算　　C. 滚动预算
   D. 弹性预算　　E. 增量预算

2. 在下列预算中,属于业务预算内容的有(　　)。
   A. 资本支出预算　　B. 销售预算　　C. 生产预算
   D. 现金预算　　E. 零基预算

3. 在管理会计中,构成全面预算内容的有(　　)。
   A. 业务预算　　B. 财务预算　　C. 专门决策预算
   D. 零基预算　　E. 滚动预算

4. 财务预算的主要内容包括(　　)。
   A. 现金预算　　B. 预计利润表　　C. 预计资产负债表
   D. 投资决策预算　　E. 销售预算

5. 下列各项中,属于编制现金预算依据的有(　　)。
   A. 销售预算和生产预算　　B. 直接材料采购预算
   C. 直接人工预算和制造费用预算　　D. 产品成本预算
   E. 财务费用和管理费用预算

6. 编制弹性预算所用业务量可以是(　　)。
   A. 产量　　B. 销售量　　C. 直接人工工时
   D. 机器台时　　E. 材料消耗量

7. 全面预算的作用概括起来有(　　)。
   A. 明确目标　　B. 协调工作　　C. 全面控制　　D. 业绩评价

8. 零基预算与传统的增量预算相比较,其不同之处在于(　　)。
   A. 一切从可能出发　　B. 以零为基
   C. 以现有的费用水平为基础　　D. 一切从实际需要出发
   E. 不考虑以往会计期间所发生的费

9. 按照定期预算方法编制的预算的缺点是(　　)。
   A. 灵活性　　B. 滞后性　　C. 盲目性
   D. 间断性　　E. 预见性

10. 在编制现金预算时,(　　)是决定企业是否进行资金融通以及资金融通数额的依据。
    A. 期初现金余额　　B. 期末现金余

C. 预算期内发生的现金收入　　　　　D. 预算期内发生的现金支出

E. 企业既定的现金余额范围

四、计算题：

1. 假设企业期末现金最低库存 15 000 元，现金短缺主要以银行借款解决，贷款最低起点 1 000 元，企业于期初贷款，于季末归还贷款本息。贷款利率 5%。

要求：将表 6-17 现金预算表中的空缺项(1) ～(15) 填列出来。

表 6-17　现金预算表

单位：元

摘　要	第一季度	第二季度	第三季度	第四季度	全年合计
期初现金余额	18 000	(4)	15 691	(10)	18 000
加：现金收入	120 500	140 850	(6)	121 650	526 250
可动用现金合计	(1)	156 591	158 941	138 802	544 250
减：现金支出					
直接材料	25 424	34 728	34 576	(11)	126 976
直接人工	13 200	15 600	12 900	13 900	55 600
制造费用	6 950	7 910	6 830	7 230	28 920
销售费用	1 310	1 507	1 358	1 075	5 250
管理费用	17 900	17 900	17 900	17 900	71 600
购置设备	48 000	33 280	—	—	81 280
支付所得税	27 125	27 125	27 125	27 125	108 500
支付股利	10 850	10 850	10 850	10 850	43 400
现金支出合计	150 759	148 900	111 539	110 328	521 526
现金余缺	(2)	7 691	47 402	(12)	22 724
银行借款	(3)	8 000	—	—	36 000
借款归还	—	—	(7)	(13)	(36 000)
支付利息	—	—	(8)	(14)	(1 337.5)
合计	28 000	8 000	30 250	7 087.5	(1 337.5)
期末现金余额	15 741	(5)	(9)	21 386.5	(15)

2. 某企业只生产一种甲产品，甲产品的有关资料如下：

(1) 2014 年四个季度的销售预算分别为 2 000 件、2 500 件、3 000 件、2 500 件。销售价为 25 元，参照以往历史资料，估计以后每季的销售数中有 60%能于当季收回，其余 40%要等下季才能收回现金。

(2) 2013 年底应收账款(应收销售款)30 000 元，这些销售款将于 2014 年第一季度收回现金。

(3) 该企业各季末的产品存货量相当于下季销售量的 20%，预计 2015 年第一季度销售量为 2 500 件。各季期初存货量与上季期末存货量相等。2014 年初的产品存货为 500 件，每件单位成本 13.8 元。

(4) 该企业生产甲产品只需一种材料，材料单耗为 2 公斤，每公斤单位成本 4 元，每季末材料存货相当于下季生产耗用量的 20%，各季期初存料与上季期末存料相等。2013 年底的材料存货量为 1 400 公斤，预计 2015 年第一季度生产耗用量为 8 000 公斤，预计每季材料采购额中 60%在当季付款，其余 40%在下季度付款，2013 年底应付未付的材料采购款为 12 000 元。

(5) 生产甲产品所需各种工种的单位工时直接人工成本都是 2.4 元，生产 1 件甲产品所需的各工种的工时之和为 2 小时。

(6) 该企业规定计划期间现金的最低库存余额为 8 000 元，不足部分可全额向银行贷款（向银行贷款数除需抵补现金收支轧抵的不足数外，还要保证期末最低现金余额为 8 000 元），借款利率为年息 10%，并每季支付所得税 6 000 元，每季发放股息 1 000 元。

(7) 准备 2014 年第一季度购进设备一台，价款为 35 000 元，第四季度购入设备一台，价款为 6 000 元。

(8) 预计 2014 年的制造费用资料如表 6 - 18 所示：

表 6 - 18　某企业预计 2014 年的制造费用资料　　单位:元

摘　要	1 季度	2 季度	3 季度	4 季度	全 年
变动制造费	2 000	2 600	2 900	2 500	10 000
固定制造费	2 000	2 000	2 000	2 000	8 000
制造费用合计	4 000	4 600	4 900	4 500	18 000

注:在每季的固定制造费用中，均含有折旧费 800 元，全年累计折旧费为 3 200 元。

(9) 预计 2014 年的销售费及管理费支出如表 6 - 19 所示：

表 6 - 19　某企业预计 2014 年的销售费用及管理费用资料　　单位:元

摘　要	1 季度	2 季度	3 季度	4 季度	全 年
变动销售费及管理费	800	1 000	1 200	1 000	4 000
固定销售费及管理费	1 000	1 000	1 000	1 000	4 000
合　计	1 800	2 000	2 200	2 000	8 000

(10) 2014 年的单位变动成本为 13.8 元。

(11) 本年度所得税率为 25%。

(12) 某企业 2013 年 12 月 31 日资产负债表如表 6 - 20 所示：

表 6 - 20　某企业 2013 年 12 月 31 日资产负债表　　单位:元

资　产		负债及所有者权益	
流动资产:		流动负债:	
现金	10 000	应付购货款	12 000
应收账款	30 000	股东权益:	
材料存货	5 600	普通股股本	40 000

（续表）

资 产		负债及所有者权益	
产成品存货	6 900	保留盈余	80 500
合 计	52 500	合 计	120 500
固定资产：			
土地	40 000		
房屋及设备	60 000		
累计折旧	20 000		
合 计	80 000		
资产总额	132 500	权益总计	132 500

要求：根据已知资料编制下列预算（保留整数）：

（1）销售预算；（2）生产预算；

（3）直接材料预算；（4）直接人工预算；

（5）现金预算；（6）预计收益表；

（7）预计资产负债表。

3. 某企业生产甲产品的售价随市场供求变动而变动，售价可能有两种情况，即单位售价为70元或73元。销售量在300～380件范围内，单位变动成本为40元，固定成本为4 000元。

要求：根据已知资料在销售量范围内编制弹性利润预算（销售量间隔为20件）。

4. 某企业将对销售和行政管理费用采用零基预算法进行编制。该企业销售和行政管理费可动用的财力资源只有26 000元，但计划期间需要发生的费用项目及开支水平如下所示：

（1）商品包装费 7 000元

（2）广告宣传费 6 000元

（3）职工技术培训费 8 000元

（4）房屋租金 5 000元

（5）差旅费 4 000元

（6）办公费 3 000元

其中：（4）、（5）、（6）各项均属计划期间必不可少的费用开支，需要全额得到保证，作为第一层次。而（1）、（2）、（3）各项应根据其经济效果大小来确定。根据历史资料，（1）、（2）、（3）各项的成果收益率分别为20元、18元、15元。因此，将（1）、（2）两项的费用支出作为第二层次，将第（3）项的费用支出作为第三层次。

要求：根据已知资料编制销售和行政管理费用的零基预算。

项目七　标准成本控制

任务目的

了解标准成本控制的定义、作用和原则；
掌握标准成本的种类和制定方法；
了解成本控制制度的制定；
熟练掌握标准成本差异计算和差异分析。

任务分析

能够制定标准成本；
能够制定成本控制制度；
能够独立完成成本差异的计算；
会进行成本差异分析。

案例导入

新世纪公司生产机械产品，有职工 800 人，月生产能力 800 件。该公司设备落后，成本管理较差。企业年初实行标准成本控制制度，并以行业先进水平作为制定标准成本的依据，以缩短与先进水平的差距。标准制定与实施情况如下。

企业根据行业先进水平制定标准，修改原有定额，并进行业绩考核，制定标准的有关资料如下：

主要材料标准 13 元/件；辅助材料 10 元/件；人工工资标准 90 元/件；制造费用标准 18 元/件。

企业 7 月份计划产量 800 件，预算标准变动成本 104 800 元，固定成本 32 000 元，预计总成本 136 800 元，标准单位成本 17 100 元。实际执行的结果超出预计范围，实际成本 148 757 元，成本差异为 15 377 元。

企业因成本超支 15 377 元召开了一次由各部门代表参加的征询会。参会代表对标准成本制定的意见主要有三方面：第一，标准成本制定不合理；第二，标准成本制定是合理的，主要是执行的问题；第三，标准成本反映的是基本情况，主要是情况难以估计，因此偏离标准是正常的。

请你对该公司的标准成本管理说出自己的看法。

任务实施一　标准成本控制概述

一、标准成本控制的定义

标准成本控制又称为标准成本法或标准成本制度。它以全面预算控制有关论述为基础，并结合成本的具体特点对其进行有效的控制。

在前一章的全面预算中，以销售预算为主导，进而包括生产预算、成本预算、财务预算、资本预算等各个方面，形成一个完整的预算体系，它为生产经营的各个方面明确了目标和任务，同时也是评价有关方面工作成果的依据。全面预算为企业经营管理活动的各个方面进行全面控制奠定了基础，其中，成本预算是以生产预算为根据进行编制的。在生产成本中，同特定产品生产直接相联系的直接材料消耗、直接人工工资及变动制造费用，是按产品分别制定其每单位的消耗标准，这就是我们所说的标准成本。它既是全面预算的组成部分，也是一个独立完整的系统。从本质上来说，标准与预算是一个含义，标准是关于单位产品的预算，预算是关于总额的标准。在管理会计中，把标准和预算又看作两个范畴，两者的区别是：标准针对单位产品而言，预算针对总额而言。

标准成本控制有狭义和广义之分。

狭义的标准成本控制是指在成本形成过程中，根据事先制定的成本目标，对企业日常发生的各项生产经营活动按照一定的原则，采用专门的方法进行计量、测试，把发生的各项成本控制在预先制定的标准范围之内。如果偏离预先制定的标准，就要及时分析差异的原因，并采取措施加以纠正。通常我们把这种控制称为“日常成本控制”，它的主要目的是通过差异的计算和分析，指导当前的实践活动。

广义的标准成本控制，是既包括“日常成本控制”，又包括“事前成本控制”。事前成本控制是指在成本形成之前，对成本的发生做出预测和分析，确立目标成本（标准成本），并建立成本控制制度，保证目标成本的实现。

本章就是从事前成本控制和日常成本控制两个方面，探讨标准成本的制定、成本差异的计算和分析等一系列内容。它们构成了标准成本控制的内容体系。

二、标准成本控制的作用

如上所述，标准成本控制既包括事前对标准成本的制定，也包括日常对实际成本的计算及对差异的计算和分析，还包括成本差异的账务处理等两个有机组成部分全部在内的成本计算技术。这样就将成本的事先规划、成本的过程控制、成本的事后核算和分析有机地结合起来，成为企业对成本进行全面管理的重要工具。

企业在执行目标成本的过程中，总会发生实际与目标不相一致的地方，例如材质代用、超领物料、切割过剩等情况，与原先设定的目标发生一定的偏差。如果偏差对成本起不利作用，势必影响标准成本预算的完成。为了避免这种情况发生后得不到及时纠正的影响，就必须采取预防性手段和措施，那么就要推行标准成本法，及时进行实际成本反馈及成本分析，以纠正不利偏差，把企业的资源有效地运用到既定的目标上去，确保企业的经济效益。可见，标准成本控制既是企业全面管理的重要工具，也是企业提高经济效益的重要手段。

三、标准成本控制的原则

（一）全面性原则

全面性原则包括全员的成本控制和全过程的成本控制两种含义。

1. 全员的成本控制

成本是综合性很强的经济指标，涉及企业生产经营的各个方面，其中也包括企业的经理和每个员工。要想降低成本，必须充分调动企业各个部门和全体员工关心成本、控制成本的主动性和积极性，要求每个人时刻都要按照定额和标准控制成本，向成本要效益。

2. 全过程的成本控制

在企业经营过程中，成本控制的对象不局限于生产领域的生产成本，应该扩大到各个领域的使用成本，它包括产品的设计、研制、制造、储存、运输、销售及维修保养等各个方面的成本发生和控制。实践证明，只有在产品的再生产周期过程中使各个环节的成本得到有效控制，才会显著降低成本。因此，成本控制要从各个环节上着手，保证全过程成本控制的实现。

（二）节约的原则

节约就是从人力、财力、物力三方面精打细算，防止浪费。它需要从节流和开源两方面着手。节流就是要求在成本发生期间，严格执行成本开支范围，精打细算，不该花的一分也不花，杜绝一切浪费现象。开源就是做好预测分析，挖掘内部潜力，在增产方面狠下工夫，充分利用现有资源，提高产量，降低成本。开源是事前控制，节流是日常控制，两者密切结合，才能保证在增收和节支两方面都取得成效。

（三）责、权、利相结合的原则

要使成本控制能够落实到每一个成本中心，必须贯彻责、权、利相结合的原则，以体现经济责任制的要求。控制成本是企业中每个成本中心应尽的职责，同时也要给每个成本中心赋予一定的权力。没有权力就无法控制。如果要求一个成本中心去完成预先制定的标准，那么这个成本中心就应该有权决定该项费用是否应该开支，否则，控制就无从谈起。同时，为了调动各个成本中心在控制成本方面的主动性和积极性，还需要实行考评，并把考评的实绩与经济利益挂钩，使之真正成为能承担一定经济责任，并赋予一定控制权力，还享有一定经济利益的责任中心。

（四）目标管理的原则

目标可以理解为在既定条件下需要努力的方向和标准。在企业中，管理者都是按照既定的目标，对人、财、物及其他重要经济指标进行规范和执行的。所以，目标也是管理活动过程的主要依据。标准成本控制是目标管理的一项重要内容。通常的做法是把目标成本层层分解为责任成本，并落实到各级有关的成本中心，形成一个成本控制网络，由他们根据责任预算进行日常监督、指导，保证目标管理，特别是成本控制目标的实现。

（五）例外控制的原则

日常的成本控制及所出现的成本差异，千头万绪，管不胜管，要想提高成本控制的工作效率，管理人员不应把精力和时间分散在所有成本差异上，而是要特别注意那些属于不正常、不符合常规的关键性差异（这就称之为“例外”），做到及时发现、及时反馈、及时控制。“例外”的标准是指以下四个方面。

1. 重要性

重要性是指成本差异金额的大小。一般可以认为凡是成本差异大的，就是具有重要意义的差异，也就是“例外”。通常规定如果一个差异超过原标准（预算）的10%，或成本差异绝对额在100元以上的，都是“例外”控制的对象。当然这里所说的差异，既包括不利差异，也包括有利差异。如果出现有利差异，重点要分析是否对其他成本中心产生不利影响；如果是不利差异，重点是控制不利的发展趋向。

2. 一贯性

如果某些成本差异虽未达到重要性的标准，但却持续在相当长的时间内，即一贯在控制线的上下线附近徘徊，也应视作“例外”。这种“例外”，可能反映原来预算或标准已经过时失效，需要及时加以调整；也可能由于成本控制不力，积重难返，难以纠正，需要加大控制力度。

3. 可控性

凡责任人员无法控制的成本项目，即使发生重要差异，也不要视为例外。例如，国家税率、保险费率发生的变动造成重大差异，均为不可控制，因此不能算作“例外”，管理人员不必采取任何控制措施，只需要责任人员对有能力控制的对象采取措施。

4. 特殊性

凡对企业的长期获利有重要影响的成本项目，即使其差异没有达到某种程度，也应受到管理人员的密切注意。凡出现“差异”，均认为是“例外”，应及时追根求源，迅速采取补救措施。“例外管理”在日常成本控制中，是必须要注意的一个重要内容。

任务实施二　事前成本控制

事前成本控制是指在成本形成之前，要采取的必要控制措施。它包括标准成本的制定和成本控制制度的制定两个内容。前者是日常成本控制的依据，后者是落实成本控制的保障措施，两者都是日常成本控制的必要前提。

一、标准成本的制定

（一）标准成本的分类和特点

标准成本是按成本项目逐项计算的单位产品目标成本，也可理解为在正常生产条件下制造单位产品的预计成本，有时人们也称之为定额消耗。它是在预测成本的基础上，按成本项目逐一细致制定出的成本标准，也是规定的成本尺度。

对标准成本，按其经济效益的尺度，可以分为以下三类。

1. 实际标准成本

实际标准成本是以过去一段时间内实际水平为基础经过平均计算制定的标准成本。这种标准成本不考虑过去的成本发生是否合理，只为了说明过去的成本状况，所以人们很少采用。

2. 理想标准成本

理想标准成本是以最好的工作条件、最合理的管理水平、最新的技术装备为基础而制定出的标准成本。采用这种标准成本，就意味成本水平达到了理想状态，是一种高标准下的成本水平。因此很难实现，也容易造成责任人员丧失信心，挫伤成本控制的积极性。它在实际工作中也绝少采用。

3. 常规标准成本

常规标准成本是既不局限于过去的实际标准成本，也不片面追求可望而不可即的理想成本，而是在它们之间选择一个在正常生产条件下，根据成本平均先进定额制定的标准成本，它是经过努力可能达到的成本。这类成本所制定的标准，说明了企业产品的成本应当达到多少，所以也称“应计成本”。在制定这种标准成本过程中，把生产过程中的必要耗费考虑在内，即需要严格要求，而经过努力又可以实现的成本。在实际工作中广泛采用它作为标准成本。下文所讲的标准成本大多指这一类，标准成本控制也是指这一类成本的控制。之所以用常规标准成本作为成本控制的主要依据，是因为它具有以下特点：

(1) 客观性(或科学性)。常规标准成本的制定是建立在对实际生产条件调查和科学分析的基础上，又经过先进平均定额计算后才予以确认的，所以具有客观依据性。

(2) 稳定性。常规标准成本是按正常生产条件予以确认的，既排除了实际成本中的不合理部分，也考虑了生产过程中不可避免的损耗，因此它一经确定，需在短时间内保持相对稳定，不得随意改变，具有稳定的特点。

(3) 尺度性。常规标准成本是一种应当发生的成本，它既是努力的目标，也是控制的尺度，还是评价的依据。在科学管理条件下，常规标准成本能够根据企业所达到的生产技术水平，约束实际工作中所发生的各种成本，特别是对不利差异的限制，使得企业在提高经济效益过程中有了衡量的尺度。

值得指出的是，上述标准成本中的“标准”二字，也包括两种含义。第一种是指不变标准。不变标准是一种静态标准，只要产品制造程序不改变，它也保持不变。特别是用不变价格反映标准成本和实际成本的差异时，所体现的是成本实物量的变动。不变标准主要用于统计分析。第二种是指现行标准。现行标准一般是在规定的时期内和一定条件下使用的，并且可进行有规律的修改，如工时标准。价格标准发生变动时，现行标准随之相应修订，使之能够适应企业生产条件和预期目标。会计更重于现行标准成本与实际成本进行差异分析，及时纠正脱离现行标准的数量差异和价格差异。

(二) 制定标准成本的作用

制定标准成本的核心是控制成本，具体来说，它有以下几点作用：

(1) 通过制定标准成本并分解落实到各个成本中心这一过程，标准成本作为各个成本中心的努力方向和进取目标，增强了成本控制的观念。

(2) 在成本形成过程中，标准成本可以作为一种尺度，与实际发生成本进行比照，随时发现差异并纠正，达到成本控制的目的。

(3) 在成本差异的分析过程中，要分清可控差异和不可控差异，明确责任的归属，分清差异形成的原因，能够便于责任会计制度的推行。

(4) 在财务成本的核算过程中，减轻了成本会计工作量。标准成本一般在一年内不改变标准水平，这样就大大地简化了产品的成本计算和存货的成本计算，方便了日常的账务处理。特别是以标准成本为依据计算在产品、产成品、销售成本时，就显得简洁明晰多了。从图 7-1 结转在产品、产成品、销售成本的流转图上，就可以说明标准成本能够减轻会计工作量(材料、人工、费用成本差异、产品成本差异等)。

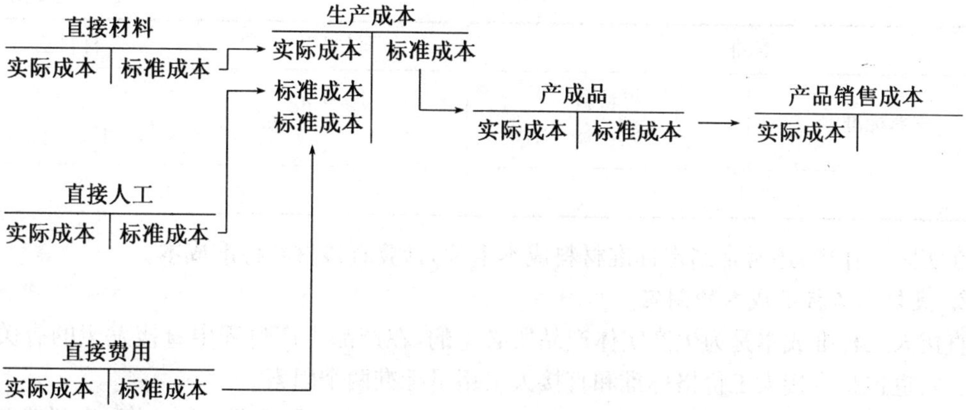

图 7－1　流转图

（三）制定标准成本的内容

产品标准成本的制定主要包括产品生产成本中的直接材料、直接人工和制造费用三部分内容，而在料、工、费每部分内容中又可以分为价格和用量两个影响因素。以下主要就每部分内容的两个因素分解说明如何制定标准成本。

1. 直接材料标准成本的制定

直接材料是为生产所必需的，在产品生产过程中直接发生，能够构成产品实体的原料及主要材料。它包括直接材料价格标准和直接材料用量标准两个因素。

(1) 价格标准。直接材料的价格标准是指取得某种材料所应支付的材料单价。它包括该种材料的买价及装卸费、检验费、运输费等采购费用。

(2) 用量标准。直接材料的用量标准是指有关产品在正常生产技术条件下，生产单位产品所需各种材料的数量。它包括构成产品实体的材料及在允许范围内发生的材料损耗和生产过程中不可避免的废品所耗费的材料数量。制定用量标准时，需要对每种直接材料分别予以计算。

直接材料标准成本的确定。根据以上两个标准，就可以用下面的公式对标准成本予以确定。某产品直接材料标准成本＝∑(直接材料标准数量×直接材料标准价格)

或　　　　　　　　　　　　＝∑(预计价格×消耗定额)　　　　　　　　　　(7－1)

以下例说明直接材料标准成本的具体计算方法：

【例 7－1】 计算中兴公司 A 产品直接材料标准成本，其标准成本的计算如表 7－1 所示。

表 7－1　直接材料标准成本

标准		材料甲	材料乙
价格标准	发票单价	2.00 元	3.00 元
	检验费	1.00 元	0.50 元
	标准价格	3.00 元	3.50 元
用量标准	图纸用量	6.0 千克	4.0 千克
	正常损耗	0.2 千克	0.3 千克
	单位产品用量标准	6.2 千克	4.3 千克

（续表）

标准		材料甲	材料乙
成本标准	甲材料	18.6 元	
	乙材料		15.05 元
合计		33.65 元	

在实际工作中，还常常制定标准材料成本卡片，计算直接材料标准成本。

2. 直接人工标准成本的制定

直接人工标准成本是为生产实体产品所必需的，在产品生产过程中直接发生的有关人工耗费。它也包括直接人工价格标准和直接人工用量标准两个因素。

(1) 直接人工价格标准。即直接生产人员的工资率标准，是根据现行工资、福利费及有关费用综合测算，以单位工时予以确定的，也称为工时工资单价，其计算公式为：

计时工资率标准＝预计支付直接人工工资总额(包括福利费、津贴)÷标准总工时 (7-2)

(2) 直接人工用量标准。即在正常生产技术条件下，生产单位产品所需用的标准工作时间，一般包括产品制造所需时间及必要间歇停工时间、不可避免废品损失所耗时间等。用量标准的确定多半由熟悉生产环节和操作技术的工程师担任，一是根据操作活动进行分析研究；二是根据动作行为进行研究，然后汇总计算单位产品所需要的标准工时。

(3) 直接人工标准成本的确定。根据以上两个标准，就可以对直接人工标准成本予以确认，计算公式为：

直接人工标准成本＝∑(直接人工价格标准×直接人工用量标准)

或 ＝工时工资单价×工时定额 (7-3)

【例 7-2】 计算中兴公司直接人工成本标准。其标准成本的计算如表 7-2 所示。

表 7-2 直接人工成本标准计算表

标准		第一车间	第二车间
小时工资率标准	工人人数	30	20
	每人每月标准工时	200	200
	每月标准总工时	6 000	4 000
	每月工资总额	12 000	10 000
	每小时工资	2	2.5
单位产品工时标准	理想作业时间	1.8	2.6
	设备调整时间	0.1	0.2
	其他	0.1	0.2
	工时合计	2	3
直接人工成本标准	第一车间	4	
	第二车间		7.5
合计		10.5	

3. 制造费用标准成本的制定

制造费用是制造产品过程中发生的，除直接材料和直接人工以外的其他耗费，相当于辅助材料，以及燃料、动力、车间经费等。它也包括价格标准和用量标准两个因素。

(1) 制造费用分配率标准。制造费用分配率相当于工时负担的制造费用，它包括变动制造费用分配率和固定制造费用分配率，分配率大小取决于生产量标准和制造费用预算额。两个费用分配率计算公式如下：

固定制造费用分配率＝固定制造费用预算÷标准总工时　(7-4)

变动制造费用分配率＝变动制造费用预算÷标准总工时　(7-5)

(2) 制造费用用量标准。制造费用用量标准是指现有条件下生产某单位产品所需用的时间(直接人工小时或机器工作小时)，如上例中 A 车间每件产品用直接人工 3 工时，B 车间每件产品用直接人工 5 工时，制造费用用量标准为 8 工时。

(3) 制造费用标准成本的确定。根据制造费用的分配率和用量标准，可用下面公式计算制造费用标准成本。

固定制造费用标准成本＝固定制造费用分配率×标准工时　(7-6)

变动制造费用标准成本＝变动制造费用分配率×标准工时　(7-7)

【例 7-3】 计算中兴公司 A 产品制造费用标准成本。其标准成本的计算如表 7-3 所示。

表 7-3　A 产品制造费用标准成本

部门		第一车间	第二车间
生产量标准(人工工时)		5 000	10 000
变动制造费用	运输	3 000	7 000
	电力	5 000	9 000
	消耗材料	2 000	3 000
	合计	10 000	19 000
变动制造费用分配率(元/小时)		2	1.9
直接人工工时标准(小时)		2	3
变动制造费用标准成本		4	5.7
固定制造费用	折旧费	1 000	4 000
	管理人员工资	2 000	2 000
	合计	3 000	6 000
固定制造费用分配率(元/小时		0.6	0.6
直接人工工时标准(小时)		2	3
固定制造费用标准成本(元)		1.2	1.8
制造费用标准成本		5.2	7.5
合计		12.7	

4. 标准成本的制定

上述料、工、费三种标准成本制定后，就可以把它们汇总，确定每件产品的标准成本。但要注意标准成本在不同的成本计算方法下，计算公式是有差别的，分为全部成本法和变动成本法两种。

全部成本法标准成本＝直接材料标准成本＋直接人工标准成本＋制造费用标准成本 (7-8)

变动成本法标准成本＝直接材料标准成本＋直接人工标准成本＋变动制造费用标准成本 (7-9)

通常企业编成"标准成本卡"反映产品标准成本的具体构成。在每种产品生产之前，它的标准成本卡要送达有关人员包括各级生产部门负责人、会计部门、仓库等，作为领料、派工和支出其他费用的依据。

【例7-4】 依据以上资料编制某企业甲产品标准成本卡如表7-4所示。

表7-4 中兴公司A产品标准成本卡

直接材料成本标准	甲材料	18.6
	乙材料	15.05
	小计	33.65
直接人工成本标准	第一车间	4
	第二车间	7.5
	小计	11.5
制造费用成本标准	第一车间变动费用	4
	第二车间变动费用	5.7
	小计	9.7
	第一车间固定费用	1.2
	第二车间固定费用	1.8
	小计	3
产成品成本标准		57.85

二、成本控制制度的制定

成本控制制度是落实标准成本执行的必要保障，是事前成本控制必不可少的组成部分。要使标准成本的制定具有客观依据，要使标准成本能在各个成本中心得以贯彻执行，必须通过一整套健全的管理制度进行配合，才能保证成本预期目标的实现。

(一) 成本控制制度的内容

成本控制制度是一系列关于如何控制成本的有关条文，它主要包括以下内容：

(1) 建立严密的控制系统，层层落实成本中心的控制范围。

(2) 设立岗位责任制，明确各个责任单位的责、权、利等具体内容。

(3) 制定健全的用人制度，保证标准成本执行过程中能够人尽其责。

(4) 规范标准成本制定的程序，设计有关表格和具体操作方法。

(5) 制定考核标准，建立与责、权、利相结合的奖惩制度。

(6) 制定标准成本修订、调整的审批手续。

(7) 明确不同类型成本的控制方法。

上述七条是成本控制制度的一些主要内容，企业还可以根据具体情况，增加诸如人员培训、宣传教育等有关措施，进一步完善控制制度。在上述控制制度的若干条文中，其中第七条“明确不同类型成本的控制方法”，还需要进一步分析和详细阐述。

(二) 不同成本的控制方法

对成本进行事前控制和日常控制，要根据成本的习性，对变动成本和固定成本采用不同的控制方法(制度)进行约束。

1. 变动成本

变动成本包括直接材料、直接人工、变动制造费用。其中直接材料和直接人工在单位产品中所占的比重较大，金额易于分割，所以利用标准成本控制方法比较方便；变动制造费用通常由许多较小的成本明细项目组成，金额比较分散，所以通过编制“弹性预算”控制方法更为适宜。

值得指出的是，标准成本实质上是以单位产品为基础的弹性预算。因为标准成本是由价格标准和用量标准两个因素所合成的结果，在价格标准不变的情况下，标准成本就随用量标准的变化而发生弹性。例如，当某种材料价格为每千克10元时，用量标准为5千克，直接材料标准成本就是50元；用量标准如为6千克，直接材料标准成本就是60元。可见标准成本也是具有一定弹性的，而且它的弹性只要与标准用量联系就可以迅速计算出来，这要比弹性预算每间隔5%或10%变动适应面要宽，计算也更为方便。所以在成本控制方法中，可以认为标准成本控制方法较弹性预算控制方法更为简明、方便和有效。

2. 固定成本

固定成本可以分为酌量性固定成本和约束性固定成本。对于研究开发费、广告费、培训费等酌量性固定成本，其特点是企业在不同时期根据其财力保证程度予以确定的，伸缩性大。所以对酌量性固定成本一般是分项目并与有关单位协商制定一个总金额预算，也就是协商性的固定预算。对于折旧费、保险费、财产税等约束性固定成本，要根据资本预算中的有关数据予以控制，也就是按照固定预算数控制实际发生数。

根据以上分析，现将不同成本的控制方法列表如下(见表7-4)：

表7-4 不同成本的控制方法

成本类型	控制方法
变动成本：	
直接材料	标准成本
直接人工	标准成本
变动制造费用	弹性预算
固定成本：	
酌量性固定成本	协商的固定预算
约束性固定成本	固定预算

任务实施三　日常成本控制

日常成本控制要求在成本形成的过程中，对实际发生的成本与标准成本进行比较，反映两者之间的差异情况。它包括成本差异的计算、成本差异的分析及成本差异账务处理三个有机组成部分。所以，日常成本控制也称为标准成本控制。成本差异的计算和分析是标准成本控制的核心内容。

一、成本差异的含义和计算模型

（一）成本差异的含义

成本差异是指标准成本同实际成本的差额。我们知道标准成本是在成本形成之前制定的预期目标。但是在成本形成的过程中，由于种种原因，导致实际成本数额与预定的标准成本不一致，产生一定的偏差（差额），这就是成本差异。

凡是实际成本高于标准成本的差额称为不利差异，凡是实际成本低于标准成本的差额称为有利差异。通常我们把实际数与标准数直接相减的差额，称为单位差异。我们在后面计算的有利差异或不利差异大多是指总额的差异，因此对单位差异还要乘以有关因素才能计算总额差异。

（二）成本差异的计算模型

标准成本是由直接材料、直接人工、制造费用（特别是变动制造费用）三个项目构成的，每一个项目都由价格标准和用量标准两个因素所组成，并且两个因素构成了乘积关系。因此实际成本的三个项目中，每个项目也由实际价格和实际用量两个因素所组成。这样三个成本项目的差异就可由下面的计算模型表示。

1. 成本差异的计算模型Ⅰ

通常用 P 表示价格，用 Q 表示用量（或数量），P_1 表示实际价格，Q_1 表示实际总用量，P_0 表示标准价格，Q_0 表示标准总用量。如果是具体项目，还可以在每个下标号下加上料、工、费等具体文字，如 $P_{1料}$ 表示直接材料实际价格，$P_{0料}$ 表示直接材料标准价格，V 表示差异，V_P 表示价格总额差异（简称价格差异），V_Q 表示数量总额差异（简称数量差异），V_c 表示价格差异和数量差异总和，$V_{c料}$、$V_{c工}$、$V_{c费}$ 分别表示各项目成本差异。

那么，三个项目各因素差异的计算模型如图 7-2 所示。

(1) 实际价格×实际总数量 (p_1 × Q_1)
(2) 标准价格×实际总数量 (p_0 × Q_1)
(3) 标准价格×标准总数量 (p_0 × Q_0)

(1)－(2)＝价格差异 V_p：材料价格差异 $V_{p料}$；工资率差异 $V_{p工}$；变动费用分配率差异 $V_{p费}$

(2)－(3)＝数量差异 V_Q：材料用量差异 $V_{Q料}$；人工效率差异 $V_{Q工}$；变动费用效率差异 $V_{Q费}$

(1)－(3)＝实际成本与标准成本差异 $V_c=V_p+V_Q$

图 7-2　成本差异的计算模型Ⅰ

由上面模式就可以总结出以下九个公式：

(1) 材料差异公式：

材料价格差异 $V_{P料}=(P_1\times Q_1)-(P_0\times Q_1)$

材料用量差异 $V_{Q料}=(P_0\times Q_1)-(P_0\times Q_0)$

材料成本差异 $V_{c料}=(P_1\times Q_1)-(P_0\times Q_0)=V_{P料}+V_{Q料}$

(2) 人工差异公式：

人工工资率差异 $V_{P工}=(P_1\times Q_1)-(P_0\times Q_1)$

人工效率差异 $V_{Q工}=(P_0\times Q_1)-(P_0\times Q_0)$

人工成本差异 $V_{c工}=(P_1\times Q_1)-(P_0\times Q_0)=V_{P1}+V_{Q1}$

(3) 变动费用差异公式：

变动费用分配率差异 $V_{P费}=(P_1\times Q_1)-(P_0\times Q_1)$

变动费用效率差异 $V_{Q费}=(P_0\times Q_1)-(P_0\times Q_0)$

变动费用成本差异 $V_{c费}=(P_1\times Q_1)-(P_0\times Q_0)=V_{P费}+V_{Q费}$

上述九个公式分别反映了三个项目的价格差异、数量差异和成本差异。但对公式进行归纳简化，我们更常用以下模型。

2. 成本差异的计算模型Ⅱ

从上面公式看，各种差异都是由两个因素引起的，一个是价格因素，一个是数量因素。如果只反映其中一个因素的差异，就必须计算这个因素的差额，然后乘以另一个因素。例如，要想反映价格差异，就必须首先计算实际价格 P_1 和标准价格 P_0 的差额，即 P_1-P_0，然后用这个差额乘以数量因素，就可以得到价格差异；如果想反映数量差异，就必须首先计算实际数量 Q_1 和标准数量 Q_0 的差额，即 Q_1-Q_0，然后用这个差额乘以价格因素，就可以得到数量差异，这是反映各个因素差异的基本思路。其次反映各个因素差异还需要解决所“乘以”的因素是实际数还是标准数这个问题。从模型Ⅰ各个公式中我们可以看出，凡在研究价格差异时，就乘以实际数量；凡在研究数量差异时，就必须乘以标准价格，并且每个差额都必须用实际数减去标准数(固定制造费用除外)。这一思路体现在差异模型Ⅱ(见图 7－3)中。

$$\left.\begin{cases}\text{价格差异}=\text{价格差额}\times\text{实际数量}\\ V_p=(p_1-p_0)\times Q_1\\ \text{数量差异}=\text{数量差额}\times\text{标准价格}\\ V_Q=(Q_1-Q_0)\times p_0\end{cases}\right\}\begin{matrix}\text{实际成本与标准成本差异}\\ \text{(称成本差异)}\\ V_c=V_p+V_Q\end{matrix}$$

图 7－3　成本差异的计算模型Ⅱ

这一差异模型更为我们在实际计算中使用。上述公式是反映成本项目差异的基本计算公式，我们可以分别就材料、人工、变动费用三个项目计算。虽然在名称上有所不同，例如“人工价格差异”惯称“工资率差异”，“变动费用价格差异”惯称“变动费用分配率差异”，“人工数量差异”惯称“人工效率差异”，“变动费用数量差异”惯称“变动费用效率差异”，但基本公式的适用规律是一样的。

二、成本差异的计算与分析

(一) 直接材料的成本差异分析

直接材料实际成本与标准成本之间的差额就是直接材料成本差异。该项差异形成的基本原因有两个：一是按照实际用量计算的价格差异；二是按照标准价格计算的数量差异。其计算公式为：

$$直接材料价格差异=实际数量\times(实际价格-标准价格) \quad (7-10)$$

$$直接材料数量差异=标准价格\times(实际数量-标准数量) \quad (7-11)$$

【例 7-5】 中兴公司某月生产 A 产品 2 000 件，使用材料 6 000 千克，材料实际单价 5 元；直接材料的单位产品标准成本为：材料耗用量 2.5 千克，材料标准单价 4.5 元。根据上面公式可以计算：

直接材料数量差异=(6 000-2.5×2 000)×4.5=4 500(元)(不利差异)

直接材料价格差异=(5-4.5)×6 000=3 000(元)(不利差异)

直接材料成本差异=4 500+3 000=7 500(元)

材料用量差异原因主要有：材料质量不符合标准，造成废品增多；生产工人技术不熟练，责任心不强，造成废料过多；机器设备效率的变化使用料量增减；产品设计或工艺变化而未及时调整用量标准等。进行材料用量的控制，一要严格实行限额领料制度，根据每月计划产量和材料用量标准确定每月领料限额；二是及时记录生产过程中耗用量，计算实际单耗，找出差异，分析原因，采取措施，降低消耗；三要及时办理剩余材料的退料和边角废料收回的手续。

材料价格差异原因主要有：供应厂家价格发生变动、未按照经济采购批量进货、违反合同被罚款、不必要的快速运输方式、采购时舍近求远使运费和途中耗费增加等。因此，需要进行具体分析，以确定最终原因和责任。

(二) 直接人工成本差异分析

直接人工实际成本与标准成本之间的差额就是直接人工成本差异。该项差异形成的基本原因有两个：一是按照实际工时计算的工资率差异；二是按照标准工资率计算的人工效率差异。其计算公式为：

$$工资率差异=实际工时\times(实际工资率-标准工资率) \quad (7-12)$$

$$人工效率差异=标准工资率\times(实际工时-标准工时) \quad (7-13)$$

【例 7-6】 中兴公司某月生产 A 产品直接人工单位标准成本为：工时 6.5 小时，小时工资率 5 元；本月实际生产 A 产品 500 件，单位产品实际使用工时为 7 小时，单位产品实际小时工资率为 5.5 元。根据上面公式可以计算：

工资率差异=500×7×(5.5-5)=1 750(元)(不利差异)

人工效率差异=5×(500×7-500×6.5)=1 250(元)(不利差异)

直接工资成本差异=1 750+1 250=3 000(元)

工资率差异形成的主要原因，包括工人工资提高，工资计算方法变更，加班加点增发工资，高工资工人从事低工资工人的工作，工资变动后原有标准未及时修订等。进行控制应做好的工作：正确制定定员；严格执行劳动人事部门关于职工工资及福利费用的规定，正确计算工资；提高工人技术，提高劳动生产率，降低单耗工时。

直接人工效率差异的形成原因，包括工作环境不良、工人经验不足、劳动情绪不佳、新工人上岗太多、设备故障较多、作业计划安排不当、产量太少无法发挥批量节约优势等。主要是生产部门的责任。

(三) 变动制造费用差异分析

变动制造费用差异是指实际变动制造费用与标准变动制造费用之间的差额。该项差异形成的基本原因有两个：一是按照实际工时计算的金额，反映耗费水平的高低部分的变动制造费用耗费差异；二是按照标准的小时费用率计算的金额，反映工作效率变化引起的费用节约或超支部分的变动制造费用效率差异。其计算公式为：

变动制造费用耗费差异＝实际工时×(变动费用实际分配率－变动制造费用标准分配率)　(7-14)

变动制造费用效率差异＝变动制造费用标准分配率×(实际工时－标准工时)　(7-15)

【例7-7】 中兴公司某月生产A产品的变动制造费用单位标准成本为：工时耗用1.5小时，变动制造费用小时分摊率9元。本月生产500件，单位产品实际耗用工时2小时，单位产品实际发生制造费用分配率为10元。根据上面公式可以计算：

变动制造费用耗费差异＝500×2×(10－9)＝1 000(元)(不利差异)

变动制造费用效率差异＝9×(500×2－500×1.5)＝2 250(元)(不利差异)

变动制造费用成本差异＝1 000＋2 250＝3 250(元)

变动制造费用耗费差异是指变动制造费用小时分配率脱离标准而形成的差异，反映了变动制造费用的耗费水平。产生的主要原因有：间接材料价格变化，耗用量变化；间接人工工资调整，人工过多；费用控制不当；预算估计错误等。变动制造费用效率差异是实际工时脱离标准工时而形成的差异，反映了工作效率引起的费用的超支或节约。

变动制造费用效率差异是由于实际工时脱离了标准，多用工时导致的费用增加，因此其形成原因与人工效率差异相同。

(四) 固定制造费用差异分析

固定制造费用差异是发生的实际固定制造费用与标准固定制造费用之间的差额。固定制造费用包括管理人员工资、折旧费、修理费、水电费、办公费、差旅费等，与产品产量变化无直接关系。因此，固定制造费用差异的分析与各项变动成本差异分析不同。固定制造费用差异包括耗费差异、效率差异和能量差异三部分。其计算公式如下：

固定制造费用差异＝固定制造费用耗费差异＋固定制造费用能量差异＋固定制造费用效率差异　(7-16)

其中：

固定制造费用耗费差异＝固定制造费用实际发生数－固定制造费用标准成本　(7-17)

固定制造费用能量差异＝固定制造费用预算数－固定制造费用标准成本
＝(计划产量标准工时－实际产量实际工时)×固定制造费用标准分配率　(7-18)

固定制造费用效率差异＝实际工时×固定制造费用标准分配率－实际产量标准工时×固定制造费用标准分配率
＝(实际产量实际工时－实际产量标准工时)×固定制造费用标准分配率　(7-19)

【例7-8】 中兴公司某月生产A产品固定制造费用的单位标准成本为：工时耗费0.6小时，固定制造费用小时分摊率1.5元，生产能量900件，即540小时。本月实际产量800件，发生的固定制造费用1 000元，实际耗用工时400小时。根据上面公式可以计算：

固定制造费用耗费差异＝1 000－540×1.5＝290(元)

固定制造费用能量差异＝(540－400)×1.5＝210(元)

固定制造费用效率差异＝(400－800×0.6)×1.5＝－120(元)

固定制造费用成本差异＝290＋210－120＝380(元)

根据上述计算结果分析，最终实际固定制造费用与标准固定制造费用相比，总超支380元。

由于制造费用等于变动制造费用和固定制造费用之和，所以制造费用差异等于变动制造费用差异与固定制造费用差异之和，即：

制造费用差异＝变动制造费用差异＋固定制造费用差异

通过前面计算可知，中兴公司某月生产A产品的制造费用差异为：

制造费用差异＝变动制造费用差异＋固定制造费用差异

＝3 250＋380＝3 630(元)

制造费用的控制应当分类进行，将制造费用预算指标分解落实企业内部各部门、车间、班组，根据预算指标对费用支出进行控制。按费用项目控制固定制造费用绝对数；联系产量变化控制变动制造费用，定期检查，考核核算执行情况。

综合以上各成本项目的差异分析，A产品某月成本差异总额为：

A产品成本差异＝直接材料成本差异＋直接人工成本差异＋制造费用成本差异

＝7 500＋3 000＋3 630＝14 130(元)

企业应在全面计算成本差异的基础上，进一步分析产生差异的原因，针对不同原因，采取有效控制措施，不断降低不利差异，发展有利差异，实现降低产品成本增加企业盈利的总目标。

三、成本控制的其他方法简介

(一) 利用ERP进行成本控制

现代企业成本的复杂性导致了成本控制要全面考虑企业经营目标、经营战略。计算机技术和信息技术从根本上改变了企业信息传递的方式，对企业管理过程产生了全面而深刻的影响。ERP作为目前流行的一种企业管理工具在经过多年的发展完善后已经可以充分满足企业对信息综合处理的需求。

ERP即企业资源计划系统，它是建立在现代信息技术基础上，以系统化的管理思想，为企业决策层及员工提供决策运行手段的管理平台。

ERP的核心管理思想就是实现对整个供应链的有效管理，是整合了企业管理理念、业务流程、基础数据、人力物力资源、计算机硬件、软件和网络资源于一体的企业资源管理系统。将企业内部所有资源整合在一起，对采购、生产、成本、库存、分销、运输、财务、人力资源等进行规划，以达到最佳资源组合，取得最佳效益。因此，可以对企业的材料采购、产品生产、储存和销售以及资金运作等方面实施成本控制。

(二) 使用寿命周期成本控制

使用寿命周期成本也称使用成本，是用户为取得并实现所需产品或劳务的功能所付出的代价。

使用寿命周期成本包括原始成本和运行维护成本两部分。原始成本包括设计成本、开发成本和生产成本；运行维护成本指售后的与使用该产品有关的消耗成本及维修成本、保养成本等。

从生产者的角度出发，就是一切为用户着想，千方百计降低产品的寿命周期成本，减少用户的支出，从而达到扩大销量，争取更多用户，增加利润的目的。需要注意的一点是，对于生产者而言，控制寿命周期成本只是促销的一种手段，而不是像产品成本控制那样是纯粹为了控制成本。

从使用者的角度出发，就是在决定是否购买某一产品时，不仅要考虑产品的售价，而且还要考虑该产品的使用寿命周期成本。采用的分析方法有两种：一是购买时要求厂家提供使用寿命周期成本的资料，比较不同厂家产品的使用寿命周期成本，取其较低者；二是将发生在使用期内不同时间点上的运行维护成本分别折算成现值，计算出可供选择产品的现值成本，然后进行比较，取其较低者。

（三）质量成本控制

质量成本是指组织为满足一定的产品质量要求所发生的成本以及因未达到产品质量要求和未满足顾客和最终消费者需要而产生的所有损失。质量成本应将质量水平和成本水平联系起来考察。

质量成本包括预防、检验成本和损失成本两方面的内容（包括内部损失成本和外部损失成本）。

预防和检验成本也是由两部分成本构成的：预防成本和检验成本。预防成本是指为保证产品质量达到一定水平而发生的各种费用；检验成本是指为评估和检查产品质量而发生的费用。

损失成本包括内部质量损失成本和外部质量损失成本两部分。内部质量损失成本是指生产过程中因质量问题而发生的损失成本，包括产品在生产过程中出现的各类缺陷所造成的损失，以及为弥补这些缺陷而发生的各类费用支出。外部质量损失成本是指产品销售以后，因产品质量缺陷而引起的一切费用支出。

与质量有关的预防和检验成本以及损失成本是两类具有不同性质的成本。预防和检验成本属于不可避免成本，损失成本则属于可避免成本，随着产品质量的不断提高，往往伴随着预防成本和检验成本的相应提高以及损失成本的下降。因而，在满足要求的前提下，选择合理的、适当的质量水平是降低质量成本的重要途径。

（四）作业成本控制

作业成本法是高新技术环境下的一种新的企业管理理念。它认为产品消耗作业，作业消耗资源。企业是一个为最终满足顾客需要而设计的一系列前后有序的作业的集合体。即以作业为中介，把资源消耗和产品形成紧密联系起来，作业是企业成本核算的基本对象，产品就是所有消耗作业的集合体。它依据不同成本动因，即决定作业的工作负担和作业所需资源的因素，分别设立成本库，在分别以各产品的作业量分摊其在成本库中的作业成本，然后，分别汇总各产品在各成本库的作业总成本，并在此基础上计算出各产品的总成本或单位成本。

作业成本法是以作业为基础的。所谓作业是指企业为提供一定量的产品或劳务所消耗的人力、技术、资源、方法和环境的集合体。作业成本法从以“产品”为中心转移到以“作业”为中心上来，不是就成本论成本，而是把重点放在产品生产的前因（成本动因）和后果（作业耗费）上，通过对所有作业活动进行动态跟踪分析，可以更好地发挥会计决策、计划和成本管理的作用。

在作业成本法下，将间接费用和直接费用都视为产品消耗作业而付出的代价。对于直接费用的确认和分配，作业成本法与传统的成本计算方法一样，但对于间接费用的分配，则与传统的成本计算方法不同。在作业成本法下，间接费用分配的对象不再是产品，而是作业。作业成本法下，对于不同的作业中心，由于成本动因的不同，使得间接费用的分配标准也不同。

任务小结

任务考核

标准成本控制的含义是什么？

标准成本控制的原则是什么？

对标准成本按其经济效益尺度，可以分为哪些类型？它对制定标准成本有何作用？

事前成本控制包括哪两个方面的内容？二者有何关系？

试区分不同成本的控制方法。

如何进行日常成本控制？为什么要把成本差异分为价格差异和用量差异两大类？哪些属于价格差异？哪些属于用量差异？

成本差异模型的表现形式是什么？试对它们各种差异的一般规律做一描述。

如何理解材料混用作用情况下，材料用量差异、材料结构差异、材料产出差异之间的关系？

试对料、工、费差异分析进行归纳，并划分为不同的种类。

职业技能训练

一、单项选择题

1. 一般不使用变动成本通用模式进行分析的成本项目是（　　）。

A. 直接材料　　B. 直接人工

C. 变动制造费用　　D. 固定制造费用

2. 企业领导人带头执行成本控制，这是成本控制中（　　）。

A. 领导推动原则　　B. 全员参加原则

C. 因地制宜原则　　D. 经济原则

3. 对正常成本费用支出可以从简控制，而格外关注各种例外情况，体现了成本控制经济原则中的（　　）。

A. 实用性　　B. 例外管理　　C. 重要性　　D. 灵活性

4. 材料的价格标准就是指材料的计划单价，是预计下一年度实际需要支付的材料的单位成本，它不包括（　　）。

A. 发票价格　　B. 运费和检验费

C. 正常损耗　　D. 进项税

5. 成本控制的中心环节是（　　）。

A. 成本计算　　B. 成本分析　　C. 成本差异　　D. 成本考核

6. 闲置能量差异是实际工时未能达到生产能量而形成的闲置能量差异。这里生产能量是指（　　）。

A. 标准工时　　B. 实际工时

C. 预算工时　　D. 最大生产设计能力下预算工时

7. 以下原则中，不属于成本控制原则的是（　　）。

A. 经济原则　　B. 因地制宜原则
C. 以顾客为中心原则　　D. 全员参与原则

8. 在效率良好的条件下，根据下期一般应该发生的生产要素消耗量、预计价格和预计生产经营能力利用程度制定出来的标准成本称为（　　）。

A. 理想标准成本　　B. 现行标准成本
C. 现行标准成本　　D. 基本标准成本

9 下列说法正确的是（　　）。

A. 材料数量差异应该全部由生产部门承担责任
B. 直接人工工资率差异的具体原因涉及生产部门或其他部门
C. 数量差异的大小是由用量脱离标准的程度以及实际价格高低所决定的
D. 数量差异=（实际数量－标准数量）×实际价格

10. 下列关于成本控制的说法不正确的是（　　）。

A. 对正常成本费用支出可以从简控制
B. 成本控制系统应该具有灵活性
C. 有效控制成本的关键是调动全体员工的积极性
D. 成本控制系统应该具有通用性

二、多项选择题

1. 下列属于全员参加原则的内容有（　　）。

A. 鼓励参与制定标准
B. 冷静地处理成本超支和过失
C. 建立适当的激励措施
D. 成本控制要能起到降低成本、纠正偏差的作用

2. 影响变动制造费用效率差异的原因有（　　）。

A. 工作环境不良　　B. 新工人上岗太多
C. 加班或使用临时工　　D. 工资率调整

3. 价格标准包括（　　）。

A. 原材料单价　　B. 小时工资率
C. 小时制造费用分配率　　D. 单位产品的材料耗用量

4. 一般来说，下列不承担材料价格差异的部门是（　　）。

A. 采购部门　B. 销售部门　C. 生产部门　D. 财务部门

5. 下列有关制定正常标准成本的表述中，正确的有（　　）。

A. 直接材料的标准消耗量包括各种损失
B. 固定制造费用的价格标准=固定制造费用预算总额÷直接人工标准总工时
C. 可以采用机器工时作为变动制造费用的数量标准
D. 固定制造费用的用量标准与变动制造费用的用量标准可以不相同

6. 某产品单位产品的标准成本为工时消耗 3 小时，变动制造费用小时分配率 5 元，固定制造费用小时分配率 2 元。本月生产产品 500 件，实际使用工时 1 400 小时，预算产量标准工时为 1 620 小时，实际发生变动制造费用 7 700 元，实际发生固定制造费用 3 500 元，则下列有关制造费用差异计算正确的有（　　）。

A. 变动制造费用耗费差异为 700 元
B. 变动制造费用效率差异为－500 元
C. 固定制造费用效率差异为－200 元
D. 固定制造费用耗费差异为 260 元
E. 固定制造费用能量差异为 240 元

7. 下列成本差异中，通常不属于生产部门责任的有(　　)。
A. 直接材料价格差异　　B. 直接人工工资率差异
C. 直接人工效率差异　　D. 变动制造费用效率差异

8. 下列说法不正确的有(　　)。
A. 固定制造费用闲置能量差异＝(生产能量－实际产量标准工时)×固定制造费用标准分配率
B. 根据二因素分析法，固定制造费用差异分为耗费差异和效率差异
C. 固定制造费用效率差异＝固定制造费用实际金额－固定制造费用预算金额
D. 固定制造费用耗费差异＝固定制造费用实际数－固定制造费用预算数

9. 下列属于人工效率差异和变动制造费用效率差异具体原因的有(　　)。
A. 新工人上岗太多　　B. 工人升降级使用
C. 机器或工具选用不当　　D. 设备故障较多

10. 下列不能用来作为考核依据的标准成本包括(　　)。
A. 理想标准成本　　B. 正常标准成本
C. 现行标准成本　　D. 基本标准成本

三、判断题

1. 成本控制时，对所有的成本费用支出要一视同仁。(　　)
2. 成本控制系统应该具有灵活性。(　　)
3. 员工都有主人翁意识，会积极配合成本控制。(　　)
4. 成本控制系统应该具有通用性。(　　)
5. 对于厂部成本控制中成本的预测和决策，财务部门应该会同基层单位，制定出完全成本降低任务的措施方案。(　　)
6. 正常标准成本可以调动职工的积极性，在标准成本系统中广泛使用。(　　)
7. 理想标准成本可以作为考核的依据，现行标准成本不可以用来对成本计价。(　　)
8. 基本标准成本不宜用来直接评价工作效率和成本控制的有效性。(　　)
9. 变动制造费用耗费差异是实际变动制造费用支出与标准工时和变动制造费用标准分配率的乘积之间的差额。(　　)
10. 无法从生产过程的分析中找出材料价格差异产生的原因。(　　)

四、计算分析题

1. 目的：掌握材料成本差异的核算。

资料：根据华方公司确定甲产品耗用 101 和 102 原料完成表 7－5，计算表 7－5 中的 A，B，C，D，E。

表 7-5　直接材料标准成本

标准		材料 101	材料 102
价格标准	发票价格/元	9.7	B
	运杂费、装卸费/元	0.5	0.5
	标准价格/元	A	7.9
用量标准	设计用量/千克	5	6
	合理损耗量/千克	0.1	0.2
	单位产品标准用量/（千克/件）	5.1	6.2
	成本标准/（元/件）		
	101 材料/(元/件)	C	
	102 材料/（元/件）		D
	单位产品的标准成本/元	E	

2. 目的：掌握材料成本差异的计算。

资料：华方公司生产乙产品用料标准成本如表 7-6 所示。本月生产乙产品 2 100 件，实际投料：103 原料 1 300 千克，实际成本 7 150 元；104 原料 850 千克，实际成本 7 650 元。

表 7-6　乙产品用料标准成本

原料品种	标准用量/千克	标准单价/（元/千克）	标准成本/元
103 材料	0.6	5	3
104 材料	0.4	10	4
合计			7

要求：(1) 计算原材料成本差异总额。

(2) 计算原料用量差异和价格差异。

3. 目的：掌握人工成本差异的计算。

资料：达尔生化公司生产除草剂，每件直接人工的标准成本如下：工时定额 0.5 小时，人工工资率标准 6 元/小时，本月共耗用 835 个工时，实际支付人工成本 5 177 元，实际生产该种除草剂 1 760 件。

要求：计算本月人工成本差异总额以及人工效率差异和工资率差异。

4. 目的：掌握变动制造费用成本差异的计算。

资料：新光公司生产 A 产品，本月共生产 1 000 件，实际耗用 50 000 个工时，实际发生的变动制造费用 20 000 元。假设变动制造费用的标准分配率为 0. 36 元/小时，单位 A 产品标准工时为 480 小时。

要求：计算本月变动制造费用成本总差异以及效率差异和耗费差异。

5. 目的：掌握固定制造费用成本差异的计算。

资料：大光公司年度有关固定制造费用资料见表 7-7 所示。

表 7-7 固定制造费用列表

项目	资料
固定制造费用预算数/元	60 000
固定制造费用实际数/元	61 800
预算工时/小时	20 000
实际工时/小时	19 000
标准工时/小时	21 000

要求:采用三因素分析法计算固定制造费用差异。

项目八　建立责任会计制度

任务目的

了解责任会计制度的意义、建立原则；
了解责任会计制度的基本内容；
掌握成本中心、利润中心和投资中心业绩评价指标的计算与分析；
了解内部转移价格的含义及其制定准则；
了解内部银行收支结算的内容和方法；
了解责任中心业绩报告和责任会计报告体制。

任务分析

能够计算成本中心业绩评价指标并进行分析；
能够计算利润中心业绩评价指标并进行分析；
能够计算投资中心业绩评价指标并进行分析；
能够编制责任中心业绩报告。

案例导入

近些年来，日本的经济和企业出现了比较大的问题。2001 年 4 月 1 日到 2002 年 3 月 31 日这个财年，日本第一大家电企业松下电器出现 48 年来首度亏损，亏损额高达 4 310 亿日元。而日本七大电子企业中，只有索尼保持赢利。日本企业到底怎么了？日本会向哪里去？导致这种情况的一个重要原因是日本企业在最重要的绩效管理体系上出现了问题。

首先，从绩效管理体系的基础来看，职务分析不够明确和合理。职务分析包括工作分析和工作评价两部分内容。日本企业的职务分析普遍表现得模糊和含糊，非常不清晰，公司强调集体观念，要求工作大家都做，各个部门、各个员工的工作划分模糊，甚至存在明显的重叠和交叉，一旦出现了问题很难找到责任人。

其次，从绩效目标的设定来看，日本企业存在考核内容和考核标准不清晰的问题。绩效考核的标准过于模糊，表述不清晰，标准不齐全、走样、以主观代替客观等。其考核结果是不会得到被考核者的认同的。

任务实施一　责任会计制度概述

一、责任会计制度的意义

(一) 责任会计制度和经济责任制

责任会计制度是为了适应经济责任制的要求，在企业内部划分若干责任中心，把会计指标与它们的经济责任和业绩考评相联结的一整套内部控制制度。所以说，责任会计制度既是管理会计的控制方法，也是管理会计的考核与评价方法。

从上述责任会计制度的含义中，我们可以明确它是与经济责任制紧密关联的一种方法和手段。实行和贯彻经济责任制是企业改善经营管理，提高经济效益的一项重要原则，它是把经济权力、经济责任、经济利益三者相结合的一种生产经营管理制度，特别适宜在企业内部各个职能部门推行。经济责任制包括三个方面的内容：一是明确经济责任。在企业内部根据管理的需要，确定每个职能单位及各类管理人员所负责的工作，划清经济责任范围，定职责，定任务，原则上要求每个责任层次在其责任范围内负完全责任，责成他们必须完成，给予他们一定的压力，这是经济责任制的核心。二是给予相应的经济权力。为了促使各个责任单位完成他们的经济责任，必须在他们分工负责的范围内给予应有的管理权力，包括产、供、销、人、财、物等方面广泛的决定权。给予各个责任单位相应的权力是经济责任制得以贯彻执行的保证措施。三是享有一定的经济利益。为了调动各个责任中心的积极性和主动性，要经常对他们的工作实绩与成果进行评价与考核，奖优惩劣，使经济利益与经济成果直接联系，从而使经济责任制的贯彻推行具有内在的动力。经济责任制是把企业内部责任单位和有关人员工作的压力、动力、保证措施联为一体的经济手段。实践证明，它是企业加强经营管理、提高经济效益不可缺少的有效工具。

建立和健全责任会计制度，是落实经济责任制的必要措施。责任会计制度是把经济责任用会计数字加以落实，使各职能部门明确具体目标和具体责任；同时责任会计制度还通过一系列考核和评价指标对责任单位进行约束和考评，并给予奖惩，保证责任目标的实现。从两者的关系看，可以说责任会计制度也是经济责任制的一种具体表现形式。

(二) 责任会计制度的作用

建立责任会计制度对落实经济责任制，实现企业经营总目标，完善会计基础工作都有着积极的作用。

1. 有利于贯彻落实企业内部经济责任制

如上所述，实现责任会计之后，每个责任者有责、有权、有利，明确了责任者自身的目标，对他们应该管和控的财务指标严格把关，落实经济责任；另外，以责任单位为核算主体，进行记录和归集会计信息，并据以评价和考核，做到奖惩有据，准确地反映工作实绩和成果。

2. 有利于实现企业经营的总目标

在责任会计制度下，企业的经营总目标经过层层分解，体现为各个责任单位的具体目标，这样就使各责任单位的经营目标与企业总经营目标统一起来，保证了统一领导、分级管理的需要。在企业总目标下，责任单位的具体目标要与总目标保持协调和一致，如有偏离总目标的差异,应及时控制和调整自身的生产经营活动,最大限度地服从总目标,保证企业经营总目标的实现。

3. 有利于完善会计基础工作

实行责任会计制度,客观上要求加强与之相配套的一系列会计基础工作,如原始记录的整理、归类,各种定额、标准、预算的测定,内部价格的制定等会计工作,必须扎扎实实地予以落实,否则就难以推行责任会计工作。同时,扎实的会计基础工作也为财务会计成本核算提供了可靠的数据。可见,实施责任会计制度能够促进会计基础工作的健全与完善。

二、责任会计制度的建立原则

责任会计制度的建立,往往因为企业的类型不同,做法也可能各有所异,但都必须遵循以下原则。

(一) 责任制原则

责任制原则指责、权、利相结合的原则。在责任会计制度中要为每一个责任单位、每个收支项目确定具体的负责人,要让他们身负责任、赋予权力、享受利益,并制定出合理的考评标准和奖惩条例,激励各个责任单位的工作积极性和创造性。

(二) 可控性原则

把会计数据同责任单位紧密联系起来所形成的信息控制,是责任会计制度的实质。这一内部控制制度的推行,有赖于各个责任单位有一定的独立权,避免出现职责不清、功过难分的局面。这样就要求各个责任单位在其责任范围内具有控制权,即对责任区域内的可控成本、利润和资金负责。对于他们难以控制的因素则不列入责任范围内,使控制对象和控制权力保持协调。

(三) 一致性原则

尽管各个责任单位在其控制范围内有一定的独立性,但其不能脱离企业总的经营目标和企业整体利益,要通过有效的控制系统保证责任单位的具体经营目标与企业经营总目标的一致,保证局部利益服从整体利益。在责任会计中,目标一致性主要依靠评价指标的标准化来实现。在编制责任预算时,要求责任单位的具体目标服从企业的总目标;在实施过程中,要采取一系列控制步骤,把责任单位的具体目标纳入总目标运行轨道。这一切都必须通过具体的指标对比和说明;凡出现偏差之处,均以企业经营总目标为准。目标一致性是评价责任单位实绩的重要标准。

(四) 及时性原则

及时性包括及时反馈和及时调控。责任会计制度要求责任单位对其承担的经济责任要有健全的跟踪系统和反馈系统,通过完善的记录制度和报告制度,及时掌握责任预算的执行情况,还要通过对实施过程的发生数与预算数加以比较、分析,查明不利偏差的原因,及时反馈到有关责任人员那里。在及时反馈的过程中,同时要求各有关责任者及时采取调控措施,把可控因素约束起来,把不可控因素及时向有关部门和责任单位报告。只有及时反馈和及时调控,才能用最短的时间把不利影响消灭在萌芽状态,才能使各有关责任单位能够协调行动,实现企业经营总目标。

三、责任会计制度的基本内容

责任会计制度是一整套内部控制制度,并形成一个完整的体系。这个体系主要包括以下内容。

(一) 划分责任中心,规定权责范围

责任中心是企业内部能在一定的责任范围内控制成本发生或收益实现及资金使用的组织单位。根据企业经营管理的需要,把企业所属的部门、车间划分为既相互区别,又相互联系的责任中心,或是成本中心,或是利润中心,或是投资中心,要求其承担不同的经济责任,也赋予其相应的经济权力。在规定责任中心权责范围的基础上,也明确其相对独立的经济利益,保证责任中心的责任性、积极性得到充分发挥。权责范围往往涉及不同责任中心的关系,因此要在调查研究的基础上,准确划分责任界线,避免日后发生纠纷。这是责任会计制度中的难点,需要认真注意解决。

(二) 编制责任预算,分解目标责任

把全面预算所要确定的总目标进行层层分解,并要求每个责任中心编制责任预算,成为各个责任中心的责任目标,也作为今后控制经济活动、评价工作实绩的主要依据。责任预算为每一个责任中心确定了相应的责任目标,实际上也就是规定了责任中心的具体任务。责任预算是责任会计制度的中心内容。

(三) 制定内部转移价格,设立内部银行,完善责任会计核算体系

要把经济责任和会计数值紧密联系起来,实现经济责任的数量化,不仅需要建立一整套的记录、计算、考核、评价的数据和指标体系等基础工作,还需要制定内部结算价格,为正确划分责任归属,准确核算各责任中心的经营成果提供必要依据;最后还要采用内部银行结算,使各个责任中心的耗费和成果实行等价交换,与各个责任中心的切身利益直接关联,强化各个责任中心的经济责任,调动责任中心的积极性。内部转移价格和内部银行是责任会计制度的组成部分之一。

(四) 编制业绩报告,考评工作业绩

根据责任中心的成本、收入、利润、资金等信息的搜集、整理、归类,集中反映其工作成就的报告就是责任中心业绩报告,它是责任中心对责任预算执行情况的概括说明。通过业绩报告所提供的会计信息,就可以对责任中心的工作好坏作出考核和评价,奖优罚劣。既要肯定成绩,也要指出问题,及时通过信息反馈采取控制措施,实现企业经营总目标。

任务实施二　责任中心及其考评

责任中心是指能够承担规定责任并能行使相应职权的组织单位。企业为了加强内部控制,经常把内部各个职能部门分割为相对独立的责任区域,分工负责,各司其职,每一个责任区域就是一个责任中心。划分责任中心,要根据管理的要求自上而下层层分解。只要它们相互的责任是可以辨认的,业绩是可以单独考核的,都可以划分为责任中心,大至分公司、工厂或部门,小至班组,都能成为一个责任中心。

根据责任中心控制的对象,可以分为成本中心、利润中心和投资中心三类。

一、成本中心

(一) 成本中心的含义

一个责任中心,如果不形成或者不考核其收入,而是着重考核其所发生的成本和费用,这

类中心称为成本中心。它是对成本或费用承担责任的责任中心。它不会形成收入,因而不对收入、利润或投资负责。成本中心一般包括负责产品生产的生产部门、劳务提供部门以及给予一定费用指标的管理部门。

成本中心的应用范围最广,但凡企业发生成本、费用支出,并对成本负责的部门,都可成为成本中心。例如工业企业上至厂一级单位,下至车间、班组,甚至个人都有可能成为成本中心。由于成本中心的规模层次不同,其控制和考核的内容也不尽相同。但基本上都是逐级控制,并层层负责的成本中心体系,其职责就是用一定的成本去完成规定的具体任务。

(二) 成本中心的类型

成本中心可分为技术性成本中心和酌量性成本中心。技术性成本中心(或标准成本中心)是指发生的成本数额通过技术分析可以相对可靠地估算出来的成本。如产品生产过程中发生的直接材料、直接人工、间接制造费用等。其特点是这种成本的发生可以为企业提供一定的物质成果,在技术上投入量与产出量之间有着密切的联系。技术性成本可以通过弹性预算予以控制。

酌量性成本中心(或费用中心)是指是否发生以及发生数额的多少是由管理人员的决策所决定的或者投入和产出之间没有密切联系的责任单位。它主要包括各种管理费用和某些间接成本项目,例如广告宣传费用、研究开发费用、职工培训费用等内容。这种费用发生主要是为企业提供一定的专业服务。酌量性成本的控制应着重于预算总额的审批上。

(三) 成本中心考核的特点

相对于利润中心和投资中心而言,成本中心主要表现出如下的特点:

① 成本中心只考评成本费用而不考评收益。成本中心一般不具备经营权和销售权,其经营活动的结果不会形成可以用货币计量的收入;有的成本中心可能有少量的收入,但是从整体上看,其产出与投入之间不存在密切的对应关系,因而,这些收入不作为主要的考核内容,也不必计算这些货币收入。概括地说,成本中心只以货币形式计量投入,不以货币形式计量产出。

② 成本中心只对可控成本负责。成本费用依其责任主体是否能够控制可以分为可控成本和不可控成本。凡是责任中心能够控制其发生及其数量的成本称为可控成本;不能够控制其发生及其数量的成本称为不可控成本。可控成本必须具备以下四个条件:一是可以预计。即成本中心能够事先知道将发生哪些成本以及何时发生;二是可以计量。即能够对发生的成本进行计量;三是可以施加影响。即成本中心可以通过自身的行为来调节成本;四是可以落实责任。凡是不具备以上四个条件就是不可控成本。

成本的可控与否是相对而言的,这与责任中心所处管理层次的高低、管理权限及控制范围的大小和经营期间的长短有直接关系。对于一个企业整体而言,几乎所有的成本都是可控的,而对于企业下属各层次、各部门乃至个人来说,则既有各自的可控成本,又有各自的不可控成本。某项成本就某一责任中心看是不可控的,而对于另一个责任中心则可能是可控的,这不仅取决于该责任中心的业务内容,也取决于该责任中心所管辖的业务内容的范围。

③ 成本中心只对责任成本进行考核和控制。责任成本是各成本中心当期确定或发生的各项可控成本之和。它可分为预算责任成本和实际责任成本。前者是指由预算分解确定的;后者是指各责任中心从事业务活动实际发生的。对成本费用进行控制,应以各个成本中心的预算责任成本为依据,确保实际责任成本不会超过预算责任成本;对成本中心进行考核,应当通过各成本中心的实际责任成本与预算责任成本进行比较,确定其成本控制的绩效,并采取相

应的奖惩措施。

(三) 产品成本与责任成本的区别

众所周知,产品成本是按承担成本的客体进行计算的,其核算原则是谁受益谁承担;而责任成本则是按责任区域进行计算的,其核算原则是谁负责谁承担。因此说,产品成本和责任成本是两类性质的成本。但就某个特定时期来说,企业的产品总成本与责任总成本的总和还是相等的,因为它们都反映生产过程中的各种耗费。

产品成本与责任成本之间的区别有以下几个方面。

1. 成本核算的对象不同

产品成本以成本承担的客体(产品)为核算对象;责任成本以成本负责单位(责任中心)为核算对象。

2. 成本归集的原则不同

产品成本归集的原则是哪种产品受益,就由哪种产品负担,即按产品分别归集人力、物力、财力的耗费。责任成本归集原则是谁负责,就算在谁的账上,即成本中心按其负责范围归集可控成本。

3. 成本的分类不同

产品成本按照成本分配的方法分为直接成本和间接成本,责任成本按照可控性分为可控成本和不可控成本。

4. 成本计算的用途不同

产品成本以各种产品为对象归集生产费用,反映和检查产品成本计划完成的情况,是实行经济核算制的需要。责任成本以责任中心为对象归集生产费用,是计算责任中心应负责的可控成本,是贯彻经济责任制的需要。

(四) 成本中心的考核指标

由于成本中心的职责比较单一,因此,成本中心的考核也比较简单,对其考核的内容主要是责任成本,即将成本中心实际发生的责任成本同预算的责任成本或目标成本进行比较,包括责任成本(费用)降低额和降低率。其计算公式为:

责任成本(费用)降低额=责任成本(费用)实际发生额－责任成本(费用)预算数额 (8-1)

责任成本(费用)降低率=责任成本(费用)降低额÷责任成本(费用)预算数额×100% (8-2)

需要注意的是,如果预算产量与实际产量不一致,应按弹性预算的方法首先调整预算数,然后再计算上述指标。

【例 8-1】 某成本中心生产 A 产品,预算产量 7 000 件,标准单位责任成本为 200 元,实际产量 6 000 件,实际单位责任成本为 180 元。

要求:计算该成本中心的成本差异额和差异率。

解: 成本差异额=6 000×180－6 000×200=－120 000(元)

成本差异率=－120 000÷(6 000×200)×100%=－10%

该成本中心的成本降低额为 120 000 元,成本降低率为 10%。

如果不将预算责任成本中的预算产量调整为实际产量,则成本差异额与成本差异率包含了产量的变动,不能真实地反映成本中心成本控制工作的好坏。

(五) 需要注意的两个问题

1. 关于成本分类不同的关系

根据习性不同分类，成本可分为变动成本和固定成本；根据可控性不同分类，成本可分为可控成本和不可控成本。这种不同分类方法是从不同角度考察的，它们之间虽有明显的区别，但还存在一定程度的联系。一般来说，在一个成本中心内，变动成本大多是可控成本，固定成本大多是不可控成本。但在实际中，还需要具体情况具体对待。例如，职工培训费、广告费一般不受产量影响，属于固定成本；但它们发生额大小受主管部门的决定，因而对主管部门来说，它是可控成本。再如直接材料，它是随产量变动而变化的，属于变动成本；如果由本部门加工，属于可控成本；但如果从外购进直接装配，则属于不可控成本。对于这些情况需要在编制责任预算时就予以明确，以避免执行时的权责不清。

2. 关于成本在不同成本中心的转移关系

凡各成本中心直接发生的成本叫做直接成本，由其他部门分配来的成本叫做间接成本。一般来说，直接成本大多是可控成本，间接成本大多属于不可控成本。但也需要具体情况具体对待，不可一概而论。例如，由上一道工序转来的半成品，是本工序的直接材料，是直接成本，但半成品部分属于不可控成本。再如，本车间由辅助部门分配来的水、电费属于间接成本，但转来的金额是由本车间耗费量的多少计算而加以分配的，对于车间来说，仍是可控成本。

在对成本中心分配责任预算及对责任成本具体计算之后，尚需编制成本中心业绩报告，以便对成本中心所做的工作进行业绩考核和评价。

二、利润中心

(一) 利润中心的含义

利润中心是指既对成本负责，又要对收入和利润负责的责任中心。利润中心是比成本中心更高一级的责任中心，往往处于企业内部的较高层次，一般具有独立的收入来源和独立的经营权。利润中心对成本的控制是联系着收入进行的，它强调相对成本的节约。它适用于企业管理层次中具有独立收入来源的公司、分厂等较高阶层。这些责任中心单位不仅要调控成本和费用的发生，还要调控收入和利润的实现，对成本和收益同时承担经济责任。

在经济责任制下，可以把凡是能够独立核算、自负盈亏的单位都划为利润中心。因此，有些企业将对外营业的维修单位也划为利润中心，以进一步扩大企业经营范围，增加企业的经济效益。

(二) 利润中心的分类

在责任会计中，利润中心可以分为自然的利润中心和人为的利润中心两类。

自然的利润中心一般是指自然形成，对外直接出售产品或劳务的完整独立的企业(分公司、分厂)。它们既有成本，又有收入，同外部市场有着直接的联系。

人为的利润中心是其产品或劳务虽不能直接进入外部市场，但根据内部转移价格在企业内部有关部门和单位之间进行结算、核算利润和收入的责任中心。因此，在内部转移价格条件下，成本中心大多可以转化为利润中心，由于这类利润中心多系人为划分，故称之为人为的利润中心。

把成本中心人为地转变为利润中心，虽然是假设的利润中心，但它对进一步加强企业内部核算，落实经济责任制是一种有益的尝试。

(三) 利润中心的考核指标

利润中心的考核指标主要是利润。通过比较一定期间实际实现的利润与责任预算所确定的利润,可以评价其业绩。但是由于成本计算方式不同,各利润中心的利润指标的表现形式也不相同。

在评价利润中心业绩时,至少有四种选择,即边际贡献、可控边际贡献、部门边际贡献和税前部门利润。其计算公式为:

$$\text{边际贡献}=\text{部门销售收入}-\text{部门变动成本} \tag{8-3}$$

$$\text{可控边际贡献}=\text{部门边际贡献}-\text{部门可控固定成本} \tag{8-4}$$

$$\text{部门边际贡献}=\text{部门可控边际贡献}-\text{部门不可控固定成本} \tag{8-5}$$

$$\text{税前部门利润}=\text{部门边际贡献}-\text{部门管理费用} \tag{8-6}$$

【例 8-2】 某公司内部 B 部门为利润中心,当年实现销售收入 55 000 元,已经销售的产品中各种变动成本为 42 000 元,B 部门可控固定成本为 3 000 元,不可控固定成本为 1 500 元,分配的公司管理费用为 1 000 元。则该公司 B 部门利润中心的各项指标计算如下:

收入 55 000

变动成本 42 000

① 边际贡献 13 000

可控固定成本 3 000

② 可控边际贡献 10 000

不可控固定成本 1 500

③ 部门边际贡献 8 500

公司管理费用 1 000

④ 税前部门利润 7 500

通过对以上例题的分析,可以发现以边际贡献作为业绩评价依据是不全面的,它可能导致部门管理尽可能多地支出固定成本以减少变动成本支出;以可控边际贡献作为业绩评价依据可能是最好的,它反映了部门经理在其权限和控制范围内有效使用资源的能力。部门经理可控制收入以及变动成本和部分固定成本,因而可以对可控边际贡献承担责任。但是,这一衡量标准的主要问题是可控固定成本和不可控固定成本的区别比较困难;以部门边际贡献作为业绩评价依据,不适合评价部门经理,可能更适合评价该部门对企业利润和管理费用的贡献;以税前部门利润作为评价业绩的依据通常是不合适的,因为公司总部的管理费用是部门经理无法控制的成本,这样由于公司分配的管理费用引起了部门利润的不利变化,不应该由部门经理来负责。

三、投资中心

(一) 投资中心的含义

投资中心是比利润中心更高一级的责任中心,它既要对成本、利润负责,又要对投资的全部资产(流动资产和固定资产)的使用负责,拥有投资决策权,所以是控制区域和职权范围比利润中心还要大的责任中心。作为投资中心,既要考核其成本、利润,还要全面考核投资报酬经济效益的好坏。

投资中心仅限于规模和经营权力较大的部门,如发展事业部、分公司、分厂。它们拥有充分的经营决策权和投资决策权。从这个意义上说，一个完全独立的利润中心是能够独立决定投资方向的，实质上就是投资中心。公司的最高管理当局对投资中心一般不加干预。

核算投资中心的投资效益，应对各投资中心共同使用的资产划分清楚，相互之间调剂使用的资金、存货等应计息清偿（由内部银行进行结算更为经济合理），这样才能准确计算投资中心的经济成果，也才能符合责任会计的要求。

（二）投资中心的考核指标

投资中心的考核指标不仅要衡量利润，还要衡量其资产并把利润与其所占用的资产联系起来。评价投资中心业绩的考核指标通常有投资利润率和和剩余利润两种。

1. 投资利润率

投资利润率是最常见的考核投资中心业绩的评价指标，它是投资中心所获得的利润与投资额之间的比率。其计算公式为：

$$投资利润率=(利润/投资额)\times 100\% \qquad (8-7)$$

还可以进一步展开：

$$\begin{aligned}投资利润率&=(销售收入/投资额)\times(成本费用/销售收入)\times(利润/成本费用)\\&=资本周转率\times销售成本率\times成本费用利润率\end{aligned} \qquad (8-8)$$

以上公式中投资额是指投资中心的总资产扣除负债后的余额，即投资中心的净资产。所以，该指标也可以称为净资产利润率，它主要说明投资中心运用公司的每一单位资产对整体利润贡献的大小，或投资中心对所有者权益的贡献程度。

为了考核投资中心的总资产运用状况，也可以计算投资中心的总资产息税前利润率。它是投资中心的息税前利润除以总资产占用额。计算公式为：

$$总资产息税前利润率=(息税前利润\div总资产)\times 100\% \qquad (8-9)$$

其中，总资产是指生产经营中占用的全部资产。因资金来源中包含了负债，相应分子也要采用息税前利润。它是利息加利润总额。投资利润率按总资产占用额计算，主要用于评价和考核由投资中心掌握、使用的全部资产的盈利能力。值得说明的是，由于利润或息税前利润是期间性指标，故上述投资额或总资产占用额应按平均投资额或平均占用额计算。

投资利润率具有能反映投资中心的综合盈利能力、将各投资中心的投入和产出进行比较并剔除了因投资额不同而导致的利润差异的不可比因素、优化资源配置和经营管理行为长期化等优点，因此，可以将投资利润率作为选择投资机会的依据和评价投资中心经营业绩的尺度。

总体来说，投资利润率的主要优点是能促使管理者像控制费用一样地控制资产占用或投资额的多少，综合反映一个投资中心全部经营成果。但是该指标也有其局限性，最为主要的表现就是：使用投资利润率往往会使投资中心只顾本身利益而放弃对整个企业有利的投资项目，造成投资中心的近期目标与整个企业长远目标的背离。

2. 剩余收益

为了克服投资利润率本身的某些缺陷，可以采用剩余收益作为评价指标。剩余收益是指投资中心获得的利润扣减其最低投资收益后的余额。其计算公式如下：

$$剩余收益=利润-投资额\times预期最低投资收益率 \qquad (8-10)$$

如果考核指标是总资产息税前利润率，则剩余收益计算公式应作相应调整。计算公式如下：

$$剩余收益=息税前利润-总资产占用额\times预期总资产息税前利润率 \tag{8-11}$$

这里所说的预期的最低收益率和总资产息税前利润率通常是指企业为保证其生产经营正常、持续进行所必须达到的最低收益水平。

剩余收益的主要优点是可以使业绩评价与企业的目标协调一致，引导部门经理采纳高于企业资本成本的决策。

采用剩余收益指标还有一个好处，就是允许使用不同的风险调整资本成本。从现代财务理论来看，不同的投资有不同的风险，要求按照风险程度调整其资本成本。因此，不同行业部门的资本成本不同，甚至同一部门的资产也属于不同的风险类型。在使用剩余收益指标时，可以对不同部门或者不同资产规定不同的资本成本百分比，使剩余收益这个指标更加灵活。而投资利润率评价方法并不区别不同资产，无法分别处理风险不同的资产。

但是，剩余收益是绝对数指标，不便于不同部门之间的比较。规模大的部门容易获得较大的剩余收益，而它们的投资报酬率并不一定很高。因此，许多企业在使用这一方法时，事先建立与每个部门资产结构相适应的剩余收益预算，然后通过实际与预算的对比来评价部门业绩。

用剩余收益作为考核投资中心的经营业绩是否一定比投资报酬率好，要视不同的情况而定。一般来说，资金比较充裕的情况下，宜用剩余收益。因为资金较难找到运用的市场，只要有利可图，只要能提供剩余收益，都是可取的。但是，在资金比较短缺的情况下，要尽量节约营业资产，提高投资报酬率。因此，在不同时期考核投资中心的业绩时，要有所侧重，有时要综合使用。

任务实施三　内部转移价格和内部银行

一、内部转移价格

(一) 内部转移价格的作用

内部转移价格是指企业内部各责任中心由于相互结算或相互转账所选用的一种价格标准，所以也称内部结算价格。在生产经营过程中，企业内部各责任中心往往发生直接或间接的业务联系，如生产车间之间转移中间产品，辅助生产部门向生产车间提供劳务，行政部门向生活部门提供生活和管理服务等情况，为了明确各责任中心经济责任，实行等价交换，就需要必要的结算手续。内部转移价格则是结算企业内部债权债务的必要前提，没有转移价格，办理结算手续就无从谈起。因此说，制定内部转移价格，要妥善处理企业内部有关责任中心的业务联系，它是实行责任会计制度必不可少的工作内容，其作用体现在以下几个方面。

1. 它是划分责任中心经济责任的有效手段

划分责任中心既是经济责任制在企业内部的具体体现，也是为了落实经济责任制的重要方式。要明确各个责任中心的经济责任，必须通过内部转移价格这一重要手段来实现。各个责任中心发生的业务联系，进行各种经济往来，只有采用计价才能结算往来双方的经济利益，才能反映责任中心的工作业绩，才能维护各责任中心的正当经济权益，保证经济责任制的推行。

2. 它是责任中心经营业绩考核和评价的客观基础

考评责任中心的经营业绩必须通过一定的结算方式才能实现，只有制定合理的内部转移价格才能完成结算工作。在这个基础上就能准确计量和考评责任中心对责任预算的实际执行情况，并且使得各个责任中心相互之间的经营业绩有一个客观的标准，有一个可比的尺度，排除了人为主观评价的随意性，使得经营业绩的考核和评价更加客观、真实和准确。

3. 它是制定正确经营决策的重要依据

企业内部各个责任中心的工作业绩通过内部转移价格得以量化，使得企业管理当局能了解内部的各种会计信息和有关经济状况，对未来经营目标的规划有了基本依据，在各责任单位工作业绩报告的基础上，制定正确的经营决策。例如，决定某些中间产品是从内部购买还是向外部市场购买，某个责任中心的经营规模是扩大还是收缩，都需要在借鉴内部转移价格和市场价格对比的基础上才能作出决策方案。

4. 它是调动企业内部责任中心经营积极性的有力措施

合理的内部转移价格，还可以发挥类似市场价格的调节作用。责任中心的主管人员和所属员工在合理的内部转移价格刺激下，可以充分发挥主动性和积极性，可以创造更多的盈利，并超额完成责任中心的责任目标，保证责任中心和个人经济利益得到不断增长。

（二）内部转移价格的制定准则

根据不同类别的责任中心，采用的内部转移价格是不同的，通常是根据以下准则确定不同的内部转移价格。

1. 成本中心之间相互提供产品（在产品、半成品）或劳务，以标准成本或预计分配率作为内部转移价格。

以标准成本或预计分配率作为成本中心的计价标准，其优点：一是简便易行，免除核算利润烦琐的手续，简化了计算的复杂性；二是以标准成本计算，不以实际成本计算，就不会把供应单位的无效劳动或浪费转嫁给耗用单位去负担（在供应单位实际成本高于标准成本的情况下），也不会使耗用单位无故分享供应单位节约开支、降低成本的工作成果（在供应单位实际成本低于标准成本的情况下）。所以，采用标准成本为内部转移价格就能正确反映成本中心实际工作的业绩，也能够激励成本中心积极降低成本的责任感。

2. 凡是有关利润中心或投资中心之间的产品或劳务，一般以市场价格作为内部转移价格。

之所以要采用市场价格在利润中心或投资中心之间结算的办法，一是因为市场价格对于交易双方最为客观，毫无偏袒；二是市场价格能够将“内购”与“外购”对比，以便从中选择经济上有利的产品或劳务取得方式或销售方式，从而造成企业内部形成竞争性市场，使得利润中心与外部市场之间相互竞争。通过市场价格计算的产品或劳务的净利能够评价利润中心的真正业绩。

在以市场价格为内部转移价格时，企业内部双方均以下列规定为准：

（1）卖方的价格不高于市场价格，即卖方的价格等于或小于市场价格时，卖方愿意对内销售，买方有购买的义务，不得拒绝购买。

（2）卖方的价格高于市场价格时，买方有权拒绝购买，有向外部市场购买的自由。

（3）卖方的产品或劳务，应首先满足企业内部需要，有义务承担在同样价格下优先供应内部需求的义务，但有权拒绝以低于市场价对内部其他利润中心的供应。

采用市场价格往往有一定的局限性，就是内部转让的产品或劳务如果是特殊规格，或者是专门特制的产品，缺乏市价参照系，就难以确定内部转移价格。因此利润中心或投资中心用市场价格为内部转移价格进行结算的同时，还应选用协商价格、双重价格、成本加成等其他标准作为内部转移价格。

所谓协商价格，又称议价，是企业内部利润中心买卖双方在协商的基础上，以市场价格为上限，以单位生产成本为下限，确定出一个双方均愿接受的价格作为内部转移价格。

协商价格一般应不高于市场价格，其理由是在进行内部交易时，可以节约推销费用和流通费用；又因批量大，单位生产成本变低，所以在利润不变的情况下，议价也应低于市价。协商价格不低于单位生产成本，其理由是：作为卖方来看，能够充分利用多余的生产能量，只要略高于生产成本就能有利可图，而买方也能以比市场低廉的价格取得产品或劳务，对于交易双方都是一种有利机会，兼顾了买卖双方各自的经济权益。特别是在产品或劳务缺乏市场的情况下，议价当做买卖双方愿意接受的“公允价格”成为内部转移价格是一种较好的选择。

双重价格是指买卖双方采用各自有利的价格为内部转移价格并作为计价基础。一般是卖方用最高的市价计价，买方采用最低的市价计价来维护各自的经济权益。之所以采用双重价格，是因为采用单一的内部转移价格对于买卖双方来说都是难以接受的，它是在双方都不利的情况下所采取的一种折中办法。例如，卖方的半成品单位成本高于一般市价而单位变动成本低于一般市价，那么买方又有权向市场以低于一般市价购买此类产品时，如果卖方以单位成本作为转移价格，就会高于市场价格，买方则必然坚持外购。对整个企业来说，由于卖方不能向内部转售半成品，势必造成停产，但其固定成本依然存在，整个企业会因此造成更大的损失。为了使企业整体利益得到保证，既要反映买方的实际工作业绩，以市场较低价计价，同时要确定卖方的实际成果，需要以高于一般市价的单位成本计价。在这种特殊情况下以双重价格计价，买卖双方都愿意接受，又能对企业的整体利益带来好处，实在是一种不得已而为之的选择。所以，双重价格一般情况下不宜采用。

成本加成价是在产品或劳务全部成本的基础上，加上合理的利润率为内部转移价格并作为计价标准。它也是在没有市价的情况下所采用的一种计价方式。成本加成价有下述两种做法：

第一种做法是实际成本加成。其计算公式为：

$$实际成本加成价=单位实际成本\times(1+合理的利润率) \quad (8-12)$$

用这种计价方式，其特点是偏袒了卖方单位，因为卖方无论成本状况如何总是有利可得的，它可以提高卖方的工作积极性，特别是在卖方实际成本过高时。对于买方来说，无论卖方单位的实际消耗是否合理，都必须由买方全部承担下来，容易挫伤买方降低成本的积极性，同时也削弱了买卖双方降低成本的责任感。因此，它不能正确评价双方的工作业绩。

第二种做法是标准成本加成。其计算公式为：

$$标准成本加成价=单位标准成本\times(1+合理的利润率) \quad (8-13)$$

标准成本加成价的优点是避免了卖方损失的转嫁或节约成本的转移，能够分清交易双方的经济责任，对实际成本加成方法的偏误起到一定的校正作用。

无论是标准成本加成，还是实际成本加成，都需要根据“合理的利润率”这一指标加以确定。这一利润率的高低应当如何制定，需要管理者慎重研究，避免主观随意性。

在贯彻执行经济责任制的过程中，责任中心之间必然会出现有关责、权、利方面的矛盾和纠纷，除了通过责任预算、内部转移价格等方式处理责任中心的经济责任和经济利益之外，往往还需要成立“经济仲裁委员会”，调停、裁决处理一些难以用经济手段解决的纠纷和矛盾，这也是经济责任制下的一种需要。但是，在日常责任会计制度下，主要应以规章制度来规范责任中心的责、权、利经济关系。

二、内部银行

为了分清责任中心的经济责任，除了用内部转移价格核算各个责任中心的经济成果外，还必须通过设置内部银行来解决责任单位之间的收支结算、内部转账、有偿使用资金等一系列问题。设置内部银行是实现经济责任制，特别是明确利润中心和投资中心之间经济往来的一种重要途径。

（一）责任会计制度下设置内部银行的意义

1. 内部银行的职能

内部银行是企业借用银行职能形式创建的用于企业内部资金调度的机构，也是企业内部各个责任中心经济利益的结算中心。它集银行职能和财务职能于一体，进一步落实了经济责任制下责任单位的经济核算。

首先，它借用银行筹集资金、运用资金的信贷职能，在企业内部各个责任单位之间采用内部贷款、内部计息、内部货币等一系列经济杠杆，明确了各个责任中心的经济权益；其次，它借用财务反映和监督的职能，对企业内部各个责任单位的成本、利润、盈亏进行结算和转账，反映了责任中心的工作业绩，监督了责任目标的实现，对资金占用、经营收入、经营耗费及劳动成果进行了监督和控制。

当然，企业内部银行不存在对外存贷、汇兑、结算等业务，因此它不是真正的银行，只能说它是经济责任制下各责任中心的共同财务机构，它只是经济责任制下落实经济核算的结算中心。

2. 设置内部银行的作用

内部银行把商品、货币关系应用于企业内部，对各责任中心之间的产品和劳务交换进行结算，对推行经济责任制，完善责任会计制度都有积极的作用。它主要体现在以下几个方面：

(1) 有利于加强企业内部资金的计划、使用和调度。内部银行把企业内部分散的资金集中起来，对各责任中心实行有偿使用，通过对内部存贷款进行调节，大大提高了企业资金筹措和使用效率，避免了分散使用、分散存款而造成的浪费。同时把各个责任中心的资金通过内部银行管起来，加强了企业对资金的控制，这样更有利于统一领导、分级管理原则的贯彻执行。

(2) 有利于强化经济责任和调动各方面的积极性。企业内部各个责任中心的资金由于是定额供应、有偿使用，就需要它们精打细算，千方百计地节约耗费、增加收入，促使责任单位加强对资金、成本、收入的管理，提高经济效益，调动责任中心的积极性。内部银行还能防止由各个责任中心分散管理资金所引起的各种不正之风和违法乱纪行为，使得企业和职工的根本利益得到保证，调动职工的积极性；同时内部银行通过对资金的控制，也能杜绝责任中心相互拖欠款项而形成的债链关系，促进资金的良性循环，调动责任中心的积极性。

(3) 有利于理顺企业内部的经济关系，增强货币的价值观念。内部银行通过对各个责任中心的结算，对它们的耗费和成果实行等价交换，经济利益看得见、摸得着，理顺了企业内部责任单位的经济利益关系；同时资金在内部银行也根据存贷时间长短的不同而取息和付息，这样就使有关人员关心货币的收支，增强了对货币的时间价值观念，强化了资金运用的责任感。

(二) 内部银行收支结算的内容和方法

1. 内部银行收支结算的内容

内部银行对企业内部责任单位之间的经济往来进行转账、清理、收付，称之为收支结算。收支结算的内容主要包括以下几点：

(1) 同级责任单位间的实物和劳务结算。同级责任单位之间相互提供实物和劳务产品时，要按照内部转移价格进行款项收付的结算，并完成转账手续。

(2) 上下级责任单位间经费缴拨摊配结算。下级责任单位按照规定的收益比例向上级责任单位缴拨，上级责任单位按照规定的费用比例向下级责任单位分配，都可以通过内部银行进行结算，并进行款项的划拨。

(3) 各个责任单位的资金存取、资金拆借的收付结算。各责任单位在内部银行取得贷款、归还贷款和利息的结算，存入款项和支取款项及利息的结算，这两点也是内部银行收支结算的一项重要内容。

2. 内部银行收支结算的方法

内部银行是以一个企业为主体而设置的，因此，在设置内部银行后，各责任单位取消在各专业银行的账户，由内部银行统一向专业银行办理存贷及现金收付业务，然后各责任单位向内部银行进行结算。其方法是：

(1) 责任单位在内部银行开设账户。企业各所属的责任单位都需要在内部银行开设存贷款账户。责任单位之间的产品和劳务销售款、成本开支贷款和其他现金收付，通过内部银行进行统一结算。内部银行设“内部银行存款”、“内部银行贷款”等会计科目，用总分类账和明细分类账记载各责任单位的资金变动情况。

(2) 内部银行发行内部支付手段。为了保证企业内部各责任单位正常交换资金结转的需要，内部银行可发行只供内部使用的“流通券”和“内部支票”，作为商品交易、劳务供应、费用支出的流通手段和支付手段，其作用视同货币，但不得在企业外部流通。

(3) 责任单位实行定额管理，有偿使用资金。各责任单位所需的资金，根据企业全面预算和责任预算的核定，定额拨给，由内部银行管理。责任单位按照有偿使用的原则，通过内部银行向用款单位收取借款利息，同时对所借款项付息，促使责任单位有偿使用资金。责任单位根据业务需要，如果增加资金使用额，要履行贷款申请手续，经过内部银行审批，规范使用资金的程序，并在规定的时间内还本付息。

(4) 严格执行内部银行收支结算制度。内部银行虽然是在企业内部设置的结算中心，但其运作职能如同社会银行一样，需要制定严格的收支结算制度，以保证内部银行设置的权威性和运作效率。对各责任单位的收付往来必须在规定的时间内向内部银行结算，对于违反结算制度的要予以经济制裁，这样才能达到内部银行设置的预期目的。

内部银行是经济责任制下产生的一种内部结算和资金控制机构，它是管理会计学的一个新内容，同时也是完善责任会计制度的新尝试，在实际工作中已被各行业普遍推广运用，取得了良好的使用效果。但是我们也应看到，内部银行作为经济责任制下的新事物，其职能、组织机构、操作方法还存在着不完善的地方，需要在理论和实践上作进一步探讨。

任务实施四　责任中心业绩报告和责任会计报告体制

一、责任预算

责任预算是以责任中心为主体，以其可控成本、收入、利润和投资等为对象编制的预算。责任预算是企业总预算的补充和具体化。

责任预算由各种责任指标组成。责任指标包括两类：第一是主要指标，上述责任中心所涉及的考核指标，也是必须保证实现的指标；第二是其他指标，为保证主要指标的完成而设定的，或是根据企业其他总目标分解的指标，通常由劳动生产率、设备完好率、出勤率、材料消耗率和职工培训等指标。

责任预算的编制程序有两种基本类型，且与企业组织结构有着密切关系：

一是以责任中心为主体，将企业总预算在各责任中心之间层层分解而形成各责任中心的预算。它实质是由上而下实现企业总预算目标。这种自上而下、层层分解指标的方式是一种常用的预算编制程序。其优点是使整个企业浑然一体，便于统一指挥和调度。不足之处是可能会遏制责任中心的积极性和创造性。

二是各责任中心自行列示各自的预算指标、层层汇总，最后由企业专门机构或人员进行汇总和调整，确定企业总预算。这是一种由下而上，层层汇总、协调的预算编制程序，其优点是有利于发挥各责任中心的积极性，但往往各责任中心只注意本中心的具体情况或多从自身利益角度考虑，容易造成彼此协调困难、互相支持少、以致冲击企业的总体目标。而且，层层汇总、协调，工作量大，协调难度大，影响预算质量和编制时效。

责任预算的编制程序与企业组织机构设置和经营管理方式有着密切关系。因此，在集权组织结构形势下，公司最高层管理机构对企业的所有成本、收入、利润和投资负责，既是利润中心，也是投资中心。而公司下属各部门、各工厂、各车间、各工段、各地区都是成本中心，它们只是对其权责范围内控制的成本负责。因此，在集权组织结构形式下，首先要按照责任中心的层次，从上至下把公司总预算（或全面预算）逐层向下分解，形成各责任中心的责任预算；然后建立责任预算执行情况的跟踪系统，记录预算执行的实际情况，并定期由下至上把责任预算的实际执行数据逐层汇总，直到最高层的投资中心。

在分权组织结构形式下，经营管理权分散在各责任中心。公司下属各部门、各工厂、各地区等与公司自身一样，可以都是利润中心或投资中心，它们既要控制成本、提高收入和利润，也要对所占用的全部资产负责。而在它们之下，还有许多只对各自所控制的成本负责的成本中心。在分权组织结构形式下，首先也应该按照责任中心的层次，将公司总体预算从最高层向最低层逐级分解，形成各责任中心的责任预算。然后建立责任预算的跟踪系统，记录预算执行情况，并定期从最基层责任中心把责任成本和收入的实际情况，通过编制业绩报告逐级向上汇总。

二、责任中心业绩报告

责任中心的业绩评价和考核应通过编制责任报告来完成。责任报告是对各个责任中心执行责任预算情况的系统概括和总结。责任报告也称业绩报告、绩效报告，它是根据责任会计记录编制的反映责任预算实际执行情况，揭示责任预算与实际执行差异的内部会计报告。责任会计以责任预算为基础，对责任预算的执行情况进行系统的反映，用实际完成情况同预算目标对比，可以评价和考核各个责任中心的工作成果。

责任中心业绩报告的形式主要有报表、数据分析和文字说明等。用责任报告揭示差异时，还必须对重大差异予以定量分析和定性分析。定量分析旨在确定差异的发生程度，定性分析旨在分析差异产生的原因，并根据这些原因提出改进建议。

责任中心是逐级设置的，责任中心业绩报告也应自下而上逐级编报，在企业的不同管理层次上，责任中心业绩报告的侧重点应有所不同。最低层次的责任中心的责任报告应当最详细，随着层次的升高，责任中心业绩报告的内容应以更为概括的形式来表现。责任预算是由总括到具体，责任报告是由具体到总括。责任报告应能突出产生差异的重要影响因素。责任中心业绩报告，既是责任中心经营成果的概括说明，也是对责任中心进行考核和评价的主要依据。

由于各种不同责任中心考核依据不同，其业绩报告的内容也各有侧重。但是在各类责任中心的业绩报告中，都要包括预算数、实际数、差异数三种金额，用以反映责任目标的执行情况。下面分别对不同的责任中心说明其业绩报告。

(一) 成本中心的业绩报告

成本中心考核的依据主要是责任成本，即可控成本。所以在成本中心的业绩报告中，要重点列示可控成本的有关项目。对于不可控成本，可根据上级单位的要求决定是否列入业绩报告之中。有两种处理方式：一种是不列入，以便突出可控成本差异情况；另一种是为了让上级责任单位了解成本中心的成本全貌，作为辅助资料列入，但一般不做差异分析。

(二) 利润中心的业绩报告

利润中心考核的依据，主要是销售收入、贡献毛益、税前净利等指标，所以，在利润中心的业绩报告中要体现这几种指标的差异情况。

(三) 投资中心的业绩报告

投资中心考核的主要依据是投资报酬率和剩余收益，所以，在投资中心的业绩报告中主要列示这两个指标。但计算这两个指标的有关项目，如销售收入、销售成本、营业资产、营业利润等指标也要一并列出，以便投资中心做全面的差异分析。

在做差异分析时，要注意按各个指标的性质与经济内容来区分有利差异和不利差异。凡收益类指标，如销售收入、利润、利润率、投资周转率、剩余收益等指标，实际数大于预算数，为有利差异；实际数小于预算数，为不利差异。凡成本费用类指标，实际数大于预算数，为不利差异；实际数小于预算数，为有利差异。

三、责任会计报告体制

在责任会计制度下，企业经过层层分解，划分为不同层次的责任中心，形成完整系统的管理体制，这一体制也称责任会计报告体制。每一个下级责任中心都必须向上一层次的直属领导责任中心呈送业绩报告，并接受上一级责任中心的考核、评价及调控。通常有纵向责任会计报告体制和横向责任会计报告体制两种形式。

(一) 纵向责任会计报告体制

纵向责任会计报告体制，是依据集权管理原则建立起来的。在这一体制下，企业最高管理层次独揽大权，对企业的所有成本、利润、投资全面负责，它兼利润中心和投资中心于一体。其下属的各个层次的责任中心仅扮演成本中心的角色，只对其责任范围内的成本负责，而不成为利润中心。纵向责任会计报告体制的形式如图 8－1 所示。

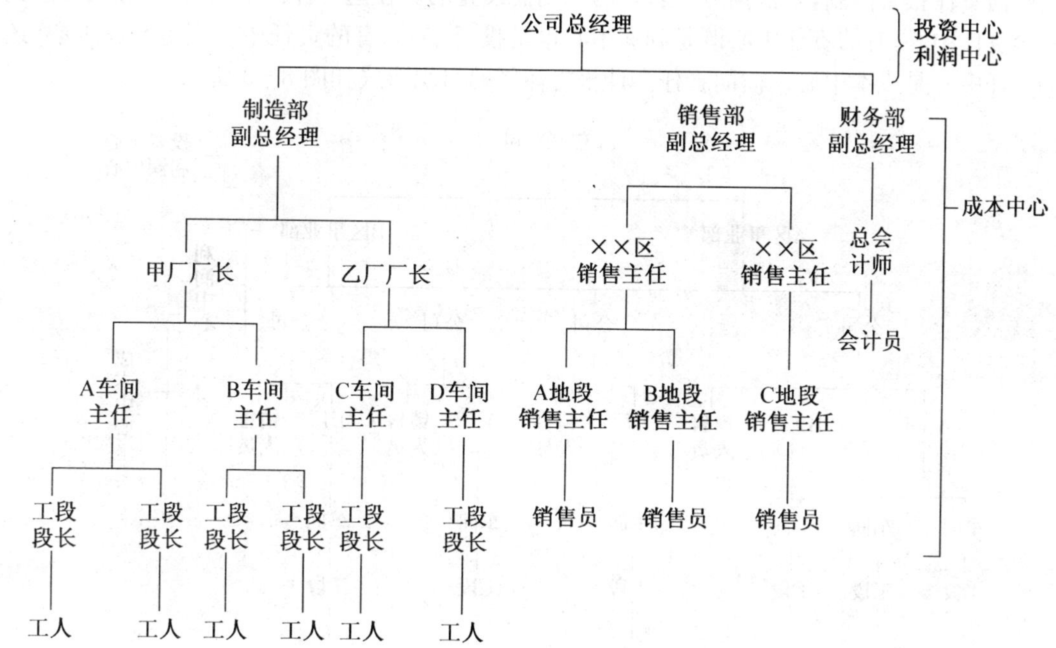

图 8－1　纵向责任会计报告体制图

现以图 8－2 为例，说明在纵向责任会计报告体制下，最高层如何把全面预算向下分解给每个责任中心形成责任预算，以及最基层的责任中心如何将业绩向上报告并逐级汇总的。

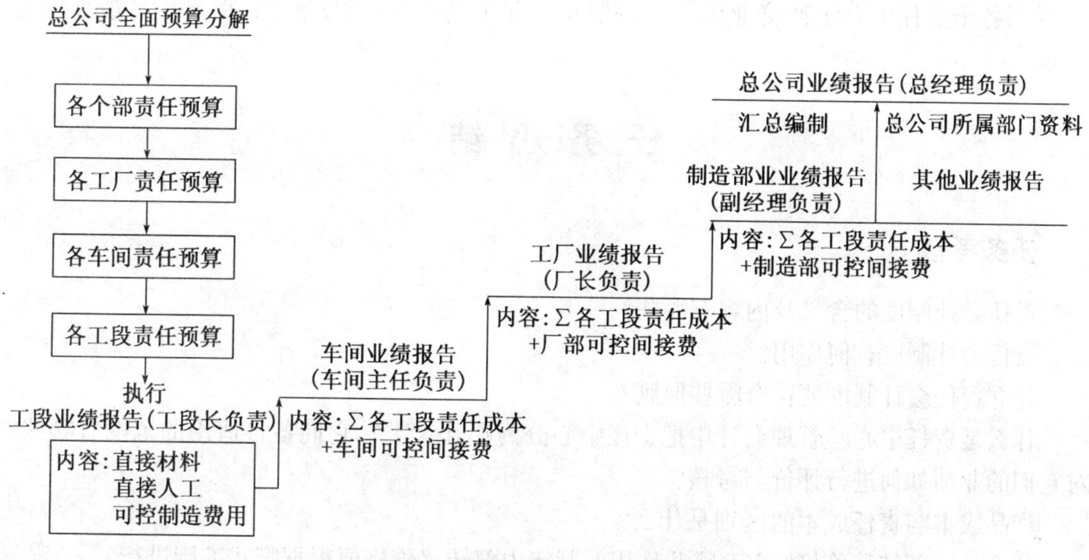

图 8－2　预算分解和业绩报告流程图

上述业绩报告所呈报项目，都需要列出预算数、实际数和差异数，一般每月至少编制一次，所以每个层次的负责人只关心本层次及下一层次的业绩。因此，当业绩报告由基层逐级向上汇总时，其资料的详细程度是逐渐减少的。

(二) 横向责任会计报告体制

横向责任报告体制，是依据分权管理的原则而设置的。在这一体制下，经营管理权分散到每一个责任中心，有的责任中心既是利润中心也是投资中心，有的责任中心则是利润中心，还有的责任中心是成本中心。横向责任会计报告体制的组织形式如图 8-3 所示。

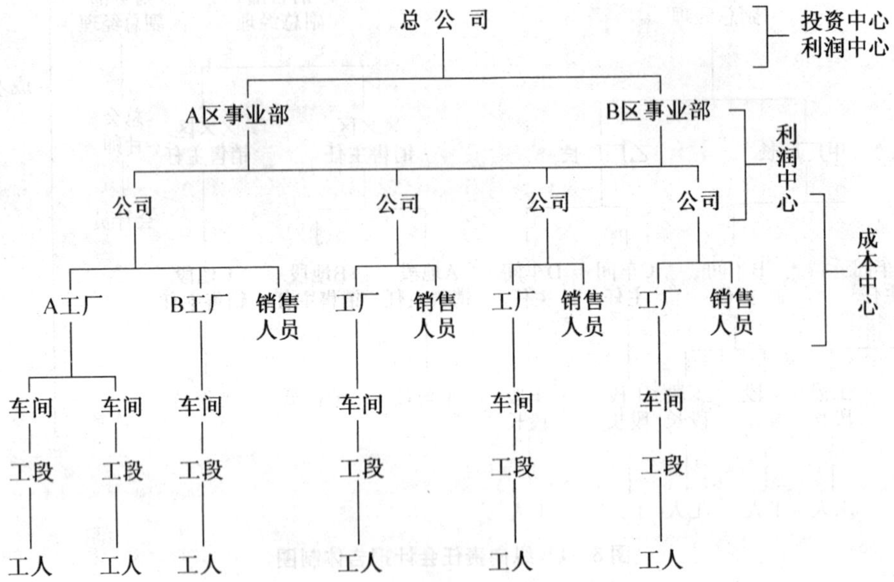

图 8-3 横向责任会计报告体制图

在横向责任报告体制下，也需要把全面预算逐层向下分解，形成各个责任中心的责任预算，然后各个责任中心定期将业绩报告按照自下而上的程序，逐级汇总，直至达到最高层总公司。

任 务 小 结

任务考核

责任会计制度的含义及内容有哪些？

责任会计制度有何作用？

建立责任会计制度要符合哪些原则？

什么是责任中心？管理会计中把责任中心分为哪几大类？它们各自适用的范围有哪些？对它们的业绩如何进行评价与考核？

产品成本与责任成本的区别是什么？

什么是内部转移价格？它有哪些作用？制定内部转移价格要根据哪些准则进行？

建立内部银行的意义何在？它具有哪些职能？

成本中心、利润中心、投资中心的业绩报告有何区别？

责任报告体制有哪些组织形式？它们各自体现什么特点？
试对责任会计制度的内容体系做出综合归纳，并解释它们之间的逻辑联系。

职业技能训练

一、单选题

1. 利润中心是既能控制成本，又能控制收入，对（　　）指标负责的责任中心。
   A. 收入　　B. 成本　　C. 利润　　D. 投资效果
2. 利润中心工作成果的评价与考核，主要通过编制（　　）显示，其业绩评价主要是分析收入、成本及利润的责任预算执行情况。
   A. 利润中心业绩报告　　B. 利润表
   C. 利润预算　　D. 利润分配表
3. 由于投资中心需要对利润负责，因而投资中心同时也是（　　）。
   A. 成本中心　　B. 利润中心　　C. 投资中心　　D. 责任中心
4. 下列叙述中，不属于投资报酬率指标优点的是（　　）。
   A. 能反映投资中心的综合盈利能力
   B. 相对数指标，有利于各投资中心的横向可比
   C. 能促使投资中心管理人员关注收入、成本、投资额之间的关系、关注营业资产的使用效率，有利于进行科学合理的投资决策，调整存量资本，优化资源配置
   D. 使投资中心的局部目标和企业整体目标趋于一致
5. 剩余收益指标最大的优点在于（　　）
   A. 相对数指标，有利于各投资中心的横向可比
   B. 使投资中心的局部目标和企业整体目标趋于一致
   C. 计算简便，易于理解和掌握
   D. 能反映投资中心的综合盈利能力
6. 在存在完全竞争的市场条件下，一般采用（　　）作为内部转移价格。
   A. 成本　　B. 市场价格
   C. 协商价格　　D. 双重价格

二、多选题

1. 责任会计的主要内容包括（　　）。
   A. 合理划分责任中心，正确区分各责任中心的可控项目与不可控项目
   B. 编制责任预算
   C. 制定合理而有效的奖惩制度
   D. 建立健全信息跟踪与报告系统
2. 可控成本必须同时具备的条件是（　　）。
   A. 成本中心能通过一定的途径和方式预知将要发生的成本
   B. 成本中心能够对发生的成本进行计量
   C. 成本中心能对发生的成本进行调节和控制
   D. 成本的可控性是相对的
3. 责任成本与产品成本的区别包括（　　）。

A. 成本核算原则不同　　B. 成本计算对象不同
C. 成本核算内容不同　　D. 成本核算的目的不同

4. 成本中心一般的考核指标包括(　　)。
A. 成本降低额　B. 成本降低率　C. 成本完成率　D. 成本收入比

5. 利润中心可分为(　　)。
A. 自然利润中心　B. 基本利润中心　C. 人为利润中心　D. 酌量性利润中心

6. 利润中心业绩评价和考核重点是(　　)。
A. 收入　B. 边际贡献　C. 税前利润　D. 税后净利润

7. 评价和考核投资中心业绩的指标主要是(　　)。
A. 投资利润率　B. 剩余收益　C. 经济附加值　D. 边际贡献

8. 根据不同的计价基础,内部转移价格可分为(　　)。
A. 以市场为基础的转让价格　B. 以成本为基础的转让价格
C. 协商价格　D. 双重内部价格

三、判断题

1. 规模大、管理复杂的企业倾向于选择集权管理模式。(　　)
2. 责任会计是社会化大生产和企业实行分权管理的产物。(　　)
3. 成本中心有两种类型:一种是自然的成本中心,另一种是人为的成本中心。(　　)
4. 对整个企业来说,所有的成本都是企业可控的,不可能存在不可控成本。(　　)
5. 成本中心控制和考核的内容是责任成本。(　　)
6. 责任成本与产品成本是完全不同的两个概念,它们在成本核算的内容、原则和目的等方面都是不同的。(　　)
7. 成本中心控制和考核责任成本时,实际数大于预算数的差异是不利差异,用"+"号表示;实际数小于预算数产生的差异是有利差异,用"-"号表示。(　　)
8. 利润中心是既能控制成本,又能控制收入的责任中心,在责任中心体系中,它的层次是最高的。(　　)
9. 投资中心与利润中心的区别主要在于有无投资决策权。(　　)
10. 对同一企业而言,当资金比较充裕时,一般用剩余收益指标;反之,则用投资报酬率指标。(　　)
11. 以企业整体来看,无论内部转移价格怎样变化,企业的总利润是不变的,变化的只是利润在各责任中心之间的分配情况。(　　)
12. 以成本为基础的转让定价类型较多,包括实际成本法、标准成本法、标准成本加成法、变动成本法等方法。其中,由于实际成本法数据客观可靠,在实际中应用较多。(　　)

四、计算分析题

1. 某投资中心年初经营资产为60 000元,年末经营资产为80 000元,全年销售收入为120 000元,销售利润为14 000元。要求:

(1) 试计算其投资报酬率。

(2) 设该投资中心的预期投资报酬率为18%,试计算该投资中心的剩余收益。

(3) 简要说明投资报酬率和剩余收益各自的优缺点。

2. 某企业有两个投资中心,甲投资中心项目利润为150万元,投资额为1 000万元;乙投资中心项目利润为 90 万元，投资额为 1 000 万元。现在甲投资中心面临一个投资机会，投资额 1 000 万元，预期可获得利润 130 万元；乙投资中心也有一个投资机会，投资额 1 500 万元，预期可获得利润 150 万元。已知企业规定的最低投资报酬率为 12%。要求：

(1) 计算两个投资中心各自的投资报酬率并进行评价。

(2) 对两个投资中心是否接受各自的投资机会进行决策。

附表一　复利终值系数表

期数	1%	2%	3%	4%	5%	6%	7%	8%	9%	10%	11%	12%	13%	14%	15%
1	1.010 0	1.020 0	1.030 0	1.040 0	1.050 0	1.060 0	1.070 0	1.080 0	1.090 0	1.100 0	1.110 0	1.120 0	1.130 0	1.140 0	1.150 0
2	1.020 1	1.040 4	1.060 9	1.081 6	1.102 5	1.123 6	1.144 9	1.166 4	1.188 1	1.210 0	1.232 1	1.254 4	1.276 9	1.299 6	1.322 5
3	1.030 3	1.061 2	1.092 7	1.124 9	1.157 6	1.191 0	1.225 0	1.259 7	1.295 0	1.331 0	1.367 6	1.404 9	1.442 9	1.481 5	1.520 9
4	1.040 6	1.082 4	1.125 5	1.169 9	1.215 5	1.262 5	1.310 8	1.360 5	1.411 6	1.464 1	1.518 1	1.573 5	1.630 5	1.689 0	1.749 0
5	1.051 0	1.104 1	1.159 3	1.216 7	1.276 3	1.338 2	1.402 6	1.469 3	1.538 6	1.610 5	1.685 1	1.762 3	1.842 4	1.925 4	2.011 4
6	1.061 5	1.126 2	1.194 1	1.265 3	1.340 1	1.418 5	1.500 7	1.586 9	1.677 1	1.771 6	1.870 4	1.973 8	2.082 0	2.195 0	2.313 1
7	1.072 1	1.148 7	1.229 9	1.315 9	1.407 1	1.503 6	1.605 8	1.713 8	1.828 0	1.948 7	2.076 2	2.210 7	2.352 6	2.502 3	2.660 0
8	1.082 9	1.171 7	1.266 8	1.368 6	1.477 5	1.593 8	1.718 2	1.850 9	1.992 6	2.143 6	2.304 5	2.476 0	2.658 4	2.852 6	3.059 0
9	1.093 7	1.195 1	1.304 8	1.423 3	1.551 3	1.689 5	1.838 5	1.999 0	2.171 9	2.357 9	2.558 0	2.773 1	3.004 0	3.251 9	3.517 9
10	1.104 6	1.219 0	1.343 9	1.480 2	1.628 9	1.790 8	1.967 2	2.158 9	2.367 4	2.593 7	2.839 4	3.105 8	3.394 6	3.707 2	4.045 6
11	1.115 7	1.243 4	1.384 2	1.539 5	1.710 3	1.898 3	2.104 9	2.331 6	2.580 4	2.853 1	3.151 8	3.478 6	3.835 9	4.226 2	4.652 4
12	1.126 8	1.268 2	1.425 8	1.601 0	1.795 9	2.012 2	2.252 2	2.518 2	2.812 7	3.138 4	3.498 5	3.896 0	4.334 5	4.817 9	5.350 3
13	1.138 1	1.293 6	1.468 5	1.665 1	1.885 6	2.132 9	2.409 8	2.719 6	3.065 8	3.452 3	3.883 3	4.363 5	4.898 0	5.492 4	6.152 8
14	1.149 5	1.319 5	1.512 6	1.731 7	1.979 9	2.260 9	2.578 5	2.937 2	3.341 7	3.797 5	4.310 4	4.887 1	5.534 8	6.261 3	7.075 7
15	1.161 0	1.345 9	1.558 0	1.800 9	2.078 9	2.396 6	2.759 0	3.172 2	3.642 5	4.177 2	4.784 6	5.473 6	6.254 3	7.137 9	8.137 1
16	1.172 6	1.372 8	1.604 7	1.873 0	2.182 9	2.540 4	2.952 2	3.425 9	3.970 3	4.595 0	5.310 9	6.130 4	7.067 3	8.137 2	9.357 6
17	1.184 3	1.400 2	1.652 8	1.947 9	2.292 0	2.692 8	3.158 8	3.700 0	4.327 6	5.054 5	5.895 1	6.866 0	7.986 1	9.276 5	10.761 3
18	1.196 1	1.428 2	1.702 4	2.025 8	2.406 6	2.854 3	3.379 9	3.996 0	4.717 1	5.559 9	6.543 6	7.690 0	9.024 3	10.575 2	12.375 5

（续表）

期数	1%	2%	3%	4%	5%	6%	7%	8%	9%	10%	11%	12%	13%	14%	15%
19	1.208 1	1.456 8	1.753 5	2.106 8	2.527 0	3.025 6	3.616 5	4.315 7	5.141 7	6.115 9	7.263 3	8.612 8	10.197 4	12.055 7	14.231 8
20	1.220 2	1.485 9	1.806 1	2.191 1	2.653 3	3.207 1	3.869 7	4.661 0	5.604 4	6.727 5	8.062 3	9.646 3	11.523 1	13.743 5	16.366 5
21	1.232 4	1.515 7	1.860 3	2.278 8	2.786 0	3.399 6	4.140 6	5.033 8	6.108 8	7.400 2	8.949 2	10.803 8	13.021 1	15.667 6	18.821 5
22	1.244 7	1.546 0	1.916 1	2.369 9	2.925 3	3.603 5	4.430 4	5.436 5	6.658 6	8.140 3	9.933 6	12.100 3	14.713 8	17.861 0	21.644 7
23	1.257 2	1.576 9	1.973 6	2.464 7	3.071 5	3.819 7	4.740 5	5.871 5	7.257 9	8.954 3	11.026 3	13.552 3	16.626 6	20.361 6	24.891 5
24	1.269 7	1.608 4	2.032 8	2.563 3	3.225 1	4.048 9	5.072 4	6.341 2	7.911 1	9.849 7	12.239 2	15.178 6	18.788 1	23.212 2	28.625 2
25	1.282 4	1.640 6	2.093 8	2.665 8	3.386 4	4.291 9	5.427 4	6.848 5	8.623 1	10.834 7	13.585 5	17.000 1	21.230 5	26.461 9	32.919 0
26	1.295 3	1.673 4	2.156 6	2.772 5	3.555 7	4.549 4	5.807 4	7.396 4	9.399 2	11.918 2	15.079 9	19.040 1	23.990 5	30.166 6	37.856 8
27	1.308 2	1.706 9	2.221 3	2.883 4	3.733 5	4.822 3	6.213 9	7.988 1	10.245 1	13.110 0	16.738 7	21.324 9	27.109 3	34.389 9	43.535 3
28	1.321 3	1.741 0	2.287 9	2.998 7	3.920 1	5.111 7	6.648 8	8.627 1	11.167 1	14.421 0	18.579 9	23.883 9	30.633 5	39.204 5	50.065 6
29	1.334 5	1.775 8	2.356 6	3.118 7	4.116 1	5.418 4	7.114 3	9.317 3	12.172 2	15.863 1	20.623 7	26.749 9	34.615 8	44.693 1	57.575 5
30	1.347 8	1.811 4	2.427 3	3.243 4	4.321 9	5.743 5	7.612 3	10.062 7	13.267 7	17.449 4	22.892 3	29.959 9	39.115 9	50.950 2	66.211 8

期数	16%	17%	18%	19%	20%	21%	22%	23%	24%	25%	26%	27%	28%	29%	30%
1	1.160 0	1.170 0	1.180 0	1.190 0	1.200 0	1.210 0	1.220 0	1.230 0	1.240 0	1.250 0	1.260 0	1.270 0	1.280 0	1.290 0	1.300 0
2	1.345 6	1.368 9	1.392 4	1.416 1	1.440 0	1.464 1	1.488 4	1.512 9	1.537 6	1.562 5	1.587 6	1.612 9	1.638 4	1.664 1	1.690 0
3	1.560 9	1.601 6	1.643 0	1.685 2	1.728 0	1.771 6	1.815 8	1.860 9	1.906 6	1.953 1	2.000 4	2.048 4	2.097 2	2.146 7	2.197 0
4	1.810 6	1.873 9	1.938 8	2.005 3	2.073 6	2.143 6	2.215 3	2.288 9	2.364 2	2.441 4	2.520 5	2.601 4	2.684 4	2.769 2	2.856 1
5	2.100 3	2.192 4	2.287 8	2.386 4	2.488 3	2.593 7	2.702 7	2.815 3	2.931 6	3.051 8	3.175 8	3.303 8	3.436 0	3.572 3	3.712 9
6	2.436 4	2.565 2	2.699 6	2.839 8	2.986 0	3.138 4	3.297 3	3.462 8	3.635 2	3.814 7	4.001 5	4.195 9	4.398 0	4.608 3	4.826 8
7	2.826 2	3.001 2	3.185 5	3.379 3	3.583 2	3.797 5	4.022 7	4.259 3	4.507 7	4.768 4	5.041 9	5.328 8	5.629 5	5.944 7	6.274 9
8	3.278 4	3.511 5	3.758 9	4.021 4	4.299 8	4.595 0	4.907 7	5.238 9	5.589 5	5.960 5	6.352 8	6.767 5	7.205 8	7.668 6	8.157 3
9	3.803 0	4.108 4	4.435 5	4.785 4	5.159 8	5.559 9	5.987 4	6.443 9	6.931 0	7.450 6	8.004 5	8.594 8	9.223 4	9.892 5	10.604 5

（续表）

期数	16%	17%	18%	19%	20%	21%	22%	23%	24%	25%	26%	27%	28%	29%	30%
10	4.411 4	4.806 8	5.233 8	5.694 7	6.191 7	6.727 5	7.304 6	7.925 9	8.594 4	9.313 2	10.085 7	10.915 3	11.805 9	12.761 4	13.785 8
11	5.117 3	5.624 0	6.175 9	6.776 7	7.430 1	8.140 3	8.911 7	9.748 9	10.657 1	11.641 5	12.708 0	13.862 5	15.111 6	16.462 2	17.921 6
12	5.936 0	6.580 1	7.287 6	8.064 2	8.916 1	9.849 7	10.872 2	11.991 2	13.214 8	14.551 9	16.012 0	17.605 3	19.342 8	21.236 2	23.298 1
13	6.885 8	7.698 7	8.599 4	9.596 4	10.699 3	11.918 2	13.264 1	14.749 1	16.386 3	18.189 9	20.175 2	22.358 8	24.758 8	27.394 7	30.287 5
14	7.987 5	9.007 5	10.147 2	11.419 8	12.839 2	14.421 0	16.182 2	18.141 4	20.319 1	22.737 4	25.420 7	28.395 7	31.691 3	35.339 1	39.373 8
15	9.265 5	10.538 7	11.973 7	13.589 5	15.407 0	17.449 4	19.742 3	22.314 0	25.195 6	28.421 7	32.030 1	36.062 5	40.564 8	45.587 5	51.185 9
16	10.748 0	12.330 3	14.129 0	16.171 5	18.488 4	21.113 8	24.085 6	27.446 2	31.242 6	35.527 1	40.357 9	45.799 4	51.923 0	58.807 9	66.541 7
17	12.467 7	14.426 5	16.672 2	19.244 1	22.186 1	25.547 7	29.384 4	33.758 8	38.740 8	44.408 9	50.851 0	58.165 2	66.461 4	75.862 1	86.504 2
18	14.462 5	16.879 0	19.673 3	22.900 5	26.623 3	30.912 7	35.849 0	41.523 3	48.038 6	55.511 2	64.072 2	73.869 8	85.070 6	97.862 2	112.455 4
19	16.776 5	19.748 4	23.214 4	27.251 6	31.948 0	37.404 3	43.735 8	51.073 7	59.567 9	69.388 9	80.731 0	93.814 7	108.890 4	126.242 2	146.192 0
20	19.460 8	23.105 6	27.393 0	32.429 4	38.337 6	45.259 3	53.357 6	62.820 6	73.864 1	86.736 2	101.721 1	119.144 6	139.379 7	162.852 4	190.049 6
21	22.574 5	27.033 6	32.323 8	38.591 0	46.005 1	54.763 7	65.096 3	77.269 4	91.591 5	108.420 2	128.168 5	151.313 7	178.406 0	210.079 6	247.064 5
22	26.186 4	31.629 3	38.142 1	45.923 3	55.206 1	66.264 1	79.417 5	95.041 3	113.573 5	135.525 3	161.492 4	192.168 3	228.359 6	271.002 7	321.183 9
23	30.376 2	37.006 2	45.007 6	54.648 7	66.247 4	80.179 5	96.889 4	116.900 8	140.831 2	169.406 6	203.480 4	244.053 8	292.300 3	349.593 5	417.539 1
24	35.236 4	43.297 3	53.109 0	65.032 0	79.496 8	97.017 2	118.205 0	143.788 0	174.630 6	211.758 2	256.385 3	309.948 3	374.144 4	450.975 6	542.800 8
25	40.874 2	50.657 8	62.668 6	77.388 1	95.396 2	117.390 9	144.210 1	176.859 3	216.542 0	264.697 8	323.045 4	393.634 4	478.904 9	581.758 5	705.641 0
26	47.414 1	59.269 7	73.949 0	92.091 8	114.475 5	142.042 9	175.936 4	217.536 9	268.512 1	330.872 2	407.037 3	499.915 7	612.998 2	750.468 5	917.333 3
27	55.000 4	69.345 5	87.259 8	109.589 3	137.370 6	171.871 9	214.642 4	267.570 4	332.955 0	413.590 3	512.867 0	634.892 9	784.637 7	968.104 4	1 192.533 3
28	63.800 4	81.134 2	102.966 6	130.411 2	164.844 7	207.965 1	261.863 7	329.111 5	412.864 2	516.987 9	646.212 4	806.314 0	1 004.336 3	1 248.854 6	1 550.293 3
29	74.008 5	94.927 1	121.500 5	155.189 3	197.813 6	251.637 7	319.473 7	404.807 2	511.951 6	646.234 9	814.227 6	1 024.018 7	1 285.550 4	1 611.022 5	2 015.381 3
30	85.849 9	111.064 7	143.370 6	184.675 3	237.376 3	304.481 6	389.757 9	497.912 9	634.819 9	807.793 6	1 025.926 7	1 300.503 8	1 645.504 6	2 078.219 0	2 619.995 6

附表二　复利现值系数表

期数	1%	2%	3%	4%	5%	6%	7%	8%	9%	10%	11%	12%	13%	14%	15%
1	0.990 1	0.980 4	0.970 9	0.961 5	0.952 4	0.943 4	0.934 6	0.925 9	0.917 4	0.909 1	0.900 9	0.892 9	0.885 0	0.877 2	0.869 6
2	0.980 3	0.961 2	0.942 6	0.924 6	0.907 0	0.890 0	0.873 4	0.857 3	0.841 7	0.826 4	0.811 6	0.797 2	0.783 1	0.769 5	0.756 1
3	0.970 6	0.942 3	0.915 1	0.889 0	0.863 8	0.839 6	0.816 3	0.793 8	0.772 2	0.751 3	0.731 2	0.711 8	0.693 1	0.675 0	0.657 5
4	0.961 0	0.923 8	0.888 5	0.854 8	0.822 7	0.792 1	0.762 9	0.735 0	0.708 4	0.683 0	0.658 7	0.635 5	0.613 3	0.592 1	0.571 8
5	0.951 5	0.905 7	0.862 6	0.821 9	0.783 5	0.747 3	0.713 0	0.680 6	0.649 9	0.620 9	0.593 5	0.567 4	0.542 8	0.519 4	0.497 2
6	0.942 0	0.888 0	0.837 5	0.790 3	0.746 2	0.705 0	0.666 3	0.630 2	0.596 3	0.564 5	0.534 6	0.506 6	0.480 3	0.455 6	0.432 3
7	0.932 7	0.870 6	0.813 1	0.759 9	0.710 7	0.665 1	0.622 7	0.583 5	0.547 0	0.513 2	0.481 7	0.452 3	0.425 1	0.399 6	0.375 9
8	0.923 5	0.853 5	0.789 4	0.730 7	0.676 8	0.627 4	0.582 0	0.540 3	0.501 9	0.466 5	0.433 9	0.403 9	0.376 2	0.350 6	0.326 9
9	0.914 3	0.836 8	0.766 4	0.702 6	0.644 6	0.591 9	0.543 9	0.500 2	0.460 4	0.424 1	0.390 9	0.360 6	0.332 9	0.307 5	0.284 3
10	0.905 3	0.820 3	0.744 1	0.675 6	0.613 9	0.558 4	0.508 3	0.463 2	0.422 4	0.385 5	0.352 2	0.322 0	0.294 6	0.269 7	0.247 2
11	0.896 3	0.804 3	0.722 4	0.649 6	0.584 7	0.526 8	0.475 1	0.428 9	0.387 5	0.350 5	0.317 3	0.287 5	0.260 7	0.236 6	0.214 9
12	0.887 4	0.788 5	0.701 4	0.624 6	0.556 8	0.497 0	0.444 0	0.397 1	0.355 5	0.318 6	0.285 8	0.256 7	0.230 7	0.207 6	0.186 9
13	0.878 7	0.773 0	0.681 0	0.600 6	0.530 3	0.468 8	0.415 0	0.367 7	0.326 2	0.289 7	0.257 5	0.229 2	0.204 2	0.182 1	0.162 5
14	0.870 0	0.757 9	0.661 1	0.577 5	0.505 1	0.442 3	0.387 8	0.340 5	0.299 2	0.263 3	0.232 0	0.204 6	0.180 7	0.159 7	0.141 3
15	0.861 3	0.743 0	0.641 9	0.555 3	0.481 0	0.417 3	0.362 4	0.315 2	0.274 5	0.239 4	0.209 0	0.182 7	0.159 9	0.140 1	0.122 9
16	0.852 8	0.728 4	0.623 2	0.533 9	0.458 1	0.393 6	0.338 7	0.291 9	0.251 9	0.217 6	0.188 3	0.163 1	0.141 5	0.122 9	0.106 9
17	0.844 4	0.714 2	0.605 0	0.513 4	0.436 3	0.371 4	0.316 6	0.270 3	0.231 1	0.197 8	0.169 6	0.145 6	0.125 2	0.107 8	0.092 9
18	0.836 0	0.700 2	0.587 4	0.493 6	0.415 5	0.350 3	0.295 9	0.250 2	0.212 0	0.179 9	0.152 8	0.130 0	0.110 8	0.094 6	0.080 8

（续表）

期数	1%	2%	3%	4%	5%	6%	7%	8%	9%	10%	11%	12%	13%	14%	15%
19	0.827 7	0.686 4	0.570 3	0.474 6	0.395 7	0.330 5	0.276 5	0.231 7	0.194 5	0.163 5	0.137 7	0.116 1	0.098 1	0.082 9	0.070 3
20	0.819 5	0.673 0	0.553 7	0.456 4	0.376 9	0.311 8	0.258 4	0.214 5	0.178 4	0.148 6	0.124 0	0.103 7	0.086 8	0.072 8	0.061 1
21	0.811 4	0.659 8	0.537 5	0.438 8	0.358 9	0.294 2	0.241 5	0.198 7	0.163 7	0.135 1	0.111 7	0.092 6	0.076 8	0.063 8	0.053 1
22	0.803 4	0.646 8	0.521 9	0.422 0	0.341 8	0.277 5	0.225 7	0.183 9	0.150 2	0.122 8	0.100 7	0.082 6	0.068 0	0.056 0	0.046 2
23	0.795 4	0.634 2	0.506 7	0.405 7	0.325 6	0.261 8	0.210 9	0.170 3	0.137 8	0.111 7	0.090 7	0.073 8	0.060 1	0.049 1	0.040 2
24	0.787 6	0.621 7	0.491 9	0.390 1	0.310 1	0.247 0	0.197 1	0.157 7	0.126 4	0.101 5	0.081 7	0.065 9	0.053 2	0.043 1	0.034 9
25	0.779 8	0.609 5	0.477 6	0.375 1	0.295 3	0.233 0	0.184 2	0.146 0	0.116 0	0.092 3	0.073 6	0.058 8	0.047 1	0.037 8	0.030 4
26	0.772 0	0.597 6	0.463 7	0.360 7	0.281 2	0.219 8	0.172 2	0.135 2	0.106 4	0.083 9	0.066 3	0.052 5	0.041 7	0.033 1	0.026 4
27	0.764 4	0.585 9	0.450 2	0.346 8	0.267 8	0.207 4	0.160 9	0.125 2	0.097 6	0.076 3	0.059 7	0.046 9	0.036 9	0.029 1	0.023 0
28	0.756 8	0.574 4	0.437 1	0.333 5	0.255 1	0.195 6	0.150 4	0.115 9	0.089 5	0.069 3	0.053 8	0.041 9	0.032 6	0.025 5	0.020 0
29	0.749 3	0.563 1	0.424 3	0.320 7	0.242 9	0.184 6	0.140 6	0.107 3	0.082 2	0.063 0	0.048 5	0.037 4	0.028 9	0.022 4	0.017 4
30	0.741 9	0.552 1	0.412 0	0.308 3	0.231 4	0.174 1	0.131 4	0.099 4	0.075 4	0.057 3	0.043 7	0.033 4	0.025 6	0.019 6	0.015 1

期数	16%	17%	18%	19%	20%	21%	22%	23%	24%	25%	26%	27%	28%	29%	30%
1	0.862 1	0.854 7	0.847 5	0.840 3	0.833 3	0.826 4	0.819 7	0.813 0	0.806 5	0.800 0	0.793 7	0.787 4	0.781 3	0.775 2	0.769 2
2	0.743 2	0.730 5	0.718 2	0.706 2	0.694 4	0.683 0	0.671 9	0.661 0	0.650 4	0.640 0	0.629 9	0.620 0	0.610 4	0.600 9	0.591 7
3	0.640 7	0.624 4	0.608 6	0.593 4	0.578 7	0.564 5	0.550 7	0.537 4	0.524 5	0.512 0	0.499 9	0.488 2	0.476 8	0.465 8	0.455 2
4	0.552 3	0.533 7	0.515 8	0.498 7	0.482 3	0.466 5	0.451 4	0.436 9	0.423 0	0.409 6	0.396 8	0.384 4	0.372 5	0.361 1	0.350 1
5	0.476 1	0.456 1	0.437 1	0.419 0	0.401 9	0.385 5	0.370 0	0.355 2	0.341 1	0.327 7	0.314 9	0.302 7	0.291 0	0.279 9	0.269 3
6	0.410 4	0.389 8	0.370 4	0.352 1	0.334 9	0.318 6	0.303 3	0.288 8	0.275 1	0.262 1	0.249 9	0.238 3	0.227 4	0.217 0	0.207 2
7	0.353 8	0.333 2	0.313 9	0.295 9	0.279 1	0.263 3	0.248 6	0.234 8	0.221 8	0.209 7	0.198 3	0.187 7	0.177 6	0.168 2	0.159 4
8	0.305 0	0.284 8	0.266 0	0.248 7	0.232 6	0.217 6	0.203 8	0.190 9	0.178 9	0.167 8	0.157 4	0.147 8	0.138 8	0.130 4	0.122 6
9	0.263 0	0.243 4	0.225 5	0.209 0	0.193 8	0.179 9	0.167 0	0.155 2	0.144 3	0.134 2	0.124 9	0.116 4	0.108 4	0.101 1	0.094 3

（续表）

期数	16%	17%	18%	19%	20%	21%	22%	23%	24%	25%	26%	27%	28%	29%	30%
10	0.226 7	0.208 0	0.191 1	0.175 6	0.161 5	0.148 6	0.136 9	0.126 2	0.116 4	0.107 4	0.099 2	0.091 6	0.084 7	0.078 4	0.072 5
11	0.195 4	0.177 8	0.161 9	0.147 6	0.134 6	0.122 8	0.112 2	0.102 6	0.093 8	0.085 9	0.078 7	0.072 1	0.066 2	0.060 7	0.055 8
12	0.168 5	0.152 0	0.137 2	0.124 0	0.112 2	0.101 5	0.092 0	0.083 4	0.075 7	0.068 7	0.062 5	0.056 8	0.051 7	0.047 1	0.042 9
13	0.145 2	0.129 9	0.116 3	0.104 2	0.093 5	0.083 9	0.075 4	0.067 8	0.061 0	0.055 0	0.049 6	0.044 7	0.040 4	0.036 5	0.033 0
14	0.125 2	0.111 0	0.098 5	0.087 6	0.077 9	0.069 3	0.061 8	0.055 1	0.049 2	0.044 0	0.039 3	0.035 2	0.031 6	0.028 3	0.025 4
15	0.107 9	0.094 9	0.083 5	0.073 6	0.064 9	0.057 3	0.050 7	0.044 8	0.039 7	0.035 2	0.031 2	0.027 7	0.024 7	0.021 9	0.019 5
16	0.093 0	0.081 1	0.070 8	0.061 8	0.054 1	0.047 4	0.041 5	0.036 4	0.032 0	0.028 1	0.024 8	0.021 8	0.019 3	0.017 0	0.015 0
17	0.080 2	0.069 3	0.060 0	0.052 0	0.045 1	0.039 1	0.034 0	0.029 6	0.025 8	0.022 5	0.019 7	0.017 2	0.015 0	0.013 2	0.011 6
18	0.069 1	0.059 2	0.050 8	0.043 7	0.037 6	0.032 3	0.027 9	0.024 1	0.020 8	0.018 0	0.015 6	0.013 5	0.011 8	0.010 2	0.008 9
19	0.059 6	0.050 6	0.043 1	0.036 7	0.031 3	0.026 7	0.022 9	0.019 6	0.016 8	0.014 4	0.012 4	0.010 7	0.009 2	0.007 9	0.006 8
20	0.051 4	0.043 3	0.036 5	0.030 8	0.026 1	0.022 1	0.018 7	0.015 9	0.013 5	0.011 5	0.009 8	0.008 4	0.007 2	0.006 1	0.005 3
21	0.044 3	0.037 0	0.030 9	0.025 9	0.021 7	0.018 3	0.015 4	0.012 9	0.010 9	0.009 2	0.007 8	0.006 6	0.005 6	0.004 8	0.004 0
22	0.038 2	0.031 6	0.026 2	0.021 8	0.018 1	0.015 1	0.012 6	0.010 5	0.008 8	0.007 4	0.006 2	0.005 2	0.004 4	0.003 7	0.003 1
23	0.032 9	0.027 0	0.022 2	0.018 3	0.015 1	0.012 5	0.010 3	0.008 6	0.007 1	0.005 9	0.004 9	0.004 1	0.003 4	0.002 9	0.002 4
24	0.028 4	0.023 1	0.018 8	0.015 4	0.012 6	0.010 3	0.008 5	0.007 0	0.005 7	0.004 7	0.003 9	0.003 2	0.002 7	0.002 2	0.001 8
25	0.024 5	0.019 7	0.016 0	0.012 9	0.010 5	0.008 5	0.006 9	0.005 7	0.004 6	0.003 8	0.003 1	0.002 5	0.002 1	0.001 7	0.001 4
26	0.021 1	0.016 9	0.013 5	0.010 9	0.008 7	0.007 0	0.005 7	0.004 6	0.003 7	0.003 0	0.002 5	0.002 0	0.001 6	0.001 3	0.001 1
27	0.018 2	0.014 4	0.011 5	0.009 1	0.007 3	0.005 8	0.004 7	0.003 7	0.003 0	0.002 4	0.001 9	0.001 6	0.001 3	0.001 0	0.000 8
28	0.015 7	0.012 3	0.009 7	0.007 7	0.006 1	0.004 8	0.003 8	0.003 0	0.002 4	0.001 9	0.001 5	0.001 2	0.001 0	0.000 8	0.000 6
29	0.013 5	0.010 5	0.008 2	0.006 4	0.005 1	0.004 0	0.003 1	0.002 5	0.002 0	0.001 5	0.001 2	0.001 0	0.000 8	0.000 6	0.000 5
30	0.011 6	0.009 0	0.007 0	0.005 4	0.004 2	0.003 3	0.002 6	0.002 0	0.001 6	0.001 2	0.001 0	0.000 8	0.000 6	0.000 5	0.000 4

附表三　年金终值系数表

期数	1%	2%	3%	4%	5%	6%	7%	8%	9%	10%	11%	12%	13%	14%	15%
1	1.000 0	1.000 0	1.000 0	1.000 0	1.000 0	1.000 0	1.000 0	1.000 0	1.000 0	1.000 0	1.000 0	1.000 0	1.000 0	1.000 0	1.000 0
2	2.010 0	2.020 0	2.030 0	2.040 0	2.050 0	2.060 0	2.070 0	2.080 0	2.090 0	2.100 0	2.110 0	2.120 0	2.130 0	2.140 0	2.150 0
3	3.030 1	3.060 4	3.090 9	3.121 6	3.152 5	3.183 6	3.214 9	3.246 4	3.278 1	3.310 0	3.342 1	3.374 4	3.406 9	3.439 6	3.472 5
4	4.060 4	4.121 6	4.183 6	4.246 5	4.310 1	4.374 6	4.439 9	4.506 1	4.573 1	4.641 0	4.709 7	4.779 3	4.849 8	4.921 1	4.993 4
5	5.101 0	5.204 0	5.309 1	5.416 3	5.525 6	5.637 1	5.750 7	5.866 6	5.984 7	6.105 1	6.227 8	6.352 8	6.480 3	6.610 1	6.742 4
6	6.152 0	6.308 1	6.468 4	6.633 0	6.801 9	6.975 3	7.153 3	7.335 9	7.523 3	7.715 6	7.912 9	8.115 2	8.322 7	8.535 5	8.753 7
7	7.213 5	7.434 3	7.662 5	7.898 3	8.142 0	8.393 8	8.654 0	8.922 8	9.200 4	9.487 2	9.783 3	10.089 0	10.404 7	10.730 5	11.066 8
8	8.285 7	8.583 0	8.892 3	9.214 2	9.549 1	9.897 5	10.259 8	10.636 6	11.028 5	11.435 9	11.859 4	12.299 7	12.757 3	13.232 8	13.726 8
9	9.368 5	9.754 6	10.159 1	10.582 8	11.026 6	11.491 3	11.978 0	12.487 6	13.021 0	13.579 5	14.164 0	14.775 7	15.415 7	16.085 3	16.785 8
10	10.462 2	10.949 7	11.463 9	12.006 1	12.577 9	13.180 8	13.816 4	14.486 6	15.192 9	15.937 4	16.722 0	17.548 7	18.419 7	19.337 3	20.303 7
11	11.566 8	12.168 7	12.807 8	13.486 4	14.206 8	14.971 6	15.783 6	16.645 5	17.560 3	18.531 2	19.561 4	20.654 6	21.814 3	23.044 5	24.349 3
12	12.682 5	13.412 1	14.192 0	15.025 8	15.917 1	16.869 9	17.888 5	18.977 1	20.140 7	21.384 3	22.713 2	24.133 1	25.650 2	27.270 7	29.0017
13	13.809 3	14.680 3	15.617 8	16.626 8	17.713 0	18.882 1	20.140 6	21.495 3	22.953 4	24.522 7	26.211 6	28.029 1	29.984 7	32.088 7	34.351 9
14	14.947 4	15.973 9	17.086 3	18.291 9	19.598 6	21.015 1	22.550 5	24.214 9	26.019 2	27.975 0	30.094 9	32.392 6	34.882 7	37.581 1	40.504 7
15	16.096 9	17.293 4	18.598 9	20.023 6	21.578 6	23.276 0	25.129 0	27.152 1	29.360 9	31.772 5	34.405 4	37.279 7	40.417 5	43.842 4	47.580 4
16	17.257 9	18.639 3	20.156 9	21.824 5	23.657 5	25.672 5	27.888 1	30.324 3	33.003 4	35.949 7	39.189 9	42.753 3	46.671 7	50.980 4	55.717 5
17	18.430 4	20.012 1	21.761 6	23.697 5	25.840 4	28.212 9	30.840 2	33.750 2	36.973 7	40.544 7	44.500 8	48.883 7	53.739 1	59.117 6	65.075 1
18	19.614 7	21.412 3	23.414 4	25.645 4	28.132 4	30.905 7	33.999 0	37.450 2	41.301 3	45.599 2	50.395 9	55.749 7	61.725 1	68.394 1	75.836 4

（续表）

期数	1%	2%	3%	4%	5%	6%	7%	8%	9%	10%	11%	12%	13%	14%	15%
19	20.810 9	22.840 6	25.116 9	27.671 2	30.539 0	33.760 0	37.379 0	41.446 3	46.018 5	51.159 1	56.939 5	63.439 7	70.749 4	78.969 2	88.211 8
20	22.019 0	24.297 4	26.870 4	29.778 1	33.066 0	36.785 6	40.995 5	45.762 0	51.160 1	57.275 0	64.202 8	72.052 4	80.946 8	91.024 9	102.443 6
21	23.239 2	25.783 3	28.676 5	31.969 2	35.719 3	39.992 7	44.865 2	50.422 9	56.764 5	64.002 5	72.265 1	81.698 7	92.469 9	104.768 4	118.810 1
22	24.471 6	27.299 0	30.536 8	34.248 0	38.505 2	43.392 3	49.005 7	55.456 8	62.873 3	71.402 7	81.214 3	92.502 6	105.491 0	120.436 0	137.631 6
23	25.716 3	28.845 0	32.452 9	36.617 9	41.430 5	46.995 8	53.436 1	60.893 3	69.531 9	79.543 0	91.147 9	104.602 9	120.204 8	138.297 0	159.276 4
24	26.973 5	30.421 9	34.426 5	39.082 6	44.502 0	50.815 6	58.176 7	66.764 8	76.789 8	88.497 3	102.174 2	118.155 2	136.831 5	158.658 6	184.167 8
25	28.243 2	32.030 3	36.459 3	41.645 9	47.727 1	54.864 5	63.249 0	73.105 9	84.700 9	98.347 1	114.413 3	133.333 9	155.619 6	181.870 8	212.793 0
26	29.525 6	33.670 9	38.553 0	44.311 7	51.113 5	59.156 4	68.676 5	79.954 4	93.324 0	109.181 8	127.998 8	150.333 9	176.850 1	208.332 7	245.712 0
27	30.820 9	35.344 3	40.709 6	47.084 2	54.669 1	63.705 8	74.483 8	87.350 8	102.723 1	121.099 9	143.078 6	169.374 0	200.840 6	238.499 3	283.568 8
28	32.129 1	37.051 2	42.930 9	49.967 6	58.402 6	68.528 1	80.697 7	95.338 8	112.968 2	134.209 9	159.817 3	190.698 9	227.949 9	272.889 2	327.104 1
29	33.450 4	38.792 2	45.218 9	52.966 3	62.322 7	73.639 8	87.346 5	103.965 9	124.135 4	148.630 9	178.397 2	214.582 8	258.583 4	312.093 7	377.169 7
30	34.784 9	40.568 1	47.575 4	56.084 9	66.438 8	79.058 2	94.460 8	113.283 2	136.307 5	164.494 0	199.020 9	241.332 7	293.199 2	356.786 8	434.745 1

期数	16%	17%	18%	19%	20%	21%	22%	23%	24%	25%	26%	27%	28%	29%	30%
1	1.000 0	1.000 0	1.000 0	1.000 0	1.000 0	1.000 0	1.000 0	1.000 0	1.000 0	1.000 0	1.000 0	1.000 0	1.000 0	1.000 0	1.000 0
2	2.160 0	2.170 0	2.180 0	2.190 0	2.200 0	2.210 0	2.220 0	2.230 0	2.240 0	2.250 0	2.260 0	2.270 0	2.280 0	2.290 0	2.3000
3	3.505 6	3.538 9	3.572 4	3.606 1	3.640 0	3.674 1	3.708 4	3.742 9	3.777 6	3.812 5	3.847 6	3.882 9	3.918 4	3.954 1	3.990 0
4	5.066 5	5.140 5	5.215 4	5.291 3	5.368 0	5.445 7	5.524 2	5.603 8	5.684 2	5.765 6	5.848 0	5.931 3	6.015 6	6.100 8	6.187 0
5	6.877 1	7.014 4	7.154 2	7.296 6	7.441 6	7.589 2	7.739 6	7.892 6	8.048 4	8.207 0	8.368 4	8.532 7	8.699 9	8.870 0	9.043 1
6	8.977 5	9.206 8	9.442 0	9.683 0	9.929 9	10.183 0	10.442 3	10.707 9	10.980 1	11.258 8	11.544 2	11.836 6	12.135 9	12.442 3	12.756 0
7	11.413 9	11.772 0	12.141 5	12.522 7	12.915 9	13.321 4	13.739 6	14.170 8	14.615 3	15.073 5	15.545 8	16.032 4	16.533 9	17.050 6	17.582 8
8	14.240 1	14.773 3	15.327 0	15.902 0	16.499 1	17.118 9	17.762 3	18.430 0	19.122 9	19.841 9	20.587 6	21.361 2	22.163 4	22.995 3	23.857 7
9	17.518 5	18.284 7	19.085 9	19.923 4	20.798 9	21.713 9	22.670 0	23.669 0	24.712 5	25.802 3	26.940 4	28.128 7	29.369 2	30.663 9	32.015 0

（续表）

期数	16%	17%	18%	19%	20%	21%	22%	23%	24%	25%	26%	27%	28%	29%	30%
10	21.321 5	22.393 1	23.521 3	24.708 9	25.958 7	27.273 8	28.657 4	30.112 8	31.643 4	33.252 9	34.944 9	36.723 5	38.592 6	40.556 4	42.619 5
11	25.732 9	27.199 9	28.755 1	30.403 5	32.150 4	34.001 3	35.962 0	38.038 8	40.237 9	42.566 1	45.030 6	47.638 8	50.398 5	53.317 8	56.405 3
12	30.850 2	32.823 9	34.931 1	37.180 2	39.580 5	42.141 6	44.873 7	47.787 7	50.895 0	54.207 7	57.738 6	61.501 3	65.510 0	69.780 0	74.327 0
13	36.786 2	39.404 0	42.218 7	45.244 5	48.496 6	51.991 3	55.745 9	59.778 8	64.109 7	68.759 6	73.750 6	79.106 6	84.852 9	91.016 1	97.625 0
14	43.672 0	47.102 7	50.818 0	54.840 9	59.195 9	63.909 5	69.010 0	74.528 0	80.496 1	86.949 5	93.925 8	101.465 4	109.611 7	118.410 8	127.912 5
15	51.659 5	56.110 1	60.965 3	66.260 7	72.035 1	78.330 5	85.192 2	92.669 4	100.815 1	109.686 8	119.346 5	129.861 1	141.302 9	153.750 0	167.286 3
16	60.925 0	66.648 8	72.939 0	79.850 2	87.442 1	95.779 9	104.934 5	114.983 4	126.010 8	138.108 5	151.376 6	165.923 6	181.867 7	199.337 4	218.472 2
17	71.673 0	78.979 2	87.068 0	96.021 8	105.930 6	116.893 7	129.020 1	142.429 5	157.253 4	173.635 7	191.734 5	211.723 0	233.790 7	258.145 3	285.013 9
18	84.140 7	93.405 6	103.740 3	115.265 9	128.116 7	142.441 3	158.404 5	176.188 3	195.994 2	218.044 6	242.585 5	269.888 2	300.252 1	334.007 4	371.518 0
19	98.603 2	110.284 6	123.413 5	138.166 4	154.740 0	173.354 0	194.253 5	217.711 6	244.032 8	273.555 8	306.657 7	343.758 0	385.322 7	431.869 6	483.973 4
20	115.379 7	130.032 9	146.628 0	165.418 0	186.688 0	210.758 4	237.989 3	268.785 3	303.600 6	342.944 7	387.388 7	437.572 6	494.213 1	558.111 8	630.165 5
21	134.840 5	153.138 5	174.021 0	197.847 4	225.025 6	256.017 6	291.346 9	331.605 9	377.464 8	429.680 9	489.109 8	556.717 3	633.592 7	720.964 2	820.215 1
22	157.415 0	180.172 1	206.344 8	236.438 5	271.030 7	310.781 3	356.443 2	408.875 3	469.056 3	538.101 1	617.278 3	708.030 9	811.998 7	931.043 8	1067.279 6
23	183.601 4	211.801 3	244.486 8	282.361 8	326.236 9	377.045 4	435.860 7	503.916 6	582.629 8	673.626 4	778.770 7	900.199 3	1040.358 3	1202.046 5	1388.463 5
24	213.977 6	248.807 6	289.494 5	337.010 5	392.484 2	457.224 9	532.750 1	620.817 4	723.461 0	843.032 9	982.251 1	1144.253 1	1332.658 6	1551.640 0	1806.002 6
25	249.214 0	292.104 9	342.603 5	402.042 5	471.981 1	554.242 2	650.955 1	764.605 4	898.091 6	1054.791 2	1238.636 3	1454.201 4	1706.803 1	2002.615 6	2348.803 3
26	290.088 3	342.762 7	405.272 1	479.430 6	567.377 3	671.633 0	795.165 3	941.464 7	1114.633 6	1319.489 0	1561.681 8	1847.835 8	2185.707 9	2584.374 1	3054.444 3
27	337.502 4	402.032 3	479.221 1	571.522 4	681.852 8	813.675 9	971.101 6	1159.001 6	1383.145 7	1650.361 2	1968.719 1	2347.751 5	2798.706 1	3334.842 6	3971.777 6
28	392.502 8	471.377 8	566.480 9	681.111 6	819.223 3	985.547 9	1185.744 0	1426.571 9	1716.100 7	2063.951 5	2481.586 0	2982.644 4	3583.343 8	4302.947 0	5164.310 9
29	456.303 2	552.512 1	669.447 5	811.522 8	984.068 0	1193.512 9	1447.607 7	1755.683 5	2128.964 8	2580.939 4	3127.798 4	3788.958 3	4587.680 1	5551.801 6	6714.604 2
30	530.311 7	647.439 1	790.948 0	966.712 2	1181.881 6	1445.150 7	1767.081 3	2160.490 7	2640.916 4	3227.174 3	3942.026 0	4812.977 1	5873.230 6	7162.824 1	8729.985 5

附表四　年金现值系数表

期数	1%	2%	3%	4%	5%	6%	7%	8%	9%	10%	11%	12%	13%	14%	15%
1	0.990 1	0.980 4	0.970 9	0.961 5	0.952 4	0.943 4	0.934 6	0.925 9	0.917 4	0.909 1	0.900 9	0.892 9	0.885 0	0.877 2	0.869 6
2	1.970 4	1.941 6	1.913 5	1.886 1	1.859 4	1.833 4	1.808 0	1.783 3	1.759 1	1.735 5	1.712 5	1.690 1	1.668 1	1.646 7	1.625 7
3	2.941 0	2.883 9	2.828 6	2.775 1	2.723 2	2.673 0	2.624 3	2.577 1	2.531 3	2.486 9	2.443 7	2.401 8	2.361 2	2.321 6	2.283 2
4	3.902 0	3.807 7	3.717 1	3.629 9	3.546 0	3.465 1	3.387 2	3.312 1	3.239 7	3.169 9	3.102 4	3.037 3	2.974 5	2.913 7	2.855 0
5	4.853 4	4.713 5	4.579 7	4.451 8	4.329 5	4.212 4	4.100 2	3.992 7	3.889 7	3.790 8	3.695 9	3.604 8	3.517 2	3.433 1	3.352 2
6	5.795 5	5.601 4	5.417 2	5.242 1	5.075 7	4.917 3	4.766 5	4.622 9	4.485 9	4.355 3	4.230 5	4.111 4	3.997 5	3.888 7	3.784 5
7	6.728 2	6.472 0	6.230 3	6.002 1	5.786 4	5.582 4	5.389 3	5.206 4	5.033 0	4.868 4	4.712 2	4.563 8	4.422 6	4.288 3	4.160 4
8	7.651 7	7.325 5	7.019 7	6.732 7	6.463 2	6.209 8	5.971 3	5.746 6	5.534 8	5.334 9	5.146 1	4.967 6	4.798 8	4.638 9	4.487 3
9	8.566 0	8.162 2	7.786 1	7.435 3	7.107 8	6.801 7	6.515 2	6.246 9	5.995 2	5.759 0	5.537 0	5.328 2	5.131 7	4.946 4	4.771 6
10	9.471 3	8.982 6	8.530 2	8.110 9	7.721 7	7.360 1	7.023 6	6.710 1	6.417 7	6.144 6	5.889 2	5.650 2	5.426 2	5.216 1	5.018 8
11	10.367 6	9.786 8	9.252 6	8.760 5	8.306 4	7.886 9	7.498 7	7.139 0	6.805 2	6.495 1	6.206 5	5.937 7	5.686 9	5.452 7	5.233 7
12	11.255 1	10.575 3	9.954 0	9.385 1	8.863 3	8.383 8	7.942 7	7.536 1	7.160 7	6.813 7	6.492 4	6.194 4	5.917 6	5.660 3	5.420 6
13	12.133 7	11.348 4	10.635 0	9.985 6	9.393 6	8.852 7	8.357 7	7.903 8	7.486 9	7.103 4	6.749 9	6.423 5	6.121 8	5.842 4	5.583 1
14	13.003 7	12.106 2	11.296 1	10.563 1	9.898 6	9.295 0	8.745 5	8.244 2	7.786 2	7.366 7	6.981 9	6.628 2	6.302 5	6.002 1	5.724 5
15	13.865 1	12.849 3	11.937 9	11.118 4	10.379 7	9.712 2	9.107 9	8.559 5	8.060 7	7.606 1	7.190 9	6.810 9	6.462 4	6.142 2	5.847 4
16	14.717 9	13.577 7	12.561 1	11.652 3	10.837 8	10.105 9	9.446 6	8.851 4	8.312 6	7.823 7	7.379 2	6.974 0	6.603 9	6.265 1	5.954 2
17	15.562 3	14.291 9	13.166 1	12.165 7	11.274 1	10.477 3	9.763 2	9.121 6	8.543 6	8.021 6	7.548 8	7.119 6	6.729 1	6.372 9	6.047 2
18	16.398 3	14.992 0	13.753 5	12.659 3	11.689 6	10.827 6	10.059 1	9.371 9	8.755 6	8.201 4	7.701 6	7.249 7	6.839 9	6.467 4	6.128 0

（续表）

期数	1%	2%	3%	4%	5%	6%	7%	8%	9%	10%	11%	12%	13%	14%	15%
19	17.226 0	15.678 5	14.323 8	13.133 9	12.085 3	11.158 1	10.335 6	9.603 6	8.950 1	8.364 9	7.839 3	7.365 8	6.938 0	6.550 4	6.198 2
20	18.045 6	16.351 4	14.877 5	13.590 3	12.462 2	11.469 9	10.594 0	9.818 1	9.128 5	8.513 6	7.963 3	7.469 4	7.024 8	6.623 1	6.259 3
21	18.857 0	17.011 2	15.415 0	14.029 2	12.821 2	11.764 1	10.835 5	10.016 8	9.292 2	8.648 7	8.075 1	7.562 0	7.101 6	6.687 0	6.312 5
22	19.660 4	17.658 0	15.936 9	14.451 1	13.163 0	12.041 6	11.061 2	10.200 7	9.442 4	8.771 5	8.175 7	7.644 6	7.169 5	6.742 9	6.358 7
23	20.455 8	18.292 2	16.443 6	14.856 8	13.488 6	12.303 4	11.272 2	10.371 1	9.580 2	8.883 2	8.266 4	7.718 4	7.229 7	6.792 1	6.398 8
24	21.243 4	18.913 9	16.935 5	15.247 0	13.798 6	12.550 4	11.469 3	10.528 8	9.706 6	8.984 7	8.348 1	7.784 3	7.282 9	6.835 1	6.433 8
25	22.023 2	19.523 5	17.413 1	15.622 1	14.093 9	12.783 4	11.653 6	10.674 8	9.822 6	9.077 0	8.421 7	7.843 1	7.330 0	6.872 9	6.464 1
26	22.795 2	20.121 0	17.876 8	15.982 8	14.375 2	13.003 2	11.825 8	10.810 0	9.929 0	9.160 9	8.488 1	7.895 7	7.371 7	6.906 1	6.490 6
27	23.559 6	20.706 9	18.327 0	16.329 6	14.643 0	13.210 5	11.986 7	10.935 2	10.026 6	9.237 2	8.547 8	7.942 6	7.408 6	6.935 2	6.513 5
28	24.316 4	21.281 3	18.764 1	16.663 1	14.898 1	13.406 2	12.137 1	11.051 1	10.116 1	9.306 6	8.601 6	7.984 4	7.441 2	6.960 7	6.533 5
29	25.065 8	21.844 4	19.188 5	16.983 7	15.141 1	13.590 7	12.277 7	11.158 4	10.198 3	9.369 6	8.650 1	8.021 8	7.470 1	6.983 0	6.550 9
30	25.807 7	22.396 5	19.600 4	17.292 0	15.372 5	13.764 8	12.409 0	11.257 8	10.273 7	9.426 9	8.693 8	8.055 2	7.495 7	7.002 7	6.566 0

期数	16%	17%	18%	19%	20%	21%	22%	23%	24%	25%	26%	27%	28%	29%	30%
1	0.862 1	0.854 7	0.847 5	0.840 3	0.833 3	0.826 4	0.819 7	0.813 0	0.806 5	0.800 0	0.793 7	0.787 4	0.781 3	0.775 2	0.769 2
2	1.605 2	1.585 2	1.565 6	1.546 5	1.527 8	1.509 5	1.491 5	1.474 0	1.456 8	1.440 0	1.423 5	1.407 4	1.391 6	1.376 1	1.360 9
3	2.245 9	2.209 6	2.174 3	2.139 9	2.106 5	2.073 9	2.042 2	2.011 4	1.981 3	1.952 0	1.923 4	1.895 6	1.868 4	1.842 0	1.816 1
4	2.798 2	2.743 2	2.690 1	2.638 6	2.588 7	2.540 4	2.493 6	2.448 3	2.404 3	2.361 6	2.320 2	2.280 0	2.241 0	2.203 1	2.166 2
5	3.274 3	3.199 3	3.127 2	3.057 6	2.990 6	2.926 0	2.863 6	2.803 5	2.745 4	2.689 3	2.635 1	2.582 7	2.532 0	2.483 0	2.435 6
6	3.684 7	3.589 2	3.497 6	3.409 8	3.325 5	3.244 6	3.166 9	3.092 3	3.020 5	2.951 4	2.885 0	2.821 0	2.759 4	2.700 0	2.642 7
7	4.038 6	3.922 4	3.811 5	3.705 7	3.604 6	3.507 9	3.415 5	3.327 0	3.242 3	3.161 1	3.083 3	3.008 7	2.937 0	2.868 2	2.802 1
8	4.343 6	4.207 2	4.077 6	3.954 4	3.837 2	3.725 6	3.619 3	3.517 9	3.421 2	3.328 9	3.240 7	3.156 4	3.075 8	2.998 6	2.924 7
9	4.606 5	4.450 6	4.303 0	4.163 3	4.031 0	3.905 4	3.786 3	3.673 1	3.565 5	3.463 1	3.365 7	3.272 8	3.184 2	3.099 7	3.019 0

（续表）

期数	16%	17%	18%	19%	20%	21%	22%	23%	24%	25%	26%	27%	28%	29%	30%
10	4.833 2	4.658 6	4.494 1	4.338 9	4.192 5	4.054 1	3.923 2	3.799 3	3.681 9	3.570 5	3.464 8	3.364 4	3.268 9	3.178 1	3.091 5
11	5.028 6	4.836 4	4.656 0	4.486 5	4.327 1	4.176 9	4.035 4	3.901 8	3.775 7	3.656 4	3.543 5	3.436 5	3.335 1	3.238 8	3.147 3
12	5.197 1	4.988 4	4.793 2	4.610 5	4.439 2	4.278 4	4.127 4	3.985 2	3.851 4	3.725 1	3.605 9	3.493 3	3.386 8	3.285 9	3.190 3
13	5.342 3	5.118 3	4.909 5	4.714 7	4.532 7	4.362 4	4.202 8	4.053 0	3.912 4	3.780 1	3.655 5	3.538 1	3.427 2	3.322 4	3.223 3
14	5.467 5	5.229 3	5.008 1	4.802 3	4.610 6	4.431 7	4.264 6	4.108 2	3.961 6	3.824 1	3.694 9	3.573 3	3.458 7	3.350 7	3.248 7
15	5.575 5	5.324 2	5.091 6	4.875 9	4.675 5	4.489 0	4.315 2	4.153 0	4.001 3	3.859 3	3.726 1	3.601 0	3.483 4	3.372 6	3.268 2
16	5.668 5	5.405 3	5.162 4	4.937 7	4.729 6	4.536 4	4.356 7	4.189 4	4.033 3	3.887 4	3.750 9	3.622 8	3.502 6	3.389 6	3.283 2
17	5.748 7	5.474 6	5.222 3	4.989 7	4.774 6	4.575 5	4.390 8	4.219 0	4.059 1	3.909 9	3.770 5	3.640 0	3.517 7	3.402 8	3.294 8
18	5.817 8	5.533 9	5.273 2	5.033 3	4.812 2	4.607 9	4.418 7	4.243 1	4.079 9	3.927 9	3.786 1	3.653 6	3.529 4	3.413 0	3.303 7
19	5.877 5	5.584 5	5.316 2	5.070 0	4.843 5	4.634 6	4.441 5	4.262 7	4.096 7	3.942 4	3.798 5	3.664 2	3.538 6	3.421 0	3.310 5
20	5.928 8	5.627 8	5.352 7	5.100 9	4.869 6	4.656 7	4.460 3	4.278 6	4.110 3	3.953 9	3.808 3	3.672 6	3.545 8	3.427 1	3.315 8
21	5.973 1	5.664 8	5.383 7	5.126 8	4.891 3	4.675 0	4.475 6	4.291 6	4.121 2	3.963 1	3.816 1	3.679 2	3.551 4	3.431 9	3.319 8
22	6.011 3	5.696 4	5.409 9	5.148 6	4.909 4	4.690 0	4.488 2	4.302 1	4.130 0	3.970 5	3.822 3	3.684 4	3.555 8	3.435 6	3.323 0
23	6.044 2	5.723 4	5.432 1	5.166 8	4.924 5	4.702 5	4.498 5	4.310 6	4.137 1	3.976 4	3.827 3	3.688 5	3.559 2	3.438 4	3.325 4
24	6.072 6	5.746 5	5.450 9	5.182 2	4.937 1	4.712 8	4.507 0	4.317 6	4.142 8	3.981 1	3.831 2	3.691 8	3.561 9	3.440 6	3.327 2
25	6.097 1	5.766 2	5.466 9	5.195 1	4.947 6	4.721 3	4.513 9	4.323 2	4.147 4	3.984 9	3.834 2	3.694 3	3.564 0	3.442 3	3.328 6
26	6.118 2	5.783 1	5.480 4	5.206 0	4.956 3	4.728 4	4.519 6	4.327 8	4.151 1	3.987 9	3.836 7	3.696 3	3.565 6	3.443 7	3.329 7
27	6.136 4	5.797 5	5.491 9	5.215 1	4.963 6	4.734 2	4.524 3	4.331 6	4.154 2	3.990 3	3.838 7	3.697 9	3.566 9	3.444 7	3.330 5
28	6.152 0	5.809 9	5.501 6	5.222 8	4.969 7	4.739 0	4.528 1	4.334 6	4.156 6	3.992 3	3.840 2	3.699 1	3.567 9	3.445 5	3.331 2
29	6.165 6	5.820 4	5.509 8	5.229 2	4.974 7	4.743 0	4.531 2	4.337 1	4.158 5	3.993 8	3.841 4	3.700 1	3.568 7	3.446 1	3.331 7
30	6.177 2	5.829 4	5.516 8	5.234 7	4.978 9	4.746 3	4.533 8	4.339 1	4.160 1	3.995 0	3.842 4	3.700 9	3.569 3	3.446 6	3.3321

主要参考文献

1. 管理会计.许萍.厦门大学出版社,2010 年 1 月。
2. 管理会计.薛小青.厦门大学出版社,2015 年 1 月。
3. 高级管理会计.胡玉明.厦门大学出版社,2012 年 1 月。
4. 管理会计.林涛.厦门大学出版社,2011 年 4 月。
5. 管理会计.陈艳.机械工业出版社,2011 年 6 月。
6. 管理会计.罗平实.机械工业出版社,2011 年 8 月。
7. 管理会计实务.刘华.机械工业出版社,2012 年 7 月。
8. 管理会计.吕林.北京邮电大学出版社,2015 年 1 月。
9. 管理会计项目教程.王颖.吉林大学出版社,2014 年 7 月。
10. 管理会计.袁向华.西北工业大学出版社,2013 年 2 月。
11. 管理会计学.刘天明.南京大学出版社,2013 年 10 月。